加藤良三

日米の絆

元駐米大使　加藤良三回顧録

［聞き手／編者］三好範英

吉田書店

はじめに

二〇二〇（令和二）年のアメリカ大統領選挙は民主党のジョー・バイデン（Joe Biden, 1942-）候補が勝ちました。この選挙の投票率は一九〇〇（明治三三）年以降最高の高さ（六六パーセント超）でした。一般投票は予想以上の接戦だったと言えるでしょう。予測されたとおり、今回は第二次大戦以降に行われた大統領選のなかでも異様な選挙となりました。大統領選は民主党の勝利でしたが、同時に行われた上院議員、下院議員選挙等の結果を併せて見ますと、共和党票は必ずしも減っていない、むしろ予想外に伸びたと言っていいのかもしれません。

権威ある分析結果を待たなくてはなりませんが、「反トランプ」の流れが形成された一方で「反リベラル」の流れもかなり強かったように思われます。

今回の選挙プロセスを見ていると、従来の「共和党対民主党」という切り口で万事説明がつくのかよくわからないところがありますが、国民の一パーセントにすぎない富裕層がアメリカ全体の富（ウェルス）の四二パーセントを支配する（二〇一七年の統計。現在は五二パーセントとも言われる）という現実に端を発するアメリカの社会的、文化的「分断」には深刻なものがあります。

一九六〇年代半ばに、私が人生で初めて異国の土を踏んだのはアメリカでした。当時はアメリカ大陸への直行便がなく（ちょっと前まではジェット機でなくプロペラ機が国際便の主力でした）、外交官の卵としてアメリカの東海岸に行くには、ハワイで一泊、西海岸のロサンゼルスかサンフランシスコで一泊、そこから向かうのが通常ルートでした。

アメリカに着いて最初の印象は、コカ・コーラの味が日本と違う、カリフォルニア・オレンジがこよなく美味しい、ハンバーガー、ピッツァ、アイスクリームの美味さが違うということでした。ケーキの種類も豊富で、アップルパイくらいは知っていましたが、チェリー・パイ、ブルーベリー・パイ、さらにはブラック・フォレスト・ケーキ、アップサイド・ダウン・ケーキなどというものがあるのを知って驚嘆したものです。

研修先の大学の学生食堂がまたすごくて、ときには分厚いステーキが出ることさえあり、何かと豪華なのに加え、濃い味のミルクが飲み放題だったのにも驚きました。

それに加えてさらに印象深かったのはアメリカ社会のおおらかさでした。私もナイーブだったのでしょうが、アメリカ人には無限・無条件の善意と寛容さとでも言うべきものがあるように感じました。

研修時代のルームメートは母子家庭のヒスパニック系黒人男性でした。静かで（アメリカ基準では静か過ぎるくらい）ちょっとものごとを斜めに、かつ、どこか悲観的に見る感じのある二〇代半ばの人でしたが、一九六五年末のクリスマス休暇にあぶれて行くあてのない日本人の私を、故郷のフィラデルフィアに誘ってくれました。彼は常々「君はアメリカ人なら皆金持ちだと思っているんだろう？　実際はそうじゃないよ。アメリカにも貧乏な人間はものすごくたくさんいるんだよ」と言っていましたから、フィラデルフィアに誘ってくれたのもそういうアメリカの実情の一端に触れさせようという意図があったかもしれません。

フィラデルフィアの黒人街にある彼の生家に泊めてもらったのですが、お母さんは上品な感じの人で、自分の息子が自慢のようでした。むさくるしく伸びた私の髪を見て「パーティーの前に床屋さんに行ってらっしゃい」と言って、彼女によれば街一番の床屋さんに連れていかれました。

私の右隣に座った黒人の髪を床屋さんが切っています。バリカンを逆刃にしてチョリチョリチョリと小気味よく、縮れっ毛が丸っこく刈りとられていくのです。その様子に見惚れていましたら、もうひとりのマスター格の人が「あんたの髪は素直そうだからあんなにする必要はないよ」と言って、ハサミとカミソリでうまく整えてくれました。

その後、地域のクリスマス・ボールがあって年に一度の盛り上がりなのか熱気が充満していました。参加者は私以外は全部黒人のようでした。正装した黒人の男女の肉体が本当に美しいと思いました。プリンセスか何かに選ばれた若い女性はたいへんな美人に見えましたね。後年ビヨンセとかいう黒人のスターの映像を見たとき、あっ、こういう人だったと思い当たりました。

フィラデルフィアの黒人街はどことなく哀愁を感じさせる佇まいでした。ルームメートのお母さんの家も、今思えば典型的な黒人家族の住むタウンハウス（長屋）だったとはいえ、なかに入ると広く、日本の家よりずっと上に見えました（今でこそ清潔が売り物の日本ですが、当時日本のトイレは大半が汲みとり式、セントラル・ヒーティングやエアコンはほとんど普及していませんでした）。哀愁と言いましたけれど、そこここに黒人特有の「さび」のある陽気さが感じられました。私のような「異邦人」に対する刺々しい雰囲気はなく、「ジョン・ディーンズ（ルームメート）の友達か。よく来た」という雰囲気でした。

その頃のアメリカでは社会的に偉い人たちが偉ぶっていないという印象を特に強く受けました。一九六八年でしたか、日本から叙勲された方々が「叙勲伝達式」のためにワシントンの日本大使公邸に集まったことがあります。叙勲者のひとりはジョン・D・ロックフェラー三世（John D. Rockefeller III, 1906-1978）でした。私は大使の秘書役を務める若輩の三等書記官として会場にいたのですが、ロックフェラーさんが「内緒内緒」という感じで私を呼ばれまして、勲章のタッセル（襷）はチョッキの内側になるべきなのか外側なのかと聞かれるのです。私はそんなことを考えたこともなかったので、とりあえず、外側でしょうかと答えておいて下田武三（一九〇七～一九九五年）大使に直接聞きましたら、叙勲の際はチョッキの外側、内側にするのは不祝儀のときだということでしたので、そのままでいいですと伝えたら、ロックフェラーさんは「ありがとう、ありがとう、本当は自分が勉強すべきだったんだ。これで安心」と言われました。帰り際には端っこにいた私のところまでわざわざ来てくださり、「サンキュー・フォア・ユア・ヘルプ！」と言って握手してくれました。劣等感といって笑わば笑え、小さな話かもしれませんが、日本から来た若輩者にはとても嬉しい体験でした。

こういうことが何回かありました。当時日本との連絡は不自由もいいところで、親とのコミュニケーションはほとんどが手紙のやりとり、国際電話の値段はものすごく高く、大晦日に一回の予約制で、数分間話すのが精々という状況でした。その際、両親にアメリカの偉い人との邂逅のエピソードを短く伝えると、電話の向こう側からとても嬉しそうな空気が伝わってきたものです。

時の経つのは早いという実感がわくのは大概高齢期に差しかかってからですが、以上申し上げた経験は、私が二五歳から二七歳にかけてのものです。その後さらに四〇年近く外務省に勤め課長になったのは四〇歳の直前でした。課長時代の時間の経過はまだ比較的落ち着いていて、一年一年を正確に思いだせるという感じです。その後在外勤務、局長、外務審議官など本省のポストを経て、還暦の直前に駐米大使に任命されましたが、この間時間の流れが逐次早まりました。奔流に巻き込まれたみたいで、一年一年の区別がだんだん曖昧になってくるのです。日々の色々なプレッシャーとつきあって「その日暮らし」を続けているうちに、あれ、もうこんなに年月が経ったのかと感ずる段階に入ったということですね。

アメリカという国はただでさえ変化の激しい国ですから、私が何年か間隔をおいて赴任するたびに街並みも含めて大きく変わっていました。自分の経験に自信をもちすぎて、それをもとに他人にアドバイスするのには慎重であるべきだと思ってきました。

一方、ここまで私はノスタルジアめいたことばかり語ってきましたが、アメリカのように変化の激しい国では、時代の流れのなかで「変わったもの」「変わるべきもの」と「変わらないもの」「変るべくもないもの」とを識別することが、このうえなく重要なことだと確信しています。

外務省入省後四〇年、五〇年と経つうちにアメリカで生じた変化のなかで、私が感覚的にもっとも気になるのは、戦後「デモクラシーのチャンピオン」だったアメリカのほとんど専売特許とされてきた「寛容」と「ユーモア」の精神がどのように変化しているかという点です。

私が二〇代後半で遭遇したアメリカは寛容と笑い（ユーモア）が豊富でしたが、そこでの笑いは今の時代のどこか引きつった、攻撃的な笑いとは違う笑いでした。巧まざるユーモア、意図せざるユーモアも含めて、笑いそれ自体の笑い、朝河貫一（一八七三〜一九四八年）エール大学教授の表現を借りれば、「清々たる好笑の情」というものでしょうか。

相変わらずアメリカはユーモアの本家なのだと思いますが、ひょっとしてこういう類いのユーモアが減ってきてはいないでしょうかね。現地にいないので本当のところはよくわかりませんが。

トーマス・フォーリー元駐日大使（在任一九九七〜二〇〇一年）は下院議長まで務められた「議会の子」とも言うべき民主党を代表する政治家でしたが、彼が下院議長であった頃までは議事堂のなかの議長室は、上下両院ともその日の議事が済んだ後は与野党双方の領袖の溜まり場になって、ジン、ウイスキー、ワイン、ウォトカなど、めいめい好きなものを飲みながら談笑し、議論するのが常だったそうです。それが議長を辞めて駐日大使になってから一時帰国の際に同じ議事堂を訪れたら、その種の「醇風美俗」はすっかり影を潜めてしまって、与野党の党派を超えた（cross the aisle）和気藹々で本音をぶつけあう場がなくなったと聞いた、これほど残念だと思ったことはない、と述懐しておられました。

その時代、アメリカでは公民権法が成立し、アファーマティブ・アクション（affirmative action　黒人優遇政策）が採用され、ポリティカル・コレクトネス（ＰＣ）が社会規範化していく時期でもあったと思うのですが、そういうアメリカ流の民主主義の「前進」に伴って、かえって社会の「分断」が進行する芽が育ったのかもしれません。

アメリカの民主主義は得てして行き過ぎ（オーバーラン）を起こす。禁酒法なんかその一例。これと一緒にすると怒られるかもしれませんが、今申し上げたアファーマティブ・アクションもそうしたオーバーランの一例というとらえかたをされているのではないでしょうか。アファーマティブ・アクションのために、成績からすれば当然自分が行けたはずの大学に行けなくなった白人の子供の親の心情なんかは複雑に違いありません。

こうした個々人レベルのショックはアメリカ内での「白人の優位」が揺らいでいなければアブソーブされうるものかもしれません。しかし、例えば今のカリフォルニアの人口状況を見ると、白人、アジア系、ヒスパニック系がそれぞれ三分の一ずつで、アジア系の平均所得が一番高く、白人はその後塵を拝している。こういうことから、白人がかつての黒人のようなマイノリテイの性向をもつようになってきて、ほかの層に対して攻撃的になってきていると聞きます。

アメリカの全人口に占めるマイノリティの割合は、一九六七年には一七パーセントだったのが、今は三八パーセントに上昇している。全国的に見ても、白人層の危機意識、焦燥感、フラストレーションは低所得、低教育層を中心に高まる趨勢なのでしょう。

アメリカは一九六〇年代に総人口が一億七〇〇〇万くらいでしたが、今は多分三億二〇〇〇万を超えていると思われます。人口増の主因は移民です。移民が増えるのは昔からいうアメリカン・ドリームないしその残像があるからに違いありません。しかし今日見るアメリカン・ドリームの達成者は、かつてのように額に汗して刻苦勉励した者では必ずしもない。他人のカネを操るマネーゲームでスーパー・リッチになった人間もヒーローともてはやされる時代になってしまった。高度の教育を受けたエリートと、物づくりに勤しむ労働者の紐帯という構図が崩れている。党派性を超えて「エリート」対「アンチ・エリート」の対立が激しくなっているのだと思います。

ドナルド・トランプ（Donald Trump, 1946-）は、恐らくアメリカの所得配分の極端な不均衡に端を発して国民の間に鬱積した憤懣が生みだした「現象」なのでしょう。

昔、「二十の扉」という絶大な人気を誇ったクイズ番組がありましたが、その冒頭で「動物」「植物」「鉱物」「天然現象」のどれかというヒントが出されました。トランプはこの「天然現象」に当たるのではありませんか？　彼は別にイデオローグでも何らかの運動のリーダーでも何でもありません。喩えて言えばカリフォルニアやワイオミング（イエロー・ストーン国立公園）で起きた壮大な「山火事」（ワイルド・ファイアー）みたいなものでしょう。ある意味では理非曲直を超えたエネルギーで、あらゆるものを焼き尽くすまで止めようがない。ヘリコプターで消火剤を散布したくらいではどうにもならない。山火事はいく日もいく日も続く。しかし鎮火後は至るところに青い芽が吹き、一定の時間をかけて以前に勝る美しい景観が復活する。この「ワイルド・ファイアー」を、アメリカが国を挙げて鎮火させるのに四年かかった。しかもまだ終息の明確な見通しは立っていない。

アメリカの民主主義のこれからについて悲観的なことを述べたように受けとられるかもしれませんが、必ずしもそういうことではありません。むしろ私は二〇二〇年大統領選挙を見て、こういう状況のもとでもアメリカの民主主義は機能していると感じました。

第四五代トランプ大統領は文字どおり「異形」の大統領で、マスメディアを中心に内外から熾烈な批判、非難を受けました。従来の例に照らせば一つだけでも政治的に「致命的」たりえた失言、放言の類いがごまんとあっても意に介さず、大統領選敗北を最後まで認めずに事態の巻きかえしを図る往生際の悪さもおおいに批判されたわけです。選挙投票結果が固まっていくにつれてさすがに「殺気」が弱まった感じを受けましたが、世界中のメディアの誹謗の嵐のなかでも、最後まで非日常の手段を尽くし、予想外の善戦にまでもっていったトランプと彼を支えた巨大なアメリカ国民層の雑草のごときしぶとさを見て、アメリカ男児には、最後は潔く微笑みさえ浮かべて腹を切ることを美学と心得る日本男児とは対照的なふてぶてしさがある、こういう国と戦争するのはたいへんなことだとつくづく感じた次第です。

厳しいうえにも厳しいアメリカの「社会的」「文化的」な分断ですが、冷戦時にあったマルクス・レーニズムを奉じた社会主義、共産主義革命につながるようなイデオロギーの分断はありません。近年、リベラルと称せられるにいたった勢力にしても、中国等と気脈を通じて民主主義体制(制度)の転覆を計ろうなどと考えているようにはとても見えません。

例えばアメリカの「保守」とよく言いますが、この「保守」のなかには、安全保障・防衛政策面の保守、経済財政政策面の保守、社会価値面での保守の三つがあります。オバマ政権の経済・財政政策は「保守」の政策で日本の「アベノミクス」も同様でしょう。「共和党=全面保守」、「民主党=反保守」というほど単純ではありません。安保・防衛面になると民主党内にも軍事力整備増強を支持する多数のいわゆる「タカ派」が存在します。

それはさておき、トランプ現象としての「ワイルドファイヤー」の鎮火、緑の自然の再生の時間的見通しは立っていないにしても、二〇二〇年の選挙プロセスや最高裁判事任命のプロセス、その他全体として見れば、やっさもっさしながらもアメリカの民主主義制度そのものは、法治主義の側面を含め透明性をもって正常に動いていると評価できると思います。ある程度時間はかかるでしょうし、また、その間アメリカ国内および国際社会において予測しがたい混乱の事態が生ずる可能性もあるわけで、多分平坦とは遠い危機含みの道のりとなるでしょうが、それでも結局アメリカはその民主主義の仕組みと個人の自由・尊厳の確保というイデオロギーの枠組みのなかの解決を模索し、実現するのだろうと私は期待しています。そのときにはアメリカ特有の「寛容」と「ユーモア」の精神が、多少装いを変えても再生しているはずだと考えています。

一方、日本の分断云々の論調について言えば、そもそもアメリカと比肩すべき類いの分断は存在しません。八〇パーセント以上の人間が次も日本人に生まれたい、七〇パーセント以上の人間が今の生活に概ね満足しているとの世論調査の結果が出る国に、国を割るほどの富の偏在があるとは信じられません。

日本にあるのは、多分に惰性的で、多分に時代遅れのイデオロギー的分断でしょう。

第二次大戦に敗れた日本ですが、国外に日本の敗戦を信じない「勝ち組」というグループが残りました。冷戦が終了して三〇年を超えますが、まだ社会主義、共産主義革命の残像にすがりつく勢力が国内に存在しています。この勢力は「社会福祉国家」であると共に「政治福祉国家」(?)である日本の手厚い庇護のもとで「勝ち組」的ゲームにいまだに余念がないようです。

しかし、現実の真剣勝負の政治の場では、このグループは時代との整合性を有しませんから、重要政策決定の真の当事者にはなれない。真の当事者であるかのごとき錯覚をもたせ、対外的「外観」（アピアランス）を作りだすという役割を国会が果たす。これはあえて極論を述べたものですが、ある程度実体でもあると思います。国としての壮大な「自己韜晦」というべきでしょうか。国の重要な政策決定は政府・与党によってときには見えにくい形で行われる。譬えて言えば大リーグのレギュラー試合は政府・与党以外「無観客」で行われるというようなものです。国会で行われるのは「エキシビション・ゲーム」から「オールスター戦」、歌舞伎で言えば「顔見世大歌舞伎」のようなものとでもいうのでしょうか。

政府・与党のなかの派閥がほかの主要民主主義国の立法府における野党の役割を果たすという独特の日本型民主主義は今も健在なのかもしれませんね。

私は日本の野党を基本的政策決定への関与度が希薄な（irrelevant）存在にしてしまい、そこに安住させている責任は、同じイデオロギー幻想を変換できないでいる多くのメディアにもあると思っています。そういう構図のもとでの、いわゆる「政局」狙いといわれる国会での論戦は、大学のキャンパスで行われる「文化祭」の雰囲気だなあと感じてしまうことがあります。一種の贅沢品ですね。今の時代の様相を見ればこうした惰性を断ち切る覚醒が必要なのではないでしょうか。覚醒したのちの日本社会は、与野党双方にとって今よりも楽でない、骨身に響く緊張感のある厳しい切磋琢磨の世界になるし、それを避けたい日本特有の国民心理も働くでしょうけれど。

日本では過去三〇年以上にわたって「政治主導」の重要性が強調されてきました。確かにそれが進んだ時期、局面がないとは言いませんが、概してその結果我々が目にしているのは政治家の「官僚化」「行政官化」ではないでしょうか。与野党を問わずテレビに出てくる政治家の多くは言葉の量が多く、政策のディテールにも通じていて総じて優秀な「行政官」という印象を受けます。ただ、自らの大局観を自らの言葉で簡潔に凝縮して伝えてくれるところが少ないので腹に響くものがない。

一方、妙に歯切れのいいポピュリストの言説には危うさがあってついていけない思いがする。政治家の官僚化、行政官化の裏では官僚の「事務官僚化」（そして一部の官僚の「疑似政治家化」）が進行している。日本では早きに及んで「政治」と「行政」の役割分担を再点検する必要があるのではないかと思います。そうでないとせっかく世界に冠たる優秀な国民を豊富にもちながら、国際社会のなかでの日本の発言力、浸透力が低下してしまうことが危惧されます。

当面のアメリカとの関係について言えば、二〇二〇年アメリカ大統領選挙後の新政権のキー・プレイヤーの見定めと、彼らへのアクセス確保、情報提供、説得、認識（パーセプション）統一の努力などに遺憾なきを期する必要がもとよりありましょう。

いずれにしても、この異形の選挙をめぐって改めて明らかになったアメリカの根源的な体質の強さ、すなわち、①自由民主主義・人権への国民のこだわりと、②アメリカは各州の権限が強い（各州が程度の差はあるにしても一種の「独立国家」であるような）連邦国家であることとの強みとを再度理解して、連邦のみならず州や市との連携を強めることがますます大事になってくると思うのです。

日本が今の日本を引き続き住みやすく、それなりに世界に誇りえて、世界からの認知度も高い国にしていこうと思うなら、何よりもまず日本が「強い国」であることが大前提です。

そして、「強い」という意味は「経済」、「科学技術」、「教育」、「文化的魅力」、就中、「国防力」などの諸面にわたるものです。

私の外務省での勤務はアメリカ関係が長くバイアスがかかっていると言われるでしょうが、日本をさらに強くするときには、日米同盟の基盤のうえに立ってそのさらなる強化と歩調を合わせてこれを進めるのが、依然としてもっとも効果的でコストも安いと一貫して考えています。これが「変わらざるもの」「変えるべきでないもの」の筆頭に来るものだと思います。

いつも平凡な結論になってしまうのですが、時代が変わっていると言われるなかで「外交に飛躍はない」というのは変わらぬ真理だろうと思っています。

二〇二一年四月一日

加藤良三

目次

＊本文中における部署名、肩書きなどは原則として当時のものである。
＊本書に掲載した写真は、特記したものを除き著者所蔵のものを利用した。

第一章 漠然とした外国への憧れ

末っ子としてのんびりと（生い立ちと高校時代）

――生い立ちについてお話しください。

一九四一（昭和一六）年九月一三日、埼玉県浦和市（現さいたま市）の生まれです。当時、父の金治《きんじ》は化学会社「日本曹達《ソーダ》」の総務部長で、都内に通勤していました。三歳までしかいなかったので、浦和のことはほとんど覚えていませんが、米軍の空襲で近くに爆弾が落ちて、防空壕に誘導されたような記憶がおぼろげにあります。この空襲で疎開を決めたのだと思います。一九四五年三月、秋田県仙北郡大曲町（現大仙市）に疎開しました。そこで一九五一年、小学四年までの約五年間を過ごしました。

父は一九〇〇（明治三三）年生まれで、一九七四年に他界しています。母稔子《としこ》は一九〇五年の生まれで一九八五年に死去。当時田舎の素封家がよくやっていたように、女中つきで娘を東京の学校に出すという流儀にならって確か山脇女学校に行ったようですが、特に何も仕事はしなかった。一生専業主婦です。

両親は一九二七年に結婚し、長兄俊一は一九三〇年、次兄正は一九三二年、姉（進藤）節子は一九三三年の生まれ。それぞれ、私とは一一歳、九歳、八歳違いで、私だけが年が離れています。

大曲は父の出身地で、母は少し南の秋田県平鹿郡十文字町（現横手市）出身です。父の実家は加藤商店という古くからの商家。母の実家も旧家でした。母の姉が嫁いだ先が、本間家、池田家、斎藤家のいわゆる東北三大地主のひとつの池田家でした。秋田に疎開してからは、父が池田家の管財

父方の祖母（ハツ）の葬儀で親戚や家族と共に（前列右で抱かれているのが筆者、その左が母稔子）。父は当時中国大陸に出征中〔1942 年 8 月頃、秋田県仙北郡大曲町の大泉寺〕

人のようなことをしていた時期もあります。

大曲町の家は、奥羽線の大曲駅からまっすぐに南に向かって延びる道を、二キロくらい行ったところ。道の両側は店、ほかは田んぼでしたが、道の突き当たりが裁判所、そのちょっと手前の右側にありました。大きなもみの木が植わっていて、当時は高い家がありませんでしたから、奥羽線の汽車の窓からその木がよく見えて、自宅がそこだとわかりました。

母屋と離れがあり、あの頃の田舎ですから土地は広く、三〇〇坪以上はあったと思います。庭では野菜を作ったり鶏を飼ったり。鳥やトンボもたくさん来ました。母屋の天井裏ではネズミが走っていました。

すでに店はたたんで、父は会社員になっていました。ただ、われわれ家族が再び上京したのちに、父の姉か妹が雑貨や駄菓子を売る店を営んだようです。

玉音放送など戦争に直接関連する記憶はありません。幸いなことに秋田なので、米、野菜、みそとかはありました。決して豊かな食生活ではなかったが、ひもじい思いはしませんでした。牛肉、豚肉には縁がありませんでしたが、鳥肉、川魚、酒は豊富にありました。ただ、戦争に負けて基本的な秩序を作りなおす時代ですから、まだ非常に貧しかった。電話はほとんどなかったし、風呂を借りに親戚の人が来るといった生活でした。東京に対する憧れも強かったですね。

家で本を読んでいることが多い子供だったと思います。ただ、トンボや蝉などの虫捕りや、山に生える果物をとってくるといったことはよくしました。大曲の冬のかまくらも楽しい思い出です。


——小学校に進んでからの思い出にはどのようなものがありますか。


大曲小学校（現大仙小学校）は、ひなびた学校でしたが、先生は優しかった。弁当は各自が持ってきて、昼時、いわゆるダルマストーブの上に乗せて温めて食べるのですが、弁当を持ってこられない子や、普通のご飯が主食で、おこげがおかずの子供もいました。遠足に来られない子供もいましたが、それが普通にあったことだったのです。

兄姉と年が離れた末っ子なので、のんびり育てられた感じがします。兄に対しては両親も真剣だったかもしれませんが、私の場合、詰め込みはなかった。その後、勉強で苦労した記憶はないのですが、私自身は生涯、秀才だという自覚をもったことはありません。いつも自分はどこか「寸足らず」だと感じていました。

兄や姉と共に（中央で座っているのが筆者）。出征中の父に送った写真〔1943 年春から夏頃、浦和の自宅庭〕

のちに兄二人は東大、姉は津田塾大学に進みましたが、私は付録のようなもの。そういう意味で上の三人とは別の扱いだったと思います。親から勉強しろと言われたことはなく、かわいがられたと共に、放任されたと言えばそうだったのでしょうね。

ただ、秋田でも小学校に上がる前から、兄姉がおもしろがってひらがな、漢字を、中学進学の前から英語を教える、といった家庭環境はありました。将来外国に行くことになれば英語は必要だろう、という認識があったのでしょうか。

父がやけに本を買い込むたちで、ほとんど積ん読でしたが、岩波文庫はかなりそろっていたし、小宮豊隆（一八八四〜一九六六年、夏目漱石の弟子）のものだと言われた書き込みがある漱石全集もありました。兄たちは読んでいたのでしょう。私の場合は、『少年王者』（絵物語作家山川惣治が戦後に発表した絵物語）や雑誌『少年倶楽部』（戦後『少年クラブ』に改称）に掲載されていた漫画の類いを夢中になって読んでいました。

当時の子供の夢は何といっても野球。プロ野球は、終戦の翌年一九四六（昭和二一）年四月、ペナントレースが再開され、赤バットの川上哲治（一九二〇～二〇一三年）、青バットの大下弘（一九二二～一九七九年）が人気を集めていました。テレビはまだないし、ラジオで聞く野球が一番の娯楽の時代。野球への関心は、川上、藤村富美男（一九一六～一九九二年）、青田昇（一九二四～一九九七年）などの選手の話を聞かせてくれた兄二人の影響が強かった。川上は神様みたいな存在と思っていました。

遊びも野球で、最初は兄が教えてくれました。グローブ、ボールは布製、三角ベースで、練習として庭のドングリをボール、木の枝をバット代わりにして、川上になったつもりで打っていました。秋田だからスキーはやりましたが、スポーツではなく生活の手段という感じでした。秋田は冬が長くて、春になるのが待ち遠しかったですね。私の野球好きは一生続きます。

ただ、子供の頃は概して神経質だったそうで、五、六歳の頃から神経性胃炎になったりしていました。

両親も兄姉も本籍は秋田で、私もずっと秋田でしたが、だんだん秋田の親戚もいなくなるので二〇一五年、本籍を東京に移しました。出生地と出身地は違うので、今でも出身地は秋田と思っています。

――お父さんはどのような方でしたか。

父の一生を貫くものは柔道で、柔道をベースに、生計を立てるために職業があったといっても大げさではありません。第二高等学校（仙台）、東京帝大で柔道部のキャプテンを務め、結婚式の仲人が講道館柔道の創始者である嘉納治五郎（一八六〇～一九三八年）でした。会社勤めのかたわら講道館の総務部長もしました。

父には三歳違いの弟の易蔵《やすぞう》がいて、一高（東京）、東大両方で柔道のキャプテンでした。残念ながら病気で三二歳で死去しています。一高では福田赳夫（一九〇五～一九九五年）さんと同級でした。三男の慶一郎もすでに亡くなったが、水戸高から東大に進んでいます。

東大柔道部の絆は強いようでした。父は財界四天王といわれた四人のうち桜田武（一九〇四～一九八五年）、永野重雄（一九〇〇～一九八四年）と柔道を通じて親しく、政治家とのつきあいでは、二高の後輩で外務大臣になった愛知揆一（一九〇七～一九七三年）とか、大曲出身で官房長官になった根本龍太郎（一九〇七～一九九〇年）などを支援していました。

父は秋田では東北肥料、その後東京では久保田鉄工の子会社である久保田ハウスなどに勤務していました。戦争をまたぐので、大学生も食べるのに苦労する時代でしたが、そういう学生を家に呼んでご飯を食べさせていました。父は豪放磊落な性格で、お金は貯めるのではなく、人のために使うタイプでしたね。

父は英語を専門的に学んだわけではないが、まだ時代もおおらかだったのでしょう、英語の先生になって旧制弘前中学で教えていて、その生徒に太宰治（一九〇九～一九四八年）がいたと兄は言っていますが、真偽のほどはわかりません。

長兄は柔道に打ち込むことはなかったと思います。次男は一応二段。柔道部のマネージャーをやっていた。私も柔道をやれと言われて、小学生のとき大学に行って大学生に混じってかわいがってもらったことはありますが、痛いんですよ。柔弱なものですから、辞めてしまいました。野球のほうがおもしろかった。父親は強かったが、息子さんたちはあまり強くないなと周りからは言われていました。

――一九五一（昭和二六）年に上京したときの様子を教えてください。

兄は二人とも大学に進むため、一足先に上京し、長兄は下宿、次兄は東大の駒場寮に入って大学に通っていました。一九五一年、父が世田谷区経堂に家を買い、家族がそろいました。

東京は大きいな、路面電車も走っているな、というのが第一印象。上野に着くと地下に浮浪者がたくさんいて、汚かったしすさんだものがありました。復員軍人を町のいたるところで目にしたし、戦災孤児もたくさんいたと思います。寒い冬には何人か路上で凍死する、と言われていた時代です。ただ、小田急線沿線は空襲の被害が少なかったのでしょうか、成城学園や、井伊直弼（一八一五～一八六〇年）の墓がある豪徳寺とかがあって、割合落ち着いていました。

小学校四年生の第二学期から経堂小学校に通いました。秋田に比べて暖かく、決して広くはなかったが、小学校の庭で一年中野球ができるのがうれしかった。

東京の電車は秋田からすれば憧れですから、駅の時刻表を買ってきてよく覚えました。当時は東海道線の駅名は全部言えたし、鹿児島線、東北線、中央線も言えた時期もありました。東京から西鹿児島までの駅名を空で言って、また東京まで戻ってくることもできました。それから特急つばめの車両の編成とか、停車する時間とか、まあ好きに任せておもしろく覚えました。

ただ、とりつかれたような鉄道マニアではなかった。技術の領域に入っていってその世界を極めるわけではなく、漠然と鉄道、駅が好きというくらいでした。実際に行くお金もないので、時刻表で見るしかない。ここはどんな町だろうと想像しながら寝る、といった感じです。

小学校の頃は、運転手のすぐ後ろにいて、「出発進行！」「閉塞《へいそく》進行！」などとまねをしていた。中学の頃は国鉄総裁になりたいと思っていました。あるいは動物園の園長とか。

――成蹊中学に進んだ理由は何でしょうか。どのような中高生生活だったでしょうか。

成蹊中学は父が二、三選んできたなかの一校でした。そのなかの東京教育大学附属中学（現筑波大学付属中学）はくじ引きで外れましたが、成蹊は合格しました。試験はそれほど難しくはなかったと記憶します。当時、私立中学の成蹊、成城、麻布、武蔵などは、お坊ちゃん学校というイメージで、親はあまり勉強して体を壊すのは良くないから、ゆっくりとやれという感じでした。確かに成蹊は受験校ではなかったです。

通学は下北沢乗り換えで、井の頭線で吉祥寺駅まで。そこからバスがあるが、質実剛健、歩け歩けと言われて二〇分くらいかかりましたが徒歩で通いました。もっともときどき、隠れてバスに乗ったりしていましたが。

学校にあるケヤキ並木は立派で、周囲は武蔵野の雰囲気がまだ色濃く残っていました。中学は林がすぐとなりにあって、虫捕りもできるしコウモリもいました。コウモリを捕ってきて帽子の下に隠して教卓に置き、先生をびっくりさせたこともあります。近所のそば屋に遊びのつもりでカツ丼の出前を注文したら、授業中に届いてしまってひどく怒られた。ストーブの煙突に新聞紙を詰めて逆流させたりとか、そんな馬鹿ないたずらはずいぶんとしました。成蹊中学、高校にはもったいないほど立派な先生が多かった。国語は著名な俳人の中村草田男（一九〇一～一九八三年）先生でした。

ソフトボールは中学でも高校でも放課後とか昼休みとか、熱心にやっていました。草野球で捕手以外の内野、外野をやり、カーブが曲がらないのですが、投手もやりました。本気で指導を受ければもうちょっとまともになっていたかもしれませんが、クラブに入ると拘束があるので、専門的に野球の指導を受けたことはありません。

兄から日本の川上、大下はすごいが、アメリカにはもっとすごい選手がいる。ベーブ・ルース（Babe Ruth, 1895-1948）とか、ルー・ゲーリッグ（Lou Gehrig, 1903-1941）、ジョー・ディマジオ（Joe DiMaggio, 1914-1999）、テッド・ウィリアムズ（Ted Williams, 1918-2002）などだ、と言われ、神様の上がまだいるのか、アメリカはすごいな、という印象をもちました。中学のときの一九五五年に毎日の招待でヤンキース、その次の年に読売が招待してドジャーズが来ました。入場券をもらって見にいきましたが段違いの強さでした。ああいう野球を本場で見たいという気持ちが募りました。

中学三年生の夏、成蹊高校がどう間違ったか、全国高校野球選手権大会地区予選の決勝戦まで残りました。相手は早稲田実業学校で王貞治（一九四〇年～）がいました。めちゃめちゃ打たれて一三対一で負けたことはよく覚えています。神宮球場の応援席で私のとなりに、次元が全然違う感じの美女というか、デパートのマネキンが生きているような女性が座りました。後で聞くと「あれが松本弘子（一九三五～二〇〇三年）だよ」と教えられ、羨ましがられました。彼女は成蹊高校出身で、すでにモデルとして活躍していました。母校の応援に来ていたのですね。

社会に対する関心はあまりなかった。ノンポリ以前ですね。もっとも、受験、受験で追い立てられることがなかったので、受験頭にはならずにすんだ。将来のために「のりしろ」をとっておくことはできた、といえば聞こえはいいですが。

漠然とした外国への憧れ、というのはありました。ジョン・ウェイン（John Wayne, 1907-1979）の映画を兄たちといっしょに見て、そこからアメリカに行ってみたい、という気持ちになりましたが、そのためにはどうすべきか道筋を決める、というほどの頭もありませんでした。

今とは全然条件が違います。外貨持ちだしは五〇〇ドルの制限があり、一ドル＝三六〇円、飛行機はやっと国際線が就航したという時代です。何か具体的なものがないと想像もできないのでしょう。

親族には東大出が多かったので、東大に行くものだと、漠然と思っていました。記憶力はよかったと思いますが、中学から高校にかけて体の調子がよくありませんでした。腫瘍の類いが出来て放射線治療も行いました。あまり勉強に身が入らず、東大しか受けませんでした。結果は不合格。一年浪人生活をして、また東大しか受けなかったが、今度は合格できました。

腫瘍については医者の先生がX線治療の際に、「ステップ何とか」という数字を言うのが聞こえて不安になりましたが、どれくらい深刻だったのかはわかりません。まあ、ここまで生きたのでたいしたことはなかったのだと思います。

大リーグへの憧れ（大学時代）

――六〇年安保が収束した後が大学生と思いますが、大学の雰囲気はどのようなものでしたか。

兄たちは当時の世相の波のなかで学生運動に同調したり、批判したりということがあったと思いますが、私はずっと大学を出るまでノンポリ以下でした。私にとって大学進学はそれ自体が目的ではなく、さりとて手段だというほどの認識すらなく、ただ、流れのようなものでした。学生運動に興味をもったことも参加したこともありません。

入学してからは、すでに退官していましたが、伝説の民法の先生、我妻栄（一八九七～一九七三年）の特別講演を聞き、また末弘厳太郎（一八八八～一九五一年）といった先生たちの著書を読んで、すごいなと素直に思いました。幸いそうした泰斗の一人、法社会学の川島武宜（一九〇九～一九九二年）先生のゼミに入れてもらえました。オーストリア出身の法学者ハンス・ケルゼン（Hans Kelsen, 1881-1973）的に上からの演繹的、一方的というやり方ではなくて、英米法の精神に近い、教授と学生がやりとりを交わすアメリカ型のゼミで非常に斬新でした。

裁判は「事実」があってこれを「法規範」に照らして「客観的な結論」に至るというものではなく、「事実」と「法規範」と裁判官の「職業的直感」が三位一体となって作用して「結論」が出るのだという、川島先生の師匠筋に当たる末弘厳太郎の流れを引く考え方は、何となく胸に落ちました。

――大学時代にベルリンの壁建設（一九六一年八月）やキューバ危機（一九六二年一〇～一一月）など世界史的な事件が起きています。そうした国際情勢に関する記憶は。

キューバ危機とか、「私はベルリン市民です（Ich bin ein Berliner）」という一節で有名なケネディ（John F. Kennedy, 1917-1963）米大統領のベルリン演説（一九六三年六月）とかは、よくわからないでいました。

キューバ危機はたいへんなことになったが、ケネディががんばってフルシチョフ（Nikita Khrushchev, 1894-1971）が折れた。ただ、後年になって知ったのですが、一方的にキューバのソ連の核兵器を撤去し、撤退させたわけではなく、ケネディもトルコにある北大西洋条約機構（NATO）の核兵器を撤去し、ソ連のメンツを立てています。その当時はまだ何もピンと来ておらず、アメリカが突っ張ったらソ連が案外あっけなく退いた、という印象だけでした。

私の家内は、ベルリン総領事になった父親の法眼晋作（一九一〇～一九九九年、外務次官など歴任）に連れられて「ベルリンの壁」が出来る前の西ベルリンに住んでいました。壁が出来る前のベルリンには、「チェックポイント・チャーリー」などの検問所はなく、通いのドイツ人メイドは、毎日東ベルリンから来ていたそうです。

家内の一家がベルリンを離れた直後に壁が建設されました。家内は壁がない頃のベルリンを知っていますが、壁のあるベルリンを目にする機会は一度もないまま、壁はなくなりました。

――大学時代の趣味などは。

部活動はしませんでした。趣味といえば野球のほかに歌舞伎はかじっていました。野球は六大学野球、プロ野球、都市対抗野球などを、かつての神宮、後楽園球場などでよく観戦していました。甲子園球場にも一、二回行ったことがあります。

長嶋茂雄（一九三六年〜）が巨人に入るのが一九五八（昭和三三）年、王が一九五九年。全盛期を見て育って、彼らの成績の打率、ホームラン数など全部覚えました。のちにプロ野球コミッショナーになったときに、長嶋さんが自分の打率を間違って覚えていたので、訂正したことがあります。下方修正ではなく上方修正。長嶋さんが「へー、そうかな」というので、そばにいた読売の人に調べてもらったら、コミッショナーの言うことが正しい、となった。一種の偏執狂ですね。長嶋さんとの対談は『野球へのラブレター』（長嶋茂雄、文春新書、二〇一〇年）に載っています。

当時歌舞伎も好きで、歌舞伎座の一番安い三階席で一幕物をよく見にいきました。『六法』の本物は見えないが花道に映る影だけ見える、当時の「通」が言っていた「影六法」で満足していました。

一一代目團十郎の襲名披露（一九六二年四月）二日目に歌舞伎座に友人と行ったときのことですが、上品な夫婦が急用が出来たというので、この切符もらってくれませんか、と言ってくれた。タダは申し訳ないので少し払ったが、とてもいい席で見た記憶があります。

八代目松本幸四郎（白鸚）は「英雄役者」、二代目尾上松緑は踊りがうまい。尾上松緑の出し物はよく見ました。雑誌『演劇界』も読んだし、『助六』とか『勧進帳』などの台詞を覚えたりもしました。父も歌舞伎が好きで、「松緑はうまいが六代目菊五郎にはかなわない。幸四郎も立派だが、初代吉右衛門にはかなわない」などと言っていました。

当時の娯楽というと映画になりますが、映画館は換気が悪いので、それほどは見なかった。名作かどうかは知りませんが、オーストリア出身の女優マリア・シェル（Maria Schell, 1926-2005）の『最後の橋』などは心に残りました。中学時代エルビス・プレスリー（Elvis Presley, 1935-1977）、パット・ブーン（Pat Boone, 1934-）、などはヒーローでした。その後ビートルズの時代が来るのですが、一連のポピューラ・ミュージックは、まあ、人並みに聴いていました。クラシック音楽は友人につきあうかたちがほとんどで、ベートーベンでは交響曲『田園』が好きでした。

私の場合、付け焼き刃が多くて関心が包括的に広がらないのです。いつも中途半端です。スポーツといえば野球、相撲は見ていたがほかは特に関心はなかった。演劇でももっぱら歌舞伎で、新国劇とか、新派、ましてや新劇には興味はもちませんでした。

私は基本が活字人間です。文学的な志向も強いて言えばありました。子供のときは坪田譲治（一八九〇～一九八二年）の『善太と三平』もの、浜田広介（一八九三～一九七三年）などの童話の世界、それはずっと読んでいた。いたずらをして怒られてばっかりだったが、作文はよく褒められました。だからといって物書きになろうとは思いませんでした。

外国語への興味も特に強かったわけではありませんが、外国文学に触れていると、「原文が読めたらな」と思うことが誰しもある。高校生の始めの頃、国語の先生が世界の文学の話を色々してくれたなかで、トーマス・マン（Thomas Mann, 1875-1955）の『魔の山』のラストシーンがいいぞ、と岩波文庫版を勧めてくれました。難しくて当時読んでよくわからなかったけれど、長い話のなかで強烈な印象のところが数カ所はあって、その余韻が今でも残っています。

トーマス・マンの主要作品は全部読みました。外務省の研修時代にトーマス・マンは英語で読んでいました。私は広く色々な作家のものを読むというより、一人いいと思うとその作家のものをとことん読んでしまう。トーマス・マンはゲーテ（Johann Wolfgang von Goethe, 1749-1832）を読んでいなければわからないといわれるのですが、ゲーテは読み込んでいません。でもゲーテに関係なく『魔の山』も『ブッデンブロークの人々』もすごいと思います。


――外務省を志望した理由は何でしょうか。


進路を決めるときに司法官になるには勉強不足だし、公務員試験は広すぎて焦点が定まらない。外交官試験はまぐれもあると聞いたし、外交官になればアメリカに行って野球を見られるかもしれない。外国に行けば見るものみな新しかろう、というレベルです。強い志などはありませんでした。

英語は兄弟がおもしろ半分に教えたりするものだから、読み書きはできました。ただ、しゃべるほうはさっぱり上達しなかったし、土台、当時はそういう機会はありませんでした。東大にもESS（English Speaking Society）というクラブがあって、日本人同士、英語で話していた。私たちみたいな不勉強組はそういうものにいわれなき反感をもっていて、エロティック・スケベチック・ソサイエティなんていって、軽蔑していたわけですよ。今から考えると野蛮ですね。もっとも、大学時代も英語の授業はとっていたし、英語力をつける努力はしていました。

しかし、外務省の研修でエールのロースクールに行ったときひどい目に遭った。講義を聴いても何もわからず、日本の大学での不勉強を思いしらされました。不勉強に復讐されたのでしょう。

第二章　外交官人生の始まり

国際法の最先端を学ぶ（入省からアメリカ研修時代）

——外交官試験受験の様子をお話しください。

大学受験は東大だけ、就職の際は外務省しか受験しませんでした。ダメだったらどうするのか、と聞かれましたが、大学院にでも行くのだろう、別の職業に就くのだろうと漠然と考えていた。父も私がはっきりしないので腹を立てていたようですが、その頃はまだ縁故採用があって、超一流会社は無理にしても、どこか適当なところに後から突っ込むことができた時代でした。

父は外国に行きたいならば、三菱商事にでも入ってほしいと思っていたようです。試験の日まで調べてきて、絶対受けろと言うのですが、面倒だったので受けなかった。そこで父は相当怒っていた記憶があります。当時は繊維産業が全盛の頃で、東洋レーヨン、日清紡など紡績会社が人気で友人たちは色々と情報交換をしていましたが、私は民間企業に関心はありませんでした。

外交官になるときも立派な話は何もない。入省すると、同期の人間は、「国連に関わりたい」とか、色々な夢を語ったが、私は「外国に行きたい。できればアメリカに行って野球を見たいが、外国ならどこでもいい」という感じでした。けしからん、と言われるでしょうが、正直に言ってそうなのです。肩の力が抜けていたのだね、と言ってくれる人もいましたが、それは好意的過ぎる見方で、入れるべき力も筋力もない、芯がない人間だったということでしょう。

外交官試験は、一般教養の試験もあったが、日本語での集団討論や面接などに比重がある試験でした。外国語は入省してから勉強してくれ、という感じで、ちょっと驚きました。

一九六四（昭和三九）年の試験、一九六五年四月入省ですが、外務省流の年次の呼び方では三九年度組と言われます。母は外交官の何たるかには関心なくて、何とかうまく合格さえできればいいと思っていたでしょう。父は柔道をやっていた人間ですから、「外交官と銀行員は女の腐ったやつ」と偏見をもっていたので、あまり機嫌がよくなかった。「外務省に入ったよ」と報告したら急に方針転換をして、「よかった、よかった」と言ってくれましたが。

――外交交渉などでは、やはり語学の能力も問われるのではないですか。

一般に考えられているほど、外交官試験での語学の比重は高くありませんでした。もちろん、省内には名通訳や語学の達人はたくさんいます。そうした語学の達人は英、フランス、中国、ロシア、スペイン、アラビア語の国連公用語やドイツ、イタリア語、朝鮮語などのほかに、ヘブライ語、ヒンドゥー語、ウルドゥー語、タガログ語、スワヒリ語、パシュトゥン語等々広範にわたるのですが、彼らは言葉が上手ということに加えて、その国の文化の真髄を理解する人たちで、なかなか真似のできる存在ではありません。

私の場合、外国語は英語ですが、まず必要最小限有効なツールと思って取り組みました。英語で発想してみようと努めても、どうしても日本語の場合に比べて思考のスピードが落ちると痛感しました。しかし、思考そのものが原則の上に立った堅固なものであれば、相手との間に十分なコミュニケーションが成りたつ。外交官は物事の実態（substance）がわかっていれば、職業的勘も働かせて何とか仕事ができる。逆にその理解がないと仕事にはならないと思います。

――外交官は入省後、しばらくしてから海外研修に行きますが、どのように行き先を決めたのでしょうか。

茗荷谷（東京都文京区大塚）に外務省研修所（一九九四年に神奈川県相模原市に移転）があって、そこで基礎教育を受けましたが、当時は本省での研修は短かった。一九六五（昭和四〇）年八月末にアメリカ東海岸コネチカット州のエール大学に行き、九月一日からの学期から同大学のロースクールに入学しました。私が人生で初めて行った外国がアメリカでした。

法学部出身だからロースクールにつながるだろうと漠然と思って決めたのですが、そう生易しいものではありませんでした。今ではよく知られたことでしょうが、ロースクールはそれ自体がすでに大学院に相当するので、ロースクールの学士は普通の大学院での修士に相当します。ロースクールの修士資格は一、二年でとれますから、普通の大学院での修士と博士（Ph.D.）の中間でしょうか。したがって、法学修士の上の法学博士号（LL.D.）には高い権威があります。

同期入省のアメリカ研修組五人は、アマースト、スワスモア、ハヴァフォード、オバリンという一流中の一流のカレッジに散らばり、私だけが中身が合わないまま、エール大のロースクールに行くことになりました。ロースクールのほうもよくわからないまま、比較的珍しい日本からの留学生を受け入れてしまったのですね。外務省もわかっていたら、「いきなりロースクールにという無謀なことはやめなさい」と言ってくれたのではないでしょうか。いずれにせよ、入ったはいいが、その後はたいへんでした。日本での学習はほとんど役に立たなかった。

まず講義の内容が三割もわからない。もったいない、指の間から水も砂も流れていく、とひしひしと感じたし、今でもあの優れた先生たちの話をもっと理解できていれば、と痛切に思います。逃した七割のなかにどんなにすばらしいものがあったことか。わからないなりに残った三割のなかにすら今日までいくつか鮮烈な教訓が残っているので、それをもってよしとすると諦めるしかないですかね。

リーディングアサインメント、つまり宿題の読書量が膨大でした。アメリカの学生でも苦労するような読書量ですから、読むほうは比較的苦労はなかったと言いましたが、さすがに全部は読み切れませんでした。卒業できないとあちこちに申し訳が立たないと思い、学位だけはとるべくがんばりました。ただ、非常に辛かった。

学位取得には試験とレポートが課されました。成績はとても自慢できるものではなかったが、一年目で単位がとれました。私がロースクールで修士をとったと言ったら、皆「本当か」と驚いていました。どれだけ血になり肉となったかわかりません。しかし、これだけ苦労すればほかの苦労はたいしたことない、と思うくらいの境地には達しました。

ともあれ、日本で法律を専攻したからといって、いきなりアメリカの一流のロースクールに行くのはたいへんです。「法律」を一生の職とする人が、どの分野という明確な目的をもってロースクールに進むのは自然なことですし、無理がないでしょう。外務省であれば、早くから国際法に焦点を定めてアメリカ国務省の「法律顧問」のような存在、つまり、リーガルアドバイザー的役割を意識して目指すという研修生がいたら、ロースクール直行もいいのでしょう。でも、一般に「外交」を職とするのであれば、一般教養で学士（bachelor of arts）とか修士（master of arts）を目指すのが常道で、その後でロースクールに行くというのが費用対効果もいいと思います。

その頃の日本とアメリカの色々な面での格差はまだ大きかった。その昔から夏目漱石のように、神経症、ノイローゼになる日本の留学生は大勢いたのだと思います。先輩のなかに、「君たちは試験を通って身分は保障されているのだから思い詰めるな。自分で自分を責めるようなことをするな」と言ってくれた人がいましたが、そうした励ましは心の拠りどころになりました。

アメリカの大学は授業は五月に終わり、六〜八月の夏休みは、学校の寮もサマースクールなどの参加者に充てられてしまいます。住むところがなくなるのですから、どこかに旅に出なければなりません。サマースクールに行ったりして、さらに勉強する人もいましたが、私は車で結構簡単に行けるカナダ旅行などして見聞を広げていました。

——当時アメリカに行った人の多くが、「こんな豊かな国と戦争をしたのは無謀だった」と感想を語りますが、加藤さんはいかがだったでしょうか。

私もそのとおりだと思いました。当時のアメリカは実質的に唯一の超大国として一番光り輝いていた時代でした。ソ連は超大国の一方といっても、もともと別種の存在です。アメリカの国内総生産（GDP）は世界の五五パーセントを占め、それに比例して軍事費も世界を圧倒していました。高速道路のシステム、大学の施設もすばらしく、食生活でも、牛肉がふんだんに食べられ、ミルクやジュースも好きなように飲める。コカ・コーラ、果物も安い。若い女性も清潔感があって明るくきれい。アメリカ人の善意が強く感じられる時代でもありました。

ベトナム戦争が激しくなり、泥沼化するにつれて、カウンターカルチャーやヒッピーとかが出てきて、国民心理が荒れていくのが実感されたし、あの清潔感をもったアメリカの若い女性たちまでが薄汚れていくような気がしました。

――ロースクールの授業内容はどのようなものだったのでしょうか。

エール大学での授業は、国際法、国際政治を中心にしました。英米流のケーススタディが多かったこともあるが、「現実感」が日本と全然違っていました。また、宿題でこなさなくてはならない教材の量は厖大でしたが、それはあくまで素材で、生徒に考えさせるスタイルでした。

当時のエールの特色は、国際法と政治の融合。国際法の学界では批判的に見られていたようですが、私が教わったハロルド・ラスウェル（Harold Rasswell, 1902-1978）とか、マイレス・マクドゥーガル（Myres McDougal, 1906-1998）といった先生たちは、国際法は国際政治と分かちがたく結びつき、純粋法学的なアプローチでは現状に即さないという考え方でした。

マクドゥーガル先生は南部貴族のような立派な体格で、本当に優しい人でした。一九六六年初めの頃、私に「中ソの関係をどう思うか。自分は二つの巨大な国が緩衝地帯なしに直に国境を接する関係はうまくいったためしがないように思うのだが」と水を向けたので、私がモゴモゴとしながらも自分の意見を言ったのに対し、「特に共産主義を奉ずる二大国の間においてますますそうだろう。それが二人の意見ということにしてよいか」と言われたので、私は「もちろんです」と答えましたが、嬉しい経験でした。

ラスウェル先生も研究室に入ると、日本から来た学生に対してとても優しく教えてくれました。あるとき考えてきた質問をしたら、「ミスター加藤、非常によく考えられたいい質問だ。実際、私も一五歳のときに同じ疑問をもった」と答えた。皮肉でも何でもなく自然な調子です。彼は早熟の天才と聞いていましたし、まったくイヤミとは受けとりませんでした。むしろ、一緒に考えようという姿勢なのですね。

憲法はアレクサンダー・ビッケル（Alexander Bickel, 1924-1974）の「中間距離論」（middle-range theory）が印象に残っています。「立法府は住民の意思を代表する存在。その意思と裁判所の考えが同じなら裁判所の存在意義はないし、それと反対の意見を出せば有害かも知れない。司法は自らの限界をよく考えねばならない」と言っていました。ビッケル先生の学説によれば、「司法はその権威が目立つようではよくない。司法が政治とか行政の世界に踏み込みすぎてスターになるのは本来のあり方ではない」となります。

日本で憲法議論というと、まず自衛権を巡るものが念頭に浮かびますが、日本の議論では、個別的自衛権の発動は、急迫不正の攻撃が日本に加えられ、ほかにとりうる手段がないときに、受けた侵害を超えない範囲内で、という条件がつく。アメリカでその議論をすると、「急迫不正と言うが不正が事前にわかるのか。受けた侵害を超えない範囲と言っても受ける被害の全貌があらかじめわかるとは限らないのではないか」。自衛権の要件は、必要性（necessity）と均衡性（proportionality）の二つに尽きるのではないかと切り返されるのです。

私はこのアメリカの考え方に今でも賛成です。日本では、「平和憲法を守れ」というイデオロギー色の強い憲法論ばかりでしたから、アメリカでの議論は新鮮でした。

私が東大で習った民法の川島武宜先生は、そうした日米のギャップをよく知っていた人で、国際法と民法の違いがありますが、民法でも法社会学的アプローチをとっていました。裁判規範と社会規範を分け、法律の世界と現実生活との整合性を重視する立場です。つまり、民法、刑法などの条文は裁判になったときに援用されるものであり、現実世界では裁判になる前に当事者同士の話し合い、示談とかで決まることが多い。民法を論ずるに当たってはケーススタディが必要不可欠だというものです。その点でアメリカのアプローチに似たものがあると思いました。

――アメリカの民主主義が一番良質だった頃と考えていいでしょうか。ビッケルの司法の役割を抑制的に考える学説は、日本の司法の統治行為論が思い浮かびますが。

そこには共通するものがあるでしょうね。ビッケル先生は、「司法は信頼性のあるものでなければいけないが、違法立法審査権などの行方が専横的であってはならない」と強調していたと思います。アメリカの最高裁判事は九人で、いわば「中小企業」ですから、ときの判事の選ばれ方によって方向性が大きく変わるというのは、本来の最高裁の姿ではないと言っているように当時思いました。

もう一つ印象に残ったのはマクドゥーガル先生が授業で語っていた、「必然的に国内社会であれ国際社会であれ、これしか選択肢がないというアプローチは基本的に正しくない。民主制の本旨は選択肢が与えられることで、どの選択肢を選ぶかは民意次第」ということで、結局それが人間社会の最高の価値規範である「人の尊厳」（human dignity）をもっともよく担保する制度という論理です。

また、「現実に責任ある立場にあるリーダーが考えるべきことは、まずもって「最小限の秩序」（minimum order）の確立である。「ミニマム・オーダー」とは、それ以下になると状況がカオス（chaos）になるという限界のラインを指す。富や資源や価値の配分が理想的になされる「最高度の秩序」（optimum order）をはなから目指すのは現実的でない。ミニマム・オーダーを確立したうえで、一歩一歩オプティマム・オーダーの確立に向かって積み重ねていくべきものだ」とも語っていました。そうした考え方にも共感を覚えました。

両先生ともマルクス（Karl Marx, 1818-1883）、エンゲルス（Friedrich Engels, 1820-1895）は天才だと言っていました。ただ一つ間違っているのは、彼らは社会の発展のパターンは一つしかない、プロレタリアートの独裁という以外の選択肢がないとする点だ。この一元論（monolithic）は「知的権威主義」と言えるが、本来「権威主義」は「知的」であることと相容れないないのではないかということでした。

当時の日本では憲法学や政治学など、多くの方面で左翼志向が顕著でした。丸山眞男（一九一四〜一九九六年）はたいへんレベルが高いが、それでも左のアカデミズムだったでしょう。当時のアメリカでは、政権批判やベトナム戦争反対の気運が非常に強かったのですが、社会全体として「異見」「異端」に対して決して狭量ではなかったと思います。

――その後の外交官人生でヒントになることはありましたか。

ありましたね。もっともラスウェル、マクドゥーガルは、政治と法律を一体化しすぎる、国際法を政治化しすぎると、アメリカ内では少数派に属する学者でした。独特の用語を使うことも嫌われていましたが、ただ、細部がわかるべくもない外国人の私には、案外核心部分が素直に胸に落ちるところがありました。

社会的な意思の伝達（「コミュニケーション」）を非常に重視していました。国家は「エリート」「ミッドエリート」「マス」（rank and file）の三層構造になっており、これに応じて伝達にも三種類ある。「エリート」といっても今日言うところの「セレブ」という意味ではなく、「政治的決定」（デシジョン・メーキング）への関わり方という視点からの分類です。つまり、政策決定に直接関わる「エリート」、それを補佐する「ミッドエリート」、それを受容する「マス」というような意味でした。

エリートとエリートの間の伝達は「ディプロマシー」、エリートとミッドエリートの間は「イデオロギー」、エリートとマスの間の伝達を「プロパガンダ」と定義していました。この三種によって「機密性」や「公開性」の度合いも当然異なってくる。今のポピュリズムを見るときに、こうした区別はごっちゃになっているように思えます。

今は「インフォメーション」（情報）と、「エンターテイメント」（娯楽）との境界があいまいになっている。一九八〇年代後半、日本にいたアメリカのジャーナリストが、「インフォテインメント」という言葉を使っていましたが至言です。「ニュース」と「ストーリー」の区別がつかない報道が昨今多すぎないでしょうか。この二人の教授は、「コミュニケーション」の定義が乱脈になる危険を予告していたと思います。

――学生生活はどのようなものでしたか。

当時はまさにカルチャーショックでした。最初はキャンパスのなかの学寮に一人で住み、二年目はアメリカ人の友人と家をシェアして住んでいました。どちらも中央暖房はついているし、トイレは水洗でシャワーがあって常にお湯は出るし、日本の学生寮とは天と地ほどの違いでした。大学としての規模は、エールはハーバードの半分です。そのエールの半分がプリンストン。プリンストンにはロースクール、医学部はない。エールのロースクールはハーバードの半分の規模ですが、当時ランキングは一番高かったと思います。

ロースクールには食堂がありましたが、テーブルは広くナプキンも敷いてある。メニューは決まっていて、カトリックの学校ではないが金曜日は魚。ミルクは飲み放題。日本から行くとこれほどすばらしい学食があるのかと驚きでした。最初、体重は五六・四キロだったのがロースクールを去るときは六六キロになり、背も一センチくらいは伸びたはずです。辛い思いとは別に体重は増えました。

エールを去る直前、一九六七（昭和四二）年に第三次中東戦争が勃発し、ロースクールの食堂のテーブルが、アラブとイスラエルのグループで真っ二つに分かれました。両方に顔見知りがいて、両方から「来い、来い」と誘われて困りました。イスラエル側に親しい友人が多かったので大勢順応でそちらに加わって食事をしましたが、愉快な記憶ではありません。当時の日本はどちらかというと、親イスラエルで、一九七三年の第四次中東戦争の際のオイルショックをきっかけに親アラブに舵を切りました。

顔に傷があるユダヤ人のロースクールの学生が私に、「これからイスラエルに行く。独立戦争のときにも行っている。今度も「母国」に奉公するのだ……」と別れの挨拶をしました。芝居気ではない迫力がありました。

大学にはアラブ系よりもユダヤ系の学生が多かったものの、イスラエルから来ているユダヤ人はほとんどいなかった。欧州からアメリカに逃げてきたユダヤ人やその二世がほとんど。日本人はユダヤ人に、案外親近感をもたれると思いました。私の友人のユダヤ人学生は概ねたいへん優秀で、彼らにとても親切にしてもらった。でも、ユダヤ人が何かで一本にまとまっているという印象はなく、私の友人同士も必ずしも仲はよくなかった。

また、特にユダヤ人だからということではないでしょうが、一緒にカード・ゲームなどをしていると、ユダヤ人学生のなかにはゲーム中にピーナッツなどおつまみの類いを一人でポリポリやっている者もいた。日本人なら「どう？」とか言って回すのではないかと思いました。

エール大学ロースクールの修士号を取得〔1966年5月、ロースクール正面入口前〕

そのままアメリカ勤務に（在米大使館書記官時代）

——加藤さんは研修後に引き続き、一九六七（昭和四二）年七月に在米日本大使館勤務となります。アメリカに残ったということは、それだけ嘱望されていたのではないですか。

アメリカに残ることは悪いコースではなかったでしょうが、とりたてて特別なことだったとは思いません。こんなに若い時点で人生の勝負がつくわけはありません。長いレースのたまさかな第一歩というだけです。同期のアメリカ研修者五人のうち、二人がアメリカに残り、ほかの三人はそれぞれ、本省勤務、アフリカ勤務、経済協力開発機構（OECD）勤務だったと記憶します。

残れば外国にいる時間が長くなるので、当時のことですからその分、「うらやましい」という雰囲気が多少はあったかもしれません。在外公館勤務では在勤手当が出ます。国内勤務だと安月給ですから、一ドル＝三六〇円時代で、研修中に借金をした人はどう返却するかという問題もあったでしょう。当時から外務省は、研修だけ楽しんでそこで辞めてしまう人間が出ることを非常に警戒していました。

自分を特に嘱望された人材と考えたことはありません。大蔵省（財務省）は公務員試験の成績で最初から決まっているようなところがあるが、外務省には成績順という考え方はないと、しばしば聞きました。実際そうなのだと思います。

私のときは、成績のいい人間はイギリス、フランスで研修という感じで、ドイツも人気がありました。アメリカはその残りを吸収し、別立てでロシア、中国、スペインがあるという感じだったと思います。大使館人事も同様でした。まだ何もわからない若僧相手の人事ですよ。
ただ、大使館に勤め始めるとそれまでの甘い幻想は雲散霧消し、一兵卒からやり直しでした。ロジ（logistics）とサブ（substance）という言い方がありますが、サブ、つまり仕事の内容の貢献などは誰も求めておらず、ロジの面で下働きをせよ、ロジの経験なくしてサブを語る資格はない、という感じでした。純粋な知的能力というより、「知的運動神経」とでも言うべきものが大事な世界なのかなと思いました。

――大使館での勤務はどのようなものでしたか。

千葉一夫（一九二五～二〇〇四年、駐英大使など歴任）さんという沖縄返還に命を懸けたような人のもとで、本来の外交官人生の第一歩を踏みだすことになりました。大使館に二年いたうち千葉さんが班長だった政務班に約半年、残りの一年半は下田武三大使の秘書役を務めました。千葉さんは私の一六年先輩、下田大使は三二年先輩でした。
千葉さんは父親も外交官の千葉蓁一《しんいち》氏（駐ポルトガル公使など歴任）で、海外で育ち英語の能力も抜群。実務能力はまさしく天才のものでした。一方外務省で一、二を争う怖い人だという伝説も真実だと思いました。ダンテ（Dante Alighieri, 1265-1321）の『神曲』ではないけれど、エールを卒業してようやく地獄を出たと思ったら、煉獄にも行きつかないうちに、また焦熱地獄へ落ちたような心境でした。でも、これだけ我慢すればその先これより苦しい人生はないに違いない、という確信ももちましたね。

千葉さんのもとでは、朝出勤したとたんに二〇件くらいその日にやる仕事を命じられる。頻繁に進捗具合を聞かれ、処理が遅れるとものすごく怒られる。夜中でも電話の雷が落ちる。電報の書き方、本省との連絡の仕方などそれこそ軍隊の初年兵並みに鍛えられました。ただ、第三者には「加藤はよくやっている」と褒めてくれていたそうで、まったく表裏のない人でした。

その後のことを考えると、千葉さんからは甘えの許されない「ノー・ノンセンス」(no-nonsense)の世界があることを教わりました。あるとき千葉さんから「俺はお前を怒ってばかりいると今は思うだろうが、出世して行くにつれて、本当にお前を怒ってくれる人間はいなくなるからな」とお酒の席で言われたことがあります。

一九六七(昭和四二)年は沖縄返還交渉が本格化する年でした。一一月に佐藤栄作(一九〇一~一九七五年)首相がアメリカを訪問してリンドン・ジョンソン(Lyndon Johnson, 1908-1973)大統領と会談し、沖縄返還のあらすじが決まりました。岸信介(一八九六~一九七八年)首相とドワイト・アイゼンハワー(Dwight D. Eisenhower, 1890-1969)大統領の時代からの流れで、段々返還が具体化していましたが、決定的だったのはやはりこの佐藤・ジョンソン会談で、両三年(二~三年)内に返還の時期について合意することを定めた共同宣言が発表されました。そして、一九六八年にアメリカ大統領選挙が行われ、共和党のリチャード・ニクソン(Richard Nixon, 1913-1994)が勝ち、一九六九年の佐藤・ニクソンの共同声明で、一九七二年中の沖縄返還がうたわれます。

この時期はアメリカが非常に荒れていました。一九六八年一月にベトナムでテト攻勢があり、ジョンソン大統領が大統領選への出馬を断念します。四月に黒人運動指導者キング(Martin Luther King,

1929-1968）牧師が暗殺されます。それをきっかけに暴動が起き、マサチューセッツ通りの大使館まで催涙ガスのにおいが漂ってきたり、大使館職員の自宅にライフルの実弾が撃ち込まれたりしました。

六月に民主党の有力な大統領候補だったロバート・ケネディ（Robert Kennedy, 1925-1968）上院議員が暗殺されました。ロサンゼルスから彼の遺体を乗せた列車がワシントンのユニオン・ステーションに到着します。当時は廃屋のような姿のユニオン・ステーションでした。

まったくの余談ですが、その後日本政府はケネディに対し死後叙勲します。勲章の伝達に私は下田大使のお供でヴァージニアのお宅を訪問しました。エセル（Ethel）夫人が受けとって深謝の意を述べられましたが、広くても質素なお宅で確か一一人お子さんがいた。一番下のロリー・ケネディ（Rory Kennedy, 1968-）さんは、のちに映画プロデューサーになる人ですが、黒人の乳母が抱っこしていました。今も情景を思いだします。

七月にシカゴで開かれた民主党大会は、大荒れでした。一一月の大統領選挙は、民主党のヒューバート・ハンフリー（Hubert Humphrey, 1911-1978）候補に、「法と秩序」（Law and Order）の回復を訴えたニクソンが僅差で勝ちました。

――仕事は具体的に何を担当したのでしょうか。

具体的に何を、と言われても困るほどの地味な事務ばかりでした。ただ、私本人は何もわかっていないなか、沖縄返還は重大局面にあったわけです。「核抜き本土並み」が成就するか否か、さかんに唱えられていた時期です。在米日本大使館では、当然下田大使が中心となりましたが、実質的に関与したのは千葉政務班長でした。下田さんは当時の佐藤首相との関係が非常によかった。千葉さんは巨大ブルドーザーさながらに事務を引っ張っていった。本省では東郷文彦（一九一五～一九八五年、駐米大使など歴任）北米局長が中心となりました。

私はアメリカの研修は終えたものの、本省での研修も満足に受けていない「ひよっこ」です。沖縄返還問題は国の最重要案件になっていたので、私如きが何か役割を果たすようなレベルの話ではありませんでした。ただ、エール大学で書いた論文の一つは、アメリカ施政下に置かれた沖縄県民に対して日本は外交保護権を行使できる、という内容のものでしたし、沖縄のことには関心がありました。

在米大使館の初めは「徒弟制度」の時代で、沖縄返還、アメリカの内政、ヨーロッパ、ベトナムを担当する書記官の補佐役とか、ほかの政務班員の所掌に入らない仕事を処理する、パチンコの一番下の穴みたいな役割でした。でもおもしろく仕事をしました。

下田大使の秘書役の仕事は、各班から「今日中に大使に見てもらいたい電報があるから、まだ大使を帰すな」とか言われて、大使には次の要務があるところを何とか引き留めたり、大使が行う接宴の席次を作ったり、地方旅行に同行させてもらったり。

千葉さんの逆で、下田大使は非常に優しかった。大使には若い者を育成しようというマインドがあって、偉い人に会うときには敢えて私を連れていき、ディーン・ラスク（Dean Rusk, 1909-1994）国務長官に会いにいくときも、「君も座って見ていなさい」と言って同席させてくれました。

下田大使は「若いうちに一番上の世界も、一番下の世界も見ておけ」という考え方でした。将来大使になったときのために大使職というのはどういうものか見ておきなさい、と言っていた。大使というのは重いポストなのだろうと痛感しました。日本から偉い人が来たときの大使の対応ぶりとか、色々見ることができました。大使の恩情に対し、こちらも献身的に二四時間勤務のつもりでいました。

下田大使の口述筆記もたくさんやりました。大使はまず私に東京への電報を口述して下書きさせて、その後自分で精査したうえで電信班に渡して打電させる、という順序でした。今から思うと色々重要な電報の口述筆記をしたわけですが、日米交渉の全体像がわかるはずもありません。ただ緊張感をもって口述を受けていました。

大使秘書のポストにいても、自分自身のアメリカでの人脈づくりをするところまではとても行かない。たまたま先輩から人を紹介されることはあっても、その程度のことで、上下院議員とのつながりを開拓することはありませんでした。そういうことが何とかできるようになるのは、一〇年以上後、一九八〇年代に安保課長になってからです。

沖縄返還の実務に携わる（アメリカ局北米第一課事務官時代）

――一九六九（昭和四四）年七月、日本に帰国して本省の北米第一課総務班に配属され、沖縄返還交渉に関わりますが、当時の外務省の体制はどうなっていましたか。

帰国直後の北米一課では、当初半年以上、漁業交渉とか航空交渉などの伝統的な仕事をやりました。初めての実務らしい実務といえるでしょう。

年が明けて、四年先輩の佐藤行雄（一九三九年〜、国連大使など歴任）さんがワシントンに発令されて出た後、私が沖縄班長になりました。アメリカ局と条約局が一体となり、沖縄返還協定問題に本格的に取り組んでいましたが、忙しさは並のものではありませんでした。

沖縄は、返還が現実の政治課題になるまでは、北東アジア課の担当でした。在米大使館から私より一足先に帰国し、北米第一課長になっていた千葉一夫さんは、沖縄返還を同課の所管としました。

後から考えると沖縄返還は国の大事であり、日米間の返還協定作りだけでも巨大な事務でした。さらに沖縄の「本土並み」返還を実施に移すには、立法、行政、司法などの日本本土のシステムと一体化させる必要もありました。関係省庁などとの調整は膨大な仕事になりますから、アメリカ局という地域局のなかの一課がすべてを所管するのが最上策だったのか、当時はよくわからないままでした。

これだけの巨大案件であれば、いわゆる「タスクフォース」を組む選択肢もあったのではないかと今では思います。しかし、千葉さんには、沖縄問題に一貫してコミットしてきた責任感ある少数精鋭部隊が中核となり、牽引する覚悟でないとうまくいかない、という強い信念があったのでしょう。

機関車が多数の客車を引っ張って走るＴＧＶなど欧州型の高速鉄道（牽引型）と、動力が車両全般に均分に分散された日本の新幹線（分散型）の違いを思い起こします。千葉さんはあえて牽引型を選んだのだと思います。

外務省としての第一義的責務は返還協定の締結とそれを国会で通すことです。協定本文以外にもたくさんの文書があります。この件についてはアメリカ局と条約局は一心同体でした。協定締結以外の事務が限りなくあるアメリカ局を、普段はないことですが、条約局が前面に出ることも厭わずに助けてくれました。

北米第一課総務班時代、千葉一夫課長（右）と筆者〔1969年頃、外務省。千葉明氏提供〕

沖縄返還は、第一段階として、一九五七年の岸・アイゼンハワー以来、累次の共同声明を踏まえて、一九六九年の佐藤・ニクソン共同声明では「核抜き、本土並み」返還が合意されます。次に第二段階として、この共同声明という政治文書を、法的拘束力をもった条約にするための日米間の協定締結交渉に入ります。

第三段階として、一九七一年六月一七日に協定署名とその後は、その協定発効のために必要な国会の承認（アメリカでは議会の承認）をとりつけるための「沖縄国会」がありました。

すべての関係者がこの三段階すべてに直接関わったわけではありません。それでも沖縄返還という大事業全体を見た場合、事務レベルでは東郷文彦局長や千葉一夫課長の貢献度はすぐれて大きかったと思います。私が下っ端として経験したのは、ほとんど第二、第三段階でした。下っ端でしたから日常接触するのは、だいたい課長以下の若手です。

北米一課で沖縄班長の前任は佐藤行雄さんでしたが、彼は異能の人でした。政治感覚、優先順位づけの感覚をはじめ、真似のできない人でした。

協定作り以降の第二、第三段階に入って条約課の先輩にものすごく助けられました。中島敏次郎（一九二五〜二〇一一年、駐中国大使など歴任）条約課長は千葉課長の同期で、今思ってもおとなの風格がありました。その頃、条約局法規課長を経て中島さんの後任の条約課長になる栗山尚一《たかかず》（一九三一〜二〇一五年、駐米大使など歴任）さんも、沖縄返還の法的・知的プロセスでの守護神《ストッパー》のような感じでした。

実務的に私が本当にお世話になり、今でも足を向けて寝られない存在は、北米一課の佐藤嘉恭（一九三四年〜、駐中国大使など歴任）さん、条約課の有馬龍夫（一九三三年〜、駐独大使など歴任）両首席事務官です。そして、協定交渉のうち、復帰後、アメリカにどの基地を継続提供し、どの基地を返還させ、どの基地を自衛隊との共同使用基地とするかを決める交渉で、私をリードしてくれた三年先輩の丹波實（一九三八〜二〇一六年、駐ロシア大使など歴任）さん。皆さん、私が思うように動けないので、ずいぶん歯がゆい思いをされたと思います。一生懸命やっていたつもりなのですが、物事が私のエンジン出力量を大幅に超えているように感じました。

沖縄返還の最大のポイントは「核抜き、本土並み」でした。「本土並み」というのは、沖縄が本土と「一体化」して、本土に適用される法令、条約などがそのまま沖縄にも適用されることです。

日米安保条約、関連取極めも当然その一部ですから、本土が「核抜き」である以上、沖縄も「核抜き」になるわけです。法律的には「本土並み」といえば「核抜き」も意味するはずです。ただ、政治的に核問題は特別な意味があるので、敢えて特記されることになったのでしょう。

在米大使館で下っ端だった私ですが、下田大使の電報の口述をとおして、「沖縄の核抜き返還は大丈夫なのか。核つき返還もやむをえないのかなあ」などと漠然と感じていました。しかし、結局は本土並みの核抜き返還が実現したわけで、日本の交渉担当者はよくやったのだとしみじみ思いました。

後年になって、アメリカ側関係者などから、アメリカ内部では核抜き返還の方針は一九六七年から六九年にかけてだいたい固まっていたのが、ニクソン政権（一九六八〜一九七四年）のもとで「上のレベル」の政治的駆け引きの道具にされて、不本意だったといった話も聞きました。

――加藤さんが沖縄返還問題で担当したのは、どのような仕事だったのでしょうか。

まず沖縄にあるアメリカ軍基地を整理統合し、できるだけ返還させる仕事がありました。返還後の沖縄のアメリカ軍基地を、Ａ継続使用、Ｂ返還、Ｃ自衛隊への移管という、ＡＢＣの三つに振りわける作業を、アメリカと交渉しながら進めました。事務量は膨大で、残業に次ぐ残業でした。復帰前は一八〇くらいアメリカ軍基地があったと記憶します。これを八七までにしましたが、自衛隊との共用のものが加わって一〇〇以上になりました。実質的にどれくらいインパクトのある削減ができるか、という点が重要でしたが、正直なところ、面積など量的に思ったようには削減できませんでした。

ただ、何がしかの「目玉」は必要という認識があり、その代表格が那覇空港でした。那覇空港は基地だったので、日本の民間機が飛びにくい状況がありました。同空港の返還は事務レベルを超えた政治レベルの問題でした。

また、沖縄には実体がはっきりしない怪しげな基地や部隊が存在していて、「特殊部隊」として当時国会でさかんにとり上げられ、なかなか厄介でした。返還前の沖縄に二回行って、そういう基地や部隊の実態を調査しました。

もう一つの仕事は、沖縄の日本人基地従業員の待遇問題でした。本土の従業員より待遇が悪かったのを本土並みにそろえるため、返還後、その差額分を日本が負担することで合意しました。

返還後の水道、電力、道路をどうするか、という問題も重要でした。沖縄はアメリカルールで車は右側通行でしたから、左側通行に直さねばならない。県になった後の交付金、あるいは本土復帰祝いとしての、いわばご祝儀である財政支援なども含めて、外務省の所掌の範囲を超えて、総務庁、大蔵省、警察庁、農林省など多数の省庁が関係しました。とにかく手広い仕事でした。つなぎ役は本来、千葉課長ですが、多用なので首席事務官の佐藤さんが各省庁の人と検討を重ねました。

返還にあたっては沖縄県民の感情をよくよく汲む必要がありました。千葉さんはそこにたいへん気をつかっていたと思います。協定絡みの国会対策は条約局に任せ、自分は沖縄の主だった人たちとの信頼醸成に注力していました。山中貞則（一九二一～二〇〇四年）総理府総務長官といいコンビだったと思います。

沖縄返還協定批准書交換式。左列で立っているのが筆者〔1972 年 3 月 15 日、首相官邸〕

当時は社会党が強く、岡田春夫（一九一四～一九九一年）さん、石橋政嗣（一九二四～二〇一九年）さんといった「安保七人衆」や、横路孝弘（一九四一年～）さん、楢崎弥之助（一九二〇～二〇一二年）さん、大出俊（一九二二～二〇〇一年）さんなどがいて、爆弾質問をするわけです。

たいへん厳しかったです。質問が夜中まで出てこないから、夜中から明け方までに答弁書を準備するのですが、予算委員会や沖縄返還特別委員会は総理出席ですから官邸の秘書官から一刻も早く寄こせと矢の催促が入ります。午前九時三〇分か一〇時に委員会は開会するので、総理にブリーフィングする秘書官もたいへんでした。ときには他者との協議が済まないままの「生煮え」の答弁案を秘書官に内々に届けてしまうというルール違反を危険覚悟でやりもしました。何分まだ若くて純情ですから、こんなときは死ぬ思いでした。

「沖縄国会」には殺気立った雰囲気がありました。その頃の国会では政府委員（局長）の答弁の機会がたいへん多かった。質問に答えるのは吉野文六（一九一八〜二〇一五年、駐西独大使など歴任）アメリカ局長と井川克一条約局長の二人です。

井川さんの答弁はきっちりして隙がない。吉野さんの答弁は緊迫した雰囲気のもと、実に大らかというか天真爛漫というか型破りというか、しょっちゅう味方をハラハラさせた。吉野局長の答弁の後、条約局やアメリカ局の身内から、「お前はちゃんと応答要領を渡しているのか！」と怒られる。やるせなかったですね。でも吉野さんの無手勝流は、大きな次元から見てたいへん効果的だったと思います。

――沖縄の核問題は、当時の国際政治の文脈ではどう見ることができますか。

当時は十分にはわからなかったのだが、すでに米中国交正常化が進んでいて、アメリカが中ソの間にくさびを打ち込む時期になっていました。それに伴い、沖縄の核兵器の意味が変わっていました。

アメリカは一九六九（昭和四四）年一二月、核弾頭搭載可能な中距離ミサイル「メースB」の沖縄からの撤去を発表し、公開しました。私はそれを見てアメリカは沖縄の核兵器をもう必要としない段階になったのか、という感じを受けました。毒ガス兵器も撤去しました。私は米中の正常化がニクソンショックのかたちで起こるとは思っていませんでしたし、核は非常に手がつけにくい話と思っていた。しかし、今から振りかえると、時代のほうが先に行っていたかもしれません。ソ連と中国の分断ということは大きかった。沖縄の核兵器撤去は中国に向けたメッセージでもあったのでしょう。

ニクソンはその頃、ベトナムからの「名誉ある撤退」を考えていました。ソ連の動きにも中国の動きにも敏感だったに違いありません。当然、カンボジア、ラオスについても考えをめぐらせていた。このことと沖縄の核との関係はわかりませんが、たぶん沖縄への核配備の必要性は減っていたのでしょう。

時代は下りますが、一九九一（平成三）年にニクソンさんから、沖縄返還問題について直接聞く機会があり、なるほどそうだったのかと思うことがありました。つまり、当時のアメリカは、ベトナム戦争からどう撤退するか、米中の正常化、米ソの軍縮交渉、中東、ドルの切り下げといったもろもろの問題を抱えており、ニクソンはそれらを全部見ていた。内政面では民主党から共和党に支持をひっくり返そうという南部戦略も進めていました。

そのなかでの沖縄返還問題の比重と、佐藤首相の生涯の案件である沖縄問題とでは相対的な位置づけが違う。アメリカにとってはワンオブゼム（one of them）、日本にとっては巨大な問題。その違いがあったように思います。

——加藤さんはニクソンをどう評価していますか。

ニクソンはかなり以前から、大統領選に出ることを前提として準備を進めていて、大統領になったら何をするかというアジェンダがしっかりあった人でしょう。表現は悪いのですが、「悪魔的能力」の持ち主、ベトナムからの「名誉ある撤退」を追求し、大統領補佐官を務めていたヘンリー・キッシンジャー（Henry Kissinger, 1923-）もニクソンを恐れていたと言われます。

ニクソンを怒らせると怖い。ニクソンのほうがキッシンジャーを下に見て利用していた側面のほうが大きかったのでしょうかね。二人の関係は必ずしも心が十分つながって肝胆相照らすという感じのものではなかったかもしれません。よくわかりませんが。ニクソンは人好きはしない人物でしょうが、優れた戦略家だったと思います。

ニクソンに会ったのは一九九一（平成三）年にニクソンが来日し、接伴員を命ぜられたときです。次のアポイントメントのための出発時間より一〇分ぐらい早く出てきて出迎えの私を隣に座らせて、質問に答えてくれました。合計すると一時間以上、話すことができました。さすがのニクソンもうだいぶアクが抜けて、いい「先生」という感じでした。

二〇〇一年に大使としてアメリカに赴任した直後から、ニクソンの次女のジュリーさんと結婚相手のデービッド・アイゼンハワー弁護士夫妻とも懇意になりました。長女のトリシアさんのほうは知りませんが、デービッド夫妻はとてもよいアメリカ人だと思いました。デービッド氏は野球好きでしたね。

全部ニクソンの本に記されていますが、「名誉ある撤退」、つまり、ニクソンにとってベトナムからの撤退は単なる撤退ではだめで、中国との正常化、国交樹立に動いて中ソを分断し、中ソが連携してベトナム、カンボジア、ラオスに介入するのをやめさせるのが目標でした。中ソ分断によってソ連は傷つくから、それをなだめるためにも核軍縮交渉をやって名誉心を満たした。アメリカ経済がもたなくなっているので、金本位制離脱、一ドル＝三六〇円から三〇八円にとドルの切り下げをする。こうしたすべてのことを同時に進めたわけです。

ニクソンの政策には、アメリカの力は限られているからほかの同盟国ががんばれ、という意味が当然あった。一つ一つの政策を見るとアメリカの威信が下がることばかりのように見えるが、世界的にはむしろニクソンに対する畏怖の念が強まって威信が落ちなかった。それはさすがだと思いました。

ニクソンはすべてをひとつながりで見ていた。中東ももちろん入っている。中東は、黙っているとソ連が出てくる。そこで、第四次中東戦争の後、エジプト大統領サダト（Muhammad Anwar al-Sādāt, 1918-1981）とイスラエル首相ベギン（Menachem Begin, 1913-1992）に目をつけて、エジプトとイスラエルに和を講じさせる。エジプト、さらにサウジアラビアの両大国をアラブ陣営から一本釣りしてしまえば、残った国はいくら徒党を組んでもイスラエルに戦争を仕掛けられない。そういう意味で「No war, no peace」という形の安定を作りだす戦略を採用しました。パックス・アメリカーナというのはそういうことでしょう。

ただ、自分で大戦略を立てられるニクソンほどの人が、なぜウォーターゲート事件のようなつまらないことをやったのか。勝つことがわかっている大統領選挙で、ちまちました工作をしなければならなかったのか。ニクソン自身、猜疑心が強い人だったこともあるし、彼をとり巻く人が一流ではなかったからとか色々あったのでしょうが謎ですね。

——ニクソンについては外交官人生を重ねるにつれてわかってきたということでしょうか。

そうですね。ニクソンは太平洋地域において自分を大切にしてくれた岸信介に対し、非常に敬愛の念をもっていたが、将来の大国は中国なのだろうと考えていたと思います。中国は同盟国にはならないが、話し合って取引《ディール》すべき相手だ、と。

キッシンジャーとのコンビということもありました。彼は当時から日本に親近感も信頼感ももっていなかったような感じです。彼は非常に大国主義のところがあって、ソ連を何とかした後は中国と、という思いがあった。その中国が日本の核武装を恐れていたので、日本に核武装はさせないから、との言質を与えることくらいはしたでしょう。

キッシンジャーの大国主義とマッチして、日本人にはニクソンに対し、ニクソンショックを含めて、あまりいい思い出はないかもしれない。ただ、ニクソンが、大戦略を描けた大統領だったことは間違いないと思います。中ソの分断、中国との国交正常化はキッシンジャーが描いた戦略ではなく、ニクソンが描いた戦略のもとにキッシンジャーが動いたということではないでしょうか。

外務省機密漏洩事件の渦中に

——沖縄返還では、密約問題も議論になったと記憶しますが、加藤さん自身は何か関与されたのでしょうか。

私は一兵卒だったのですが、密約問題の渦に巻き込まれました。

沖縄返還問題では国会がたびたび紛糾しましたが、一番大きな問題となったのは、一九七二（昭和四七）年三月二七日、衆議院予算委員会での社会党の質問に端を発するいわゆる「外務省機密漏洩事件」でした。社会党の横路孝弘さんたちが、国会で「極秘電報」のコピーを振りかざして、「日本政府が米軍基地の土地原状回復補償費四〇〇万ドルを肩代わりする」という密約があったと追及したわけです。

当然、外務省で電報を漏らしたのは誰だ、ということになり、「K事務官」とかいって私を犯人と示唆した新聞記事も出ました。確かに暴露された電報の字は私が書いたものでした。予算委員会で示されたとき、私も出席しており、疲れの頂点だったときの乱れた字ですが、すぐに「あ、僕の字だ」とわかりました。この電報はもう公開されています。

当時、私は経堂（東京都世田谷区）の両親の家に住んでいましたが、三晩続けて週刊新潮の記者が取材に来て、父に「お宅の息子さんが疑われています」と。「息子がやるはずがない」と二晩続けて追い返したが、三日目はさすがに心配になって「お前何もしてないだろうな」と私に聞くわけです。やるせなかったです。

私を知っている人は私を疑わなかっただろうし、私も自分を疑わなかったが、それは故意に漏洩してないということ。新聞を捨てるとき、間違って一緒に電報を捨てなかったか。漏洩問題が浮上するのは協定調印（一九七一年六月一七日）から九カ月以上経ってからのことで、蒸し返されても記憶がない。一〇〇パーセント故意にはやっていないが、過失で何かした可能性はなかったか。そう思ってもどうしようもないことがわかっていながら、毎日悶々としていました。国会では佐藤総理までこちらを見ているような気がして居心地が悪かった。

漏洩犯が割れる過程はちょっとドラマチックでした。

社会党が振りかざした電報が本当に外務省にある原本のコピーかどうか、照合が必要ということになり三月二八日夜、与野党の議院運営委員会理事立ち会いのもと、照合が行われました。ここで吉野文六アメリカ局長ががんばった。

当時の電報は表紙に決裁欄があって、社会党はその表紙は見せないで、実質一枚目から照合しましょうと言った。これに対し、吉野さんがダメと言った。「公文書である以上、表紙の一枚目から正式にやらないと、こちらとしては照合を容認するわけにはいきません。やるなら全部です。それがダメだというなら今日は私は引きとらせていただきます」と。

そうすると横路さんら社会党の議員たちが皆、一度打ち合わせのため退席しました。一〇分くらいたったら戻ってきて、「よろしい、やりましょう」と言って一枚目を見せた。その間、吉野さんは私に「社会党が出してきたら、ともかく一枚目のサインの欄だけ見て、どこまでのサインがあるか確認してくれ」と指示していました。

すると外務省の原本にはない官房長から上のサイン（発電後の「後回覧《あと》」のときのサイン）が、社会党の電報にはあることがわかった。つまり、電報発電後、官房長から上のどこかで、何かがあったと考えるしかありません。

外務省の電報は発電した直後のものを、原本として電信課が保存します。外務省の電信課に残る原本には、佐藤正二（外務次官など歴任）官房長の雄渾な緋縅のようなサインがありません。すなわち、局長決裁で発電され、それ以上の幹部には「後回覧《あと》」とされたわけです。ところが、社会党が示した電報コピーには官房長の雄渾なサインとそれより上位の幹部、外務審議官、次官、大臣までのサインがあった。つまり発電までの段階では、まだその電報は漏洩しておらず、社会党の電報は、後回覧の途中で漏洩したものと推測できます。

照合の結果を私はすぐ官房の國廣道彦（一九三二〜二〇一七年、駐中国大使など歴任）総務書記官に伝えました（当時、外務省にはまだ総務課はなかった）が、ほどなくして三月三〇日、安川壮（一九一四〜二〇〇〇年、駐米大使など歴任）外務審議官つきの女性事務官だった蓮見喜久子さんが、「私がやりました」と申し出たそうです。

――事件は、機密文書を漏洩したとして蓮見さん、そして蓮見さんと性的交渉をもち遺漏するようそそのかしたとして毎日新聞政治部記者の西山太吉氏が四月四日、国家公務員法違反で逮捕されました。蓮見さんとは面識があったのでしょうか。

蓮見さんは知っていました。外務審議官の秘書でしたから、書類を彼女に渡すことが結構ありました。なかなか感じがよくて親切な人でした。旦那さんが結核か何かの病気で体が弱く、それで西山さんの毒牙にかかったと言われていました。

横路さんが暴露して、蓮見さんが申し出るまで数日しかなかったですが、その間は私にとって地獄でした。省内では「絶対お前がやったはずがない」という声が多かったが、「アメリカ（北米）局が横暴だったからこんな風になった」といったようなアンチ・アメリカ局の声もありました。人間というのは薄情だな、と思ったりしました。

　私はたまたまアメリカ研修で帰ってきてアメリカ局にいただけですが、千葉課長は省内一のやり手だし、沖縄返還は当時の花形案件だし、何しろ超大国アメリカを背負っていましたから、アメリカ局は省内でも横暴だと思われていたのです。

　非常につまらない例ですが、国際会議室を某局がおさえていたのが、アメリカ局が後からきて「アメリカの要人との会談があるからこっちを優先しろ」と言ってひっくり返してしまう。そういうことの積み重ねで、アメリカ局は怨嗟の的になっていました。

　外務省のなかに反米の人間も多いのですが、この「反米」の少なからざる部分は、広くアメリカ人とつき合って話をしたうえでのものではなく、日本のなかの親米やアメリカ担当に対する反発、「反親米」だと私は思っています。

　当時、外務省の電報は、開けようと思えば湯気に当てると封筒ののりが剝がれて封が開けられる。当時やっとゼロックスが入ったばかりでしたが、これで複写できたわけです。この事件以降、國廣課長の提案で、簡単に封筒を剝がせないようなシールを作って貼るようになりました。安川外務審議官は自分の秘書の女性からコピーが漏洩したとはまったく想像をしていなかったと思います。

　余談ですが、東京地検の起訴状に「ひそかに情を通じ……」とあったことから、「通情逮捕」という造語も出まわりました。

肩代わりは密約だったのか

――その後の裁判で、蓮見さんは一審有罪（確定）、西山氏も一九七八（昭和五三）年、最高裁が上告を棄却し有罪が確定しました。

この事件の少し前に『朝日新聞』が返還協定本文をスッパ抜きました。今もって、どこから情報が出たかわかりませんが、たぶん非常に上のレベルからということだったと思います。これで『毎日新聞』は遅れをとった。当時言われていたのは、毎日新聞の主力記者だった西山氏は焦った。朝日に比べるとずいぶん的《まと》が小さいけれど、ともかく何か巻き返しのネタを探し、請求権条項に行きついたということでした。

後年、この事件を素材にした山崎豊子の小説（『運命の人』）で、西山氏が巨悪と戦う記者として描かれていると聞きましたが、私はこの事件に高尚なものは何も感じませんでした。

この電報が密約を意味するものかどうか。「密約」をめぐってはその後色々なことがありましたが、この件に関しては、「密約」と言われても私にはまったくピンと来ません。沖縄返還にあたっては、戦争で失った領土を平和的な話し合いで返してもらうのだから、いまやだいぶ大きな国になりつつある日本としてタダで済ますのはいかがなものか、アメリカに妥当な支払いをすべきだろうというのが、日本側の認識だったと思います。

日本からアメリカへの妥当な支払額を決めるための「財務交渉」が大蔵省（柏木雄介財務官）とアメリカ財務省（アンソニー・ジューリック特別補佐官）の間で行われました。

これとは別に、本来の「協定交渉」の一環として、請求権の処理をどうするかという交渉が進められていました。請求権一般については本土との関係ではサンフランシスコ講和条約で処理がなされており、その方式が沖縄にも当てはめられるということで大きな問題はなかったと思いますが、一点だけ「復元補償」の問題がありました。

戦争中、アメリカは沖縄の民有地などをブルドーザーでならして基地を作ります。そして、後日不要になった基地は地主に順次返還されるのですが、基地になったままの姿で返されても困るので、基地になる前の状態にして返せ、となるわけです。復帰前は当然そのための費用をアメリカ政府が支払ってきました。それは何回かに分けて、在琉球米軍司令庁が発出する「布令」のかたちでなされました。この布令が連なるうち、アメリカ議会は布令一三号以降の復元補償については新規の予算をつけない、と決定しました。

当該期間中の復元補償費は総計四〇〇万ドルと見積もられていました。アメリカは、その分の支払いをすべきなのはアメリカだということは、交渉中一度も争いませんでした。ただ、現実問題として四〇〇万ドルの財源がない、無い袖は振れない、と訴えました。原則の問題として請求権の支払い責務はアメリカにあることを協定上明記したい日本と、これ以上の追加支払いはしないと議会から言質をとられているアメリカ政府の立場をどう両立させるかが問題だったのです。

その間、財務交渉では日本からアメリカへの支払いは三本の柱に絞られていきました。第一にアメリカは返還に伴い、沖縄の電力、水道インフラ、ダム等々の民生資産を残していきますが、これらの総額がざっと一億七五〇〇万ドルになりました。

第二に、前述のとおり、沖縄の米軍基地で働く日本人従業員の待遇は本土のそれより悪かった。日本本土では在沖縄米軍基地に比べて本俸も若干高かったことに加えて、語学給とか格差給とかの手当てもついていました。返還時点で在沖米軍基地で働く従業員総数、その人たちが退職するタイミングなど総合的に概算すると約七五〇〇万ドル。これは返還がなければアメリカが支払うことのなかった経費であることを考慮することにしました。

第三に、沖縄の核抜き返還は最優先事項の一つであり、これを担保するための費用は日本が負担すべきだ、という考え方です。核についてはそもそもアメリカは、その具体的所在を否定も肯定もしない（NCND= neither confirm nor deny）政策を厳守しており、核の撤去費用は具体的積算にまったく馴染まないが、核撤去「など」を考慮して七〇〇〇万ドルを日本が支払う。この三つを併せて三億二〇〇〇万ドルとなります。

第一の民生資産、第二の労務費についても厳密な内訳はなく、高度の政治的判断で決められたものですが、特に第三は最高度の政治判断で支払われることになったもので内訳はない。そのような当時の総理、外務大臣をはじめとする答弁があります。

請求権に戻ると、アメリカは復元補償の財源がないと言うが、日本から協定下で支払われる三億二〇〇〇万ドルのなかから払えばいいではないか、というアイデアを出しました。七五〇〇万ドルの労務費は実際の労務費に充当されるもので振り替えがきかないが、民生資産分の一億七五〇〇万ドルと、核撤去などを考慮した内訳のない七〇〇〇万ドルは、アメリカが使える自分の金《カネ》ではないか、と質したわけです。

アメリカもその案に乗ってきたのですが、アメリカ側の主要交渉者であったリチャード・スナイダー（Richard Sneider）首席公使が「アメリカでの国内手続きとして、三億二〇〇〇万ドルのうち、四〇〇万ドルは、米国信託法にもとづく特別の基金のために別枠におかれる（set aside）とする。このことを日本も承知している」といった趣旨の文書が欲しいと言ってきました。アメリカ国内事情はよくわかりませんでしたが、結局、非公表の「議論の要約」が作成され、そのなかに「日本政府はアメリカ政府が行う自発的支払いを実施する信託基金設置のため、三億二〇〇〇万ドルのうち四〇〇万ドルが留保されていることを了知（understand）している」という一文が入ることになりました。この文書には吉野局長とスナイダー公使がイニシャルした（頭文字でサインすること）と思います。

この文書について、そのときパリに滞在していた愛知外務大臣の決裁を求めたところ、「どうしてこういうものが必要なのかよくわからないので了承しがたい」との返事がありました。そこで、大臣の了承が得られなかった旨、スナイダー公使に伝え、この件は沙汰止みになりました。以後、アメリカから何も言ってこなかったし、返還協定第四条には、復元補償費についてはアメリカが自発的に拠出することが明記されています。

国会でとり上げられた電報は、この間にあった経緯の一コマを示すものです。

密約にもとづき日本が肩代わりした証拠だというのが野党の言い分でしたが、日本がアメリカに別の理由で支払う三億二〇〇〇万ドルから、アメリカが自分の義務である四〇〇万ドルを復元補償の目的で支払っても別に構わないと思います。

後日「蓮見裁判」が東京地裁で行われますが、吉野、井川局長が証人として出廷し、私は傍聴席で一部始終をフォローしました。今言ったことを吉野局長も証言しています。吉野さんは三億二〇〇〇万というのは高度な政治的判断によるものだ。三億一六〇〇万という中途半端な数字が政治的判断で決まり、そこへ、復元補償費として四〇〇万が足され、三億二〇〇〇万に丸まったということは常識的にも考えられない旨の証言をしています。

スナイダー公使が言ったことは、アメリカ国内の事務手続き次元の話だったとしか思えないのですが、当時はメディアも今よりもずっと左寄りでしたし、大騒ぎに仕立てたかったのでしょう。機密漏洩の理由で外務省関係者が後日処分を受けましたが、問題の実態はこうしたことだったと思います。

今考えても日本がアメリカに支払った三億二〇〇〇万ドルは、いかに一ドル三六〇円の時代とはいえ、ずいぶん安い買い物と言えるでしょう。五年間の割賦払いで総計約一兆円ですから。それでも沖縄返還は国の一大事だったので、佐藤総理は返還協定締結の祝事に水を差されて、たいへんご立腹だったようです。外務省も肩身の狭い思いをしました。

――沖縄返還に関連して、請求権以外に当時議論になったのはどんな点だったでしょうか。

もちろん、核抜きの問題、基地提供問題が多かったですが、「特殊部隊」の問題がありました。一言でいえば、安保条約のもとで、日本を防衛するのに必要な能力をはるかに超える能力をもった米軍部隊や基地が沖縄に残ることは、安保の目的を逸脱するもので認められないという議論です。具体的には第三海兵水陸両用師団、第七心理作戦群、グリーンベレー、SR71戦略偵察機、VO

A（ヴォイス・オブ・アメリカ、アメリカの国営放送）、KC130戦略空軍所属給油機、CIA所属基地とかがありました。第三海兵水陸両用師団は現在に至るまで基本的に継続して駐留していて、在日米軍の中核をなしています。ほかはあらかたなくなりましたが、KC130給油機はまだ配備されているのではないでしょうか。

日本防衛に必要な能力を超えるものであっても、日本にある間は安保条約の目的に従って行動するならば、何ら問題はないというのが政府の一貫した立場です。

例えば、在沖縄海兵隊です。沖縄の米軍基地はアメリカにとって戦略的な重要性をもっています。そもそも海兵隊はグローバルに活動する組織で、一朝有事の事態に備え南極でも北極でも世界中どこでも行くことを公言してきました。

沖縄を含む主要な在日米軍基地（嘉手納、横須賀、佐世保など）は現実に中東の安全とも結びついています。

アメリカとイスラエルの関係は強固です。イスラエルを守るために米軍が中東に駆けつけるとした場合、パール・ハーバー、グアムや西海岸の基地から展開するより日本の基地から展開することで、危急の場合一～二週間早くなる。これは大事なことだとアメリカの関係者から聞いたことがあります。太平洋、東シナ海、南シナ海、ロンボク海峡、マラッカ海峡、インド洋を抜けて中東に行く道のりは長いですから。

米軍がグローバルにとる行動は広範にわたります。そのための能力も当然もっている。そうしたアメリカの世界戦略の一環としての在日米軍基地ですが、日本の領域内にある限り米軍はその潜在能力いかんに関わりなく、日米安保の枠内でしか行動しないというのが日米間の合意です。

日本国内でしか通用しない、理解されがたい密教的な安保論議が今日まで続いています。これらの根っこは一九六〇（昭和三五）年締結の現行の新安保にあります。ただ、一九五一年に吉田茂（一八七八～一九六七年）首相が締結した旧安保と比べて、新安保で基本的に改善された点も思い起こす必要があります。

そもそも、旧安保ではアメリカに対日防衛義務はありませんでした。新安保ではそれが第五条に明記されます。ちなみにいまだに安保の「片務性」が問題になりますが、旧安保改定交渉のなかで日本側は日米の「相互防衛義務」の規定を入れようとしたところ、アメリカのダレス（John Foster Dulles, 1888-1959）国務長官から、「日本は本気でグアムやハワイまで兵を出そうというのか。できる手だてもないだろう」と、一笑にふされたという話も聞きました。

その代わり第六条で日本はアメリカが日本防衛に加えて、極東の平和と安全確保という目的で在日米軍基地を使用することを認めることで、辛うじて「双務性」を保つことに落ち着いたわけです。

この「極東」ですが、旧安保では米軍の行動範囲に制限がなかった。改定交渉でアメリカは「制限が必要というなら「西太平洋」でどうだ」と言っていたのを、日本が「極東」に狭めて、日米安保の適用範囲が決まったのです。

新安保には「事前協議制」が入れられています。在日米軍の規模、行動は野放図ではなく、一定の制約のもとにおかれるという合意です。

つまり、第一に米軍の「配置における重要な変更」（陸空の場合は一個師団、海の場合は一機動部隊）、第二に、「装備における重要な変更」（核の持ち込み）、第三に、在日米軍基地からの米軍の「直接戦闘作戦行動」への参加――この三つの場合、アメリカが発議のうえ、事前に協議して日本の合意を得ることが必要となりました。

今でも色々問題が提起されてやまないですが、大方はアメリカがこの義務を履行しているのかどうか、いわばアメリカの「やり過ぎがないか」を疑う議論です。

しかし、逆のケースも頭においたほうがよいのではないか。例えば、配置の変更について言えばアメリカが日本に増派するときは事前協議の対象ですが、米軍が日本から退いていくときにはアメリカに事前協議の義務はかかりません。

そもそも第五条の対日防衛義務も、米軍が必ず自動的に来援するとは書かれていません。「憲法上必要な手続きに従い」ということですから、議会が反対する場合どうなるかは明らかになっていません。何しろ第五条も、当時の岸総理が必死に頑張って勝ちとったものですから。

その後、事前協議のほか、随時協議とか、さらに現在の日米安全保障協議委員会（2＋2）に至る閣僚級の協議機構やメカニズムが制定されます。そして第二条にあるように防衛面に加えて、経済協力、科学技術等の面での日米協力も謳われて、新安保は一種、日米基本条約的広がりも有するに至ります。岸内閣の安保改定の功績は大です。

しかし、一九六〇年から六〇年になんなんとする新安保ですが、日本国内の安保論議は常に周回遅れのところがあります。しかし、いつまでも日本本位の、日本の都合による、日本の内政のための日米安保とはいきません。

二〇一七（平成二九）年から二〇一九（令和元）年にかけての内閣府によるものを含むいくつかの世論調査では「次も日本人に生まれたい」が八三パーセント、「今の生活に概ね満足している」が七四パーセントといった数字が出ていますが、日本は結局はうまくやっていると言えるのでしょう。ただ、安全保障、防衛論の世界では、本質に迫った責任感と緊張感のある本気の議論は少ないと思います。正直言って、日本の安保議論は、恵まれた世界で議論をもてあそんでいる奢侈品の感じがします。

――佐藤首相の意を受けて米側と密使外交をしたと言われる若泉敬（一九三〇～一九九六年）氏はご存じでしたか。

面識はありませんでした。若泉さんは高坂正堯（一九三四～一九九六年）さん、神谷不二（一九二七～二〇〇九年）さんといった当時、佐藤総理をとり巻く学者の一人でした。私のレベルの仕事で若泉さんの影響というか、影を感じたことはありません。

佐藤さんも、有力政治家であればあるほど、一つのルートだけに頼り切るのを嫌い、複数のルートで交渉を進めるのを好んだところがあるのでしょう。私は若泉さんの役割を知りません。当時、交渉はアメリカでは国務省主導でしたが、国務省の関係者から若泉さんの役割が大きかったという話を耳にしたことはありません。

一般論は知りませんが、いま、密使外交というのはどうでしょうか。ブッシュ（George H. W. Bush, 1924-2018）大統領は同盟国、友好国との間の密使外交的なことは大嫌いでした。

もし若泉さんの交渉が大きな影響をもっていたならば、その後も日本流の密使活用が続いていたはずだが、だんだんなくなってきています。今ほとんど密使のことを聞かないのは、言われているほどの役割は果たさなかった傍証になると思います。

外務省の機能強化（大臣官房総務参事官室首席事務官時代）

――沖縄返還問題が一段落して、異動になったのですね。

官房総務参事官室の首席事務官になりました。いわば館内のサービス業、完全な裏方です。官房ですが、人事は人事課、会計は会計課、在外の経理は独立して在外公館課が担当します。総務参事官室の仕事というと、表向きには「政策の総合調整」が掲げられていましたが、ほとんど形式的なものでした。しばらくして参事官室は官房総務課となります。

実務としてはまず機構要求、つまり大使館や総領事館の設置が大きな仕事でした。それから対首相、外務大臣の国会質問をとってくる国会班というのが参事官室にあった。それを内容に応じて各課に振りわける仕事をしました。答弁案を自分のところで作るのではなく、手続き的な仕事です。

当時はまだ外務省の機構は未成熟でした。総務課のない省庁というのは外務省だけだったのではないでしょうか。所管がはっきりしないものは参事官室に回しておけ、という雰囲気でした。万承《よろず》りのサービス業だったのですが、そのなかにハイジャック事件への対処がありました。

当時、一九七〇（昭和四五）年三月の「よど号事件」とか、相次いでハイジャック事件が起きていました。ハイジャックされた飛行機は色々な国の上空を飛びますが、どの国の上空に飛行機があるかで外務省の担当課が変わってしまいます。しかし、誰かが事件をとおしで見なければならない。そのお鉢は官房総務参事官室に回ってきます。

私が対処したので印象的なのは、一九七三年七月の「ドバイ日航機ハイジャック事件」でした。この飛行機はパリ発アムステルダム、アンカレジ経由羽田行きで、アムステルダム離陸後、ハイジャックされ、ドバイ、ダマスカス、リビアのベンガジと移動しました。

私が電話番となって、飛行する下の国が変わるたびに担当の地域課に連絡し、室に来てくれと依頼することを繰りかえしました。夜の当番でいると、あちこちから電話がかかってくるばかりでなく、ハイジャックのことを聞きつけて新聞記者も入ってくる。朝日新聞記者で、職場に入ってきて、「何をやっているんだ。どうなってるのか早く教えろ」といった風な無遠慮、無礼な振る舞いをする者もいました。今では考えにくいことですが、そうした取材がまかりとおった時代でした。

こうした事件を教訓に、一九七三年に危機管理の部屋が設置されました。これで、危機の際、関係部署が一堂に集まって対応する体制がとりあえず整いました。組織は危機管理室として官房に所属し、何か起こるたびに順次人を呼び込むというかたちでした。

ハイジャック事件では身代わりの人質という問題も起こりました。警察、もちろん官邸との協議は必須です。外務省員も身代わりになったことが何度かあります。選ばれてしまった大森誠一アジア局審議官や橋本恕《ひろし》参事官（一九二六〜二〇一四年、駐中国大使など歴任）といった外務省の人は、すぐ淡々と受けてくれました。

機構要求では、特にアフリカ、中南米の大使館や、アメリカのアトランタ総領事館、フランスのマルセイユ総領事館を作りました。フランスは中央集権だから領事館はなくてもいいとされていましたが、その伝統を破ったケースでした。アフリカをはじめ開発途上地域は手薄でしたから、そこが数量的には増えたと思います。また、インドネシアとか邦人がよく行くところも増やしました。

機構と国会を担当していると時間をとられます。雑用が多いとはいえ、仕事はとても忙しかった。

吉田首相が外務省出身だったので、戦後の行政改革を進めるときに身内には厳しい対応をとった。日本もだんだん国が大きくなって各省の用務が増えるのに合わせて定員を増やしたが、吉田さんは外務省だけには厳しくて定員を据え置き、八〇〇名削減しました。これは響いていました。そのために一人一人の負荷が大きくなって、それを常識的なレベルまで戻す作業が始まった段階でした。

機構を拡張するには、法改正や予算が必要です。今でもそうですが、官庁の局、課の新設には法令に則って、スクラップ・アンド・ビルドの原則が徹底してかかっていて、局、課の数は一定なので、ある局を新設したら別の局を潰すことになります。幸い当時在外公館の設置にはその絞りがかかっておらず、増やす一方でした。吉田さんの外務省定員八〇〇名減、そのまま据え置きという措置に対して、行政管理庁、大蔵省など政府はもとより国会にも、「いくら何でもちょっとかわいそうだな」という同情があったので、この例外が認められていたのでしょう。予算の問題もあり一年に三、四館程度でしたが、私が官房総務課にいる間に一〇以上は増えたと思います。

各局から要望を出してもらって、官房が所管になり、大蔵省主計局がやるようなヒアリング、査定をして、要望を絞り込む。行政管理庁から設置が認められたら、その次は大蔵省から予算をもらうわけです。

もう一つ、内田勝久（駐カナダ大使など歴任）さんが在外公館課首席のときに発案し、私もそれをフォローするかたちで、派遣員という制度を捻りだしました。中央省庁の総定員は、確か五七万人と法令で決まっていますが、日本が高度成長のもと各省庁の事務が増えますから、いくら外務省が急ピッチで定員を増やしても限界があります。もっとも需要が高いのは、在外公館の来客の接遇を含む庶務事務でした。

そこで正式定員ではないが庶務事務に特化して二年間限定、再任可能な「派遣員」を、基本的には在学中、または卒業直後くらいの大学生からリクルートするというスキームです。主として館員数の少ない開発途上国の公館、それに空港送迎事務が著しく多い公館を派遣先にしました。

中身が地味な下働きですから、若い人が集まってくれるかどうか心配していたのですが、一九七〇年代初めの頃からすでに海外志向をもつ若者が多く、予想以上の人気でした。発足早々実戦力となってくれる人がほとんどで、外部の人から「正規のお前たちより役に立つじゃないか！」と冷やかされたものです。今はその頃よりはるかに多い派遣員が世界各国に散っていると思います。

一九七二年一〇月、法眼晋作外務次官の二女・花世《はなよ》と結婚しました。一期上で北米一課にいた晋作氏の次男・健作（一九四一年生まれ、駐カナダ大使など歴任）さんに「妹に会わないか」と勧められたのがきっかけです。

在米大使館時代の大使で、最高裁判事になっていた下田武三夫妻に仲人になってもらいました。結婚式の出席者は、大平正芳外務大臣、愛知揆一元外務大臣、桜田武日経連代表常務理事など錚々たる顔ぶれ。沖縄返還、日中国交正常化の直後でしたが、スピーチをする皆さんが自説を語り、なかにはかなり辛辣なものがあったりして、新郎新婦はそっちのけ、さながら外交討論会の場と化してしまいました。

生涯唯一の経済担当（在オーストラリア大使館書記官時代）

――加藤さんは一九七五（昭和五〇）年六月にオーストラリアに赴任しますが、英語研修だったからでしょうか。当時のオーストラリアはまだ英連邦の一国としての色彩が強かったのでしょうか。

私が赴任先の希望を尋ねられたこともなければ、私から希望を出したこともありませんでした。英語研修の者が次も英語圏という配慮は特になかったと思います。ただ、北米一課と官房の次は、どこか在外に出たいとは思っていました。

ちょうどオーストラリアが英連邦の国からアジア太平洋の国に中身が切り替わる節目の時期で、現地に赴任して仕事ができたのは幸運でした。当時の人口は一五〇〇万人くらいで、まだ、ほとんどがアングロサクソンとアイリッシュでしたが、労働党のゴフ・ホイットラム（Gough Whitlam, 1916-2014）首相が、「アジア太平洋がオーストラリアの居場所である」という方向に舵を切った。白豪主義（White Australia Policy）という白人優先の文化が激しく変化した時期でした。これは中長期的国益に適った英断だったと思います。

石炭、鉄鉱石、ウランをはじめ豊富な資源があります。牛が三〇〇〇万頭、カンガルーと羊は数え切れないほどいるという感じ。人口は少なく、製造業の技術レベルは低い。日本とちょうど反対です。面積は日本の約二一倍ありますが、真んなかが砂漠で内陸のインフラ整備が非常に難しい。東に世界有数の炭坑、西に世界有数の鉄鉱石鉱山をもっているが、横（東西）を結ぶインフラがない。沿岸の航路で東西を結ぶよりも、日本に資源を輸出して工業製品を輸入する、という縦（南北）の線のほうがコストがはるかに安い。その後、貿易相手は日本から中国に徐々にシフトしていますが、現在でも日本との絆は強いと思います。

日本は第二次世界大戦の交戦国でしたが、一九七五年にはすでに戦争を巡る強い恨みの段階はあらかた超えていた印象で、私自身は厳しいことを言われた経験はほとんどありません。政府も議会領袖も非常に友好的でした。日本はオーストラリアの経済を支えており、絵に描いたような相互補完、共存共栄関係が成り立っていた時代だった気がします。

首都キャンベラは、金融の中心メルボルンと商業の中心シドニーの中間にあります。人工的に作った首都で、アボリジニの言葉で「ミッドポイント」「出会う場所」という意味と聞きました。連邦政府、議会はありますが、当時人口一三万人くらいでした。

石橋政嗣（一九二四～二〇一九年、社会党委員長など歴任）さんが一度来て、館用車で空港送迎、街の案内をしたことがあります。夜、空港到着後にホテルまで案内したときに、「キャンベラはどこなの」と聞かれて「この辺です」、「繁華街はどこなの」と聞かれて、「もう過ぎました」と答えたら、驚いていたのを思いだします。

――オーストラリアはアジアの一国としての自己意識をもち始めていたのでしょうか。

その前夜でした。だんだん英連邦色を薄めてはいたが、それでも国防省をはじめとして政府の安全保障問題の関心が、「アジア太平洋」にあったとは思えない。当時、一番身近の懸念事項はインドネシアでした。インドネシアは人を送り込んで乗っとろうとしていると怖れられていた感じがします。真ん中が砂漠で水資源が東西の一部に限られているオーストラリアにとって養いうる人口には限界がある。そこにインドネシアからの難民やらが押しよせて来たらたいへんだという脅威認識ですね。北から南に脅威が下りてくるという感覚。そのなかでどれくらい北大西洋条約機構（NATO）を意識していたのかはよくわかりませんが、ただ、いざというとき、国防で頼ろうとすればアメリカだという認識はありました。労働党とアメリカの相性がそんなにいいとは思いませんでしたが、自由党（保守）とアメリカの結びつきは当時から強いと感じるところがありました。

――任期中にオーストラリア各地を訪れる機会がありましたか。

一応全土を回り、仕事柄、鉱山や農場を見ましたが、日本の鉱業や農業はコスト的にはとても太刀打ちできないと実感しました。石炭は地表に露出していて、露天掘りで質もいい。製鉄に使う高品質の石炭である原料炭（coking coal）も世界有数の産地で、主に発電用燃料として使われる一般炭より多いくらい。北部準州のウラン鉱山に行ったら、QM（クイーンズランド・マイニング社）のウラン鉱山などは表面が黄色で、近づくとガイガーカウンター（放射線量計測器）がすぐ鳴りだして止みませんでした。

オーストラリア人は何キロ走ってもガソリンスタンドがないような砂漠地帯を走ることがある。だから、あらかじめ予備のガソリンを十分積んでおくのは当たり前。タイヤがパンクしたら自分で修理しなければならない。ヘリコプターで巡回しているが、手が行き届くわけではない。道端から蛇が出てくることもある。噛まれたときの応急処置は子供の頃からしつけられていて、その手の実践教育はたいしたものだと思いました。日本人だったらとても教わらないような、自分で自分を助ける術を彼らは子供のときから身につけていました。

高坂正堯さんが来られて、「国のど真ん中が砂漠じゃなくて水があったら、オーストラリアは一大工業国になっていたよ」と話していたことを思いだします。

――高坂正堯は一九六五（昭和四〇）～六六年、タスマニア大学に交換教授として滞在したことがあり、その体験を『世界地図の中で考える』（新潮社、一九六八年）に書いていますが、その後もオーストラリアに関心をもっていたのですね。

間違いなくそうでしょう。ちなみに、タスマニアという小さな島には何があるわけではないが、州としての格は高い。メルボルン、シドニー、パースといった特別な都市にはロードメイヤーという一つ格上の市長がいますが、タスマニアは州都ホバートに加えてローンセストンという二つの市の市長がロードメイヤーでした。

太陽光線がきついためでしょうか、オーストラリア人には皮膚がんが多い。私たちも日焼けしすぎないように注意していました。ヨーロッパの人は太陽が差すことが少ないから肌を出して歩きたがるのでしょうが、太陽がふんだんにあるところで、ヨーロッパの真似なのか知りませんが、なぜ肌を焼くのかと思っていました。

天気は概ねよかったが、雨が降るときには大量に降るので、しばしば洪水が起きて牛が流されたりしました。だから、道路に標識が立っていて、洪水の水深が測れるようになっていました。

——仕事は日豪の経済関係の拡大を進めることだったのですね。

仕事の中心は日豪間の経済関係、オーストラリアの経済政策のフォローでした。外交官として、経済の仕事を担当したのはこのときだけです。当時、オーストラリアとの関係はもっぱら経済案件が中心で、日豪友好協力基本条約（一九七六年）締結に向けた作業がありましたが、それ以外に大きな政治案件はなかったと思います。通産省からの出向者が経済班長、ほかに農林省、大蔵省、科学技術庁からアタッシェが来ていました。政務班には自治省、海上自衛隊からのアタッシェがいました。

経済関係が深くなると、ときどき、摩擦が出るのは必然でしょう。私が赴任するちょっと前には日本車の輸入を規制したことがありました。赴任後も大小色々の案件がありましたが、大きいものと言えば日本側によるオーストラリア産牛肉の輸入停止問題が印象に残っています。

オーストラリア牛は美味しいし、安かった。団扇《うちわ》というと大げさですが巨大な骨つき肉が手頃な値段で手に入るので、バーベキューなどよく楽しみました。当時、作家の井上ひさし（一九三四〜二〇一〇年）さんが訪豪したことがありましたが、オーストラリアのTボーンステーキが美味いと感心していたそうです。概ね、牧草で育てる（グラスフェッド）牛でしたが、日本人の嗜好に合わせるために、一部農家が飼料で育てる（フィードロット）神戸・松阪型の和牛の飼育を始めていました。これはオーストラリア国内では売れなくて専ら日本向けです。日本では安価でうまいオーストラリア牛肉に人気が出ます。国内業者が懸念を募らせたのでしょう。輸入が一時停止され、再開され、また停止するということがありました。一九七六（昭和五二）年から七七年のことだったと思います。

フィードロット牛（神戸牛タイプ）の牧場を見学する筆者（中央）〔1976年、キャンベラ近郊〕

これにマルコム・フレーザー（Malcolm Fraser, 1930-2015）首相が怒り、交渉の途中で大河原良雄（一九一九～二〇一八年、駐米大使など歴任）大使を首相官邸に呼びだしました。経済班長だった村井仁（一九三七年～、国家公安委員長、長野県知事など歴任）さんと私も同席しました。フレーザー首相は、「日本は最重要のパートナーだが、この牛肉の件だけは容認しがたい。確かに日本車の輸入を差し止めたが、これは緊急避難として期限を明示した一時的措置である、しかし日本による牛肉輸入停止措置は期限を明示せず、停めては開き、また停める。これではオーストラリアの業者は困惑する。彼らにも経営の手順、都合がある。「ストップ・アンド・ゴー」は予測性を殺ぐので一番困る」と強く述べました。

大河原大使は、「首相自らの強いメッセージであることはよく理解したので、自分の意見も添えて直ちに日本政府に伝達する。実はこれから私は直ちに空港に行って貴首相の本拠であるメルボルンに赴かなくてはならない」と言って腰を上げたところ、フレーザーは「ちょっと待ってくれ」と言って秘書官を呼び込んで、すぐキャンベラ空港長を電話に出せと指示しました。

電話が通じると首相自ら「メルボルン行き○○便の出発を三〇分遅らせるように」と申しつけるのです。そして、「もうちょっと時間がある」といって同じ内容を大使に対して繰りかえしました。フレーザー首相にとってそれくらい重要な案件だったのでしょう。大河原大使も苦笑するほかありませんでした。

そういう時代だったと思うのですが、後年、ちょっとこの時のことを思いださせる経験をしました。二〇〇六(平成一八)年、アジア太平洋経済協力会議(APEC)がシドニーであったとき、事前の日米首脳会談とそれに続く日米韓首脳会談に、当時ワシントンにいた私も同席したことがあります。その後、私はAPEC総会への参加はなかったので、日本に戻るべくシドニーでカンタス航空便に乗り込みました。滑走路に向かう機が停止して何かを待っているようでしたが、機内アナウンスがあって「当機は出発準備ができておりますが、APECに出席する某国首脳の特別機が先に出発しますので、当機の出発はその後になります」と言うのです。機内はまったく静かなものでしたが、特別機は早目に切り上げて帰米するブッシュ(George W. Bush, 1946-)大統領のエアフォース・ワンでした。こういうことは日常茶飯事でしょうが、かつてのフレーザー首相の電話を思いだしました。

また、今でもそうですが捕鯨反対グループの勢いが強く、彼らが大使館に抗議に来て、私が相手をしたこともありました。ただ、概して皆日本との関係について前向きだったと思います。石炭、鉄鉱石、ウラン、農産物と日本への輸出品は色々あったが、すべて拡大していく時代だったので、仕事をしていてとても楽しい時期でした。

ところで、番外のことが一つありました。それは対パプアニューギニア（PNG）関係です。私が赴任した直後、一九七五年九月にパプアニューギニアが独立します。赴任早々、オーストラリアからパプアニューギニアの首都になるポートモレスビーに出張して、大使館開設の手続きを支援せよ、との訓令がありました。

パプアニューギニアは、それまではオーストラリアの一部でした。ポートモレスビーには総領事館がありましたが、日本としてはそれを大使館に格上げすることになります。オーストラリアと結んでいた条約のなかでパプアニューギニアに関連する部分は、独立国との条約として引き継がなければいけないので、その作業を行いました。総領事館から新独立国における大使館に切り替わるにあたっては官員の身分切り替えに始まって色々な技術的、実際的事務が必要になります。このときはポートモレスビーにいたオーストラリア政府関係者と連絡をとりながら事務を進めたのですが、一番の相談相手は、オーストラリア国立大学（ANU）の教授でもあったロス・ガーノー（Ross Garnaut、駐中国大使など歴任）氏で、とても親切に諸事を教えてくれました。

空いた時間を利用して、ニューブリテン島のラバウルにも行き、戦車の残骸を水が洗っているのを見ました。ニューギニア島の中央を走るビスマーク山脈の辺りも訪れました。

――遺骨収集は始まっていたのでしょうか。

私の在勤時代に、硫黄島でやったような慰霊の行事がオーストラリアで行われた記憶はありませんが、その後、パプアニューギニアについては色々あったかもしれません。オーストラリアのニューサウスウェールズ州カウラ市で、日本人捕虜が集団脱走した「カウラ事件」(一九四四年)に関しては、皇族をはじめとする慰霊の行事が行われてきたし、北部準州のダーウィンの日本人墓地も、現在まできちんと管理がなされているそうです。

在オーストラリア大使館は南太平洋の島々も管轄していたので、その現地の人たちがビザを申請してきます。ある日、そのなかにバカバカとか、アホターレ、マヌーケという名前の人が本当にいたのです。占領時代に日本軍が適当に名前をつけたのかなと思いましたが、真相はわかりません。ただ、本人たちも淡々としているし、大使館も淡々と事務を進めました。旧日本軍とか日本人のいたずらでなかったらいいがと思いました。

――一九七五(昭和五〇)年一一月に、ゴフ・ホイットラム首相がジョン・カー(John Kerr, 1914-1991)連邦総督に罷免されるという出来事がありました。

これはオーストラリア在勤中、もっとも衝撃的なことでした。ホイットラム首相はたいへんな親日家でした。しかし、革新的なやり方はかなり反発を受け、手厚い社会保障政策が、ばらまき政策として保守派の反感を買っていました。一定の流れが長く続いているときに九〇度のターンが切れるのは、強烈な政治感覚をもった少数の強いリーダーでしょう。ホイットラムはオーストラリアの歴史上、そういうターンを切った稀なリーダーだと思います。保守派からの巻き返しがあり、民主主義社会では珍しいクーデターまがいのことが起きたわけです。

総督は死文化していたイギリスの勅令を根拠に、形式上首相の罷免権をもっていて、それを発動した。ホイットラムから見れば、まさに死に馬に蹴られたという感じだったでしょう。一九七五年一一月一一日午前中、ＡＮＺＡＣ（オーストラリアとニュージーランド合同の軍事組織）の第一次世界大戦の記念行事に、私は大使の代理として出席していましたが、そこに首相で出席していたホイットラムが、午後には首相でなくなっていました。

ここで、労働党から自由党政権に代わりました。総督とは英連邦のなかでの位置づけは女王の名代であり、本来は名誉職なはずですが、カー総督は非常に生々しい役割を演じました。ただ、そうした振る舞い方は総督にふさわしくない、と激しく批判されてもいました。オーストラリアにとっては内政の危機だったと思います。

オーストラリアで一つ問題なのが、労働組合が強いことです。ともかくストライキが多い。急に飛行機が飛ばなくなるし、鉱山の活動が停まるし、社会的影響は大きかったです。日本の会社単位の組合と違って職種別の組合で、さらにその上に全国組織のオーストラリア労働組合評議会（ＡＣＴＵ）という日本労働組合総連合会（連合）よりも強い組織があり、そのトップが当時ボブ・ホーク（Bob Hawke, 1929-2019）で、後で首相になりました。

東京から連日訓令の至急電が届くという状況ではありませんでしたから、時間がある分、オーストラリア人と会って見聞を広めようと思いました。大河原大使の相手は主に首相、副首相、主要閣僚、外務次官で、各州知事も大河原さんとの会見を求めました。大河原さんの「売り手市場」です。大河原大使はどうしてもときの政権党、政府とのつき合いが主となりますから、館員には手分けして野党やら組合関係者から色々な分野の人と会って人脈を広めることを奨励していました。

必然的に大使館経済班長以下、私（一等書記官）レベルまで局長、ときには次官クラスに会えたし、野党議員とかＡＣＴＵの幹部、例えばジョン・ダッカー（John Ducker, 1932-2005）副会長などにも会えました。

――そうした人たちと話して、得られたものは何だったでしょうか。

当時、日豪関係は急速に深まっていましたから、オーストラリアについてのあらゆる情報が本省にも歓迎される時代でした。そうなるとこちらもやる気が出て、ともかく新しい人に次々に会って知見を探り日本への注文を聞いて、ということでした。ただ、日豪は理想的な相互補完関係で敵対案件はほとんどないわけです。人間はゴシップが好きですから、相互におもしろそうなゴシップを拾ってきて、ビール、ワインを飲みながらただしゃべっているという感じでした。政局、人事、何でもありでした。

仕事は経済班でもあったので、オーストラリア外務省とはそれほどつき合いはなく、後年、外務次官、駐日大使となるアシュトン・カルバート（Ashton Calvert, 1945-2007）と非常に懇意にしていたくらいです。

一方、商務省とか貿易・資源省との関係は密でした。ダグ・マッカイという商務次官は、ほかの先進工業国の次官としても通用する第一級の人物と思いました。日豪の砂糖問題が片づいて彼の部屋に立ちよったら、ちょっと座っていけと言って執務机の一番下の引きだしからスコッチウィスキーの瓶を出して注いで「サンキュー、乾杯！」と言ってくれました。骨っぽい愛国者という感じの人でした。

ジム・スカリー資源貿易次官とは家族づき合いを許されました。次男は柔道が強く中量級のオーストラリアチャンピオンまで行ったはずです。マッカイ、スカリー双方とも労働党系人材ですが、自由党との「両党使い」ができた人です。

後日、私がエジプトに転勤することになり、スカリー氏のところへ挨拶に行ったら、引越し荷物を出した後、出発までは自分の家で過ごしたらいいと言ってくれたので、厚意に甘えました。オーストラリア、それもキャンベラですから大きな家でたくさん部屋もあったし、ワインのコレクションもあって、帰宅した次官や家族と談笑しながらオーストラリアの民情についての話を聞きました。

スカリー氏の下僚にグレッグ・ウッドという俊秀がいました。風貌などからして典型的アングロサクソン系のエリートでしたが、さりとて嫌味のまったくない人でした。家族そろってそうでした。彼も労働党系です。アメリカでいえば、さわやかな中道民主党というところでしょうか。彼は閣僚になるかと思っていたのですが、カナダ大使を務めた後、公職には就かなかった。仕事以外のつき合いが多く、釣りやら旅行やらを一緒にしました。

議員で一番親しかった人はミック・ヤング（Mick Young, 1936-1996）上院議員（労働党）でした。南オーストラリア州アデレートの出身で、一見すると農民風ですがシャープな頭脳の持ち主で、与党のときは外務副委員長、野党になってからは党の外交部長をしていたと思います。残念ながら若くして亡くなりました。

ホイットラム政権のもと、三一歳で北部準州担当大臣を務めたポール・キーティング（Paul Keating, 1944-）氏とも面識が出来ました。大河原大使主催の晩餐会で初めて会った人ですが、年齢が近かったせいか、本音で話ができる人でした。当時から切れ味のある政治家だと思っていました。「あなたのような若い人が閣僚を務めていることから見て、オーストラリアは若い国だと思うか」と聞いたら、「とんでもない。オーストラリアは旧い国である。自分がいつ政治の世界に入ったか。一四歳のときだ」と答えた。「一四歳のときに何をしていたのか」と聞いたら、「労働党機関紙の新聞配達をしていた」と言いました。「それから大臣になるまで一八年かかっている。オーストラリアは断じて若い国ではない」と、案外力んでいるのです。

前述のように私の「人脈」は労働党系に偏っていました。具体的な人たちに引き合わせてくれたのは、エリック・ウォルシュ（Eric Walsh）という労働党系のコンサルタント。一種異能の人で、労働党系であれば全国どこでも何とかなるという人でした。

この人を私に紹介してくれたのは、日本でも結構知られている多摩大学学長などを歴任したグレゴリー・クラーク（Gregory Clark, 1936-）という人です。彼は、一時、オーストラリア国立大の教授をしていたと思いますが、有名な経済学者コーリン・クラーク（Colin Clark, 1905-1989）の息子で、日本に関心が深く、演劇・芸術・芸能の世界にまで通じていました。作家のロジャー・パルヴァース（Roger Pulvers, 1944-）や井上ひさしさんとの親交もあったようです。天才肌ですが、一匹狼の感じがあって、今のアメリカならリベラルもリベラル、というところでしょうか。

当時のオーストラリアは難しい政治よりもまずストレスの少ない「経済の国」でした。だからソ連とも「おもしろそうに」つき合っていました。ただ、民主党人士とつき合っていると、オーストラリアが中国（中華人民共和国）との国交樹立に向けてひた走っていることが明確でした。

日本が中国との国交を一九七二（昭和四七）年に樹立した後のことでもあり、機は熟しているという感じでした。それはアジアの文明と接することへの一種の憧憬があるにしても、「無限のマーケット」への期待の側面が強かったのだと思います。ある政府高官がオーストラリアと中国を地図上で重ねて「ほら、同じサイズだろう？　人口は相手が一二億、オーストラリアは一五〇〇万だけど」と嬉しそうに語っていたことを思いだします。

エリック・ウォルシュの「人脈」には、後に駐日大使となるジョン・メナデュー（John Menadue, 1935-）や、初代駐中国大使になるステファン・フィッツジェラルド（Stephen FitzGerald, 1938-）も入っていました。

オーストラリアは当時、誰も細かくうるさく言わなかったからでしょうが、オープン、鷹揚でした。私の在勤時代、キャンベラには韓国、北朝鮮双方の大使館がありました。双方を承認していたのですね。

私が着任する直前、こんな出来事がありました。キャンベラの韓国大使公邸前でドスンという音がした。駆けつけてみると公邸前の街路樹にベンツがぶつかって故障している。それが北朝鮮大使の公用車だった。韓国側は助けようとして飛びだしてきたが事態がわかって立ちすくんだ。北朝鮮側は憤然として立ち去った。

翌日、北朝鮮はキャンベラのベンツのディーラーに乗り込んで、「すぐ代わりのベンツが欲しい」と言った。ディーラーは「注文から数カ月かかります」と事情を述べた。そのディーラーの店頭に一台白いベンツがあった。北朝鮮大使館員が「あれをくれればいいではないか」と指摘したところ、ディーラーは「あれは韓国大使館の注文でして」と答えたので、相手は蒼白になって帰った。

ほどなく、北朝鮮大使館はオーストラリア外務省に口上書を送り、「非友好的な対応に抗議する」として、国に帰ってしまった。口上書は怒りの情に満ちていたが、それ以上に誤字、脱字、文法の乱れに満ちていた――。この種の話があっけらかんと語られていました。

当時外務省の先輩がオーストラリアのことを将来性に満ちた偉大なる田舎者と評していました。今は様変わりだと思いますが、おもしろい国でした。

――国際社会のなかでオーストラリアの比重は、まだ低かったと思いますが。

まだ低かったですね。アジア太平洋の国々から見るとオーストラリアは白人国家に見える。だから彼らなりに溶け込むのに時間がかかったと思います。ただ、だんだんその地位が安定し、存在感も出てきたのではないでしょうか。白人国家としての特質は長年培ったものなので、簡単に消すことはできないが、新しく積みあがる部分はアジア太平洋の国として、という感じで伸びてきたと思います。実際、農産物、エネルギー資源は、買い手のほとんどがアジア諸国となっています。オーストラリア、ニュージーランドを意味する言葉として down under がありますが、地図はなぜか北が上になるから、オーストラリアは南に沈んで北からの圧力を受けているという印象になる。それが嫌で、南北を逆にした地図を作って喜んだりしていました。

英王室については特別の思い入れが根強く残っていました。外務省は当時もまだ英連邦王国（コモンウェルス）の体質とセンスをもっていると感じました。キャンベラ、シドニーは別にして、メルボルンにはそういう保守的雰囲気が濃かったと思います。

しかし、イギリスとの関係が薄まっていくなかで、やはり当時からアメリカとのつながりは強くなってきていたようです。国の安全保障にあまり気をつかわなくてもいい国柄ではあるが、長期の基準、戦略的にそれを担保するとすれば、イギリスやNATOという以上にアメリカだという認識が、特に保守の自由党を中心に固まってきていたのではないか。

また、オーストラリアの一つの不満は、カナダはアメリカのとなりにいるため注目を浴びて、NATOや、一九七六（昭和五一）年には主要国首脳会議（G7、サミット）のメンバーになっている。それに対し、オーストラリアは南半球に一人隔絶して置かれているせいで、実質的重要性はカナダにひけをとらないのに十分な注意を払われていない、ということだったと思います。

――当時、先住民問題の状況はどうだったでしょうか。

当時は人権問題として広く提示される状況ではありませんでした。そしてアボリジニもあまり声をあげていなかった。スポーツの世界では、アボリジニのテニス選手イボンヌ・グーラゴング（Evonne Goolagong, 1951-）が、全豪オープンで優勝するなど大活躍でした。映画ではオーストラリアの野生が描かれた『クロコダイル・ダンディー』（一九八六年のコメディー映画）などもありましたが、概して静かでした。

――家族一緒の海外生活はいかがだったでしょうか。

一九七三（昭和四八）年に生まれた双生児の男の子は、二歳から五歳くらいまでオーストラリアで育ち、娘はオーストラリアで一九七七年に生まれました。子供にとってはとてもいい環境だったですね。

牛、羊、カンガルーなど、野生生物（wildlife）が豊富です。コアラやカモノハシがいて、メルボルンの近くの海岸では小さなペンギン（フェアリー・ペンギン）の行進を見ることもできる。

家は広い。私のような若手一等書記官クラスでも住む家は三〇〇坪以上の物件しかない。キャンベラには繁華街の類いが一切ないので、非常に家庭的に安全な住地といわれていました。ゴルフとかスポーツ好きにとってはこたえられないですが、夜の娯楽は限られている。それで映画は栄えていました。オーストラリア映画の質は高く、『ピクニック・アト・ハンギング・ロック』（一九七五年）とか『サンデー・トゥー・ファー・アウェイ』（一九七五年）とか今でも名画とされていると思います。生活の質は非常に高く、私の全キャリアのなかで一番楽しいポストでした。

第二章 安保の世界に踏みだす

中東で安全保障感覚を養う（在エジプト大使館書記官時代）

――一九七八（昭和五三）年二月にオーストラリアからエジプトに赴任し、一九八一年三月まで一等書記官として仕事をします。まったく違う赴任地だったのではないですか。

正反対でしたね。正直に言うと、オーストラリアは清潔だっただけにカイロは不潔の極みと、赴任した途端に思いました。生活環境が極端に違いました。オーストラリアは南半球ですが、日本とは逆でも四季がありました。エジプトは季節感が乏しい。一年に三〇分しか雨が降らないし、「今日はいい日和で」などという挨拶はそもそも成りたちません。エジプトを漢字の略号で表記すると「埃」。カイロは実際ほこりっぽい街で、言いえて妙だなと思いました。

住居は大使館から二〇〇メートルくらいのところにアパートを借りました。館員や日本からの駐在員の多くは、大使館からは少し離れますが、ナイル川に囲まれた島の中にあるザマレク地区に住んでいました。そこは比較的快適なかつての「租界」を思わせるようなところです。ただ、私は政務班長をやっていたので、いざというときにすぐに大使に連絡がつかないといけない。当時はまず電話も通じなかったし、大使館まで歩いていけないと不安だったので、居住環境より至近であることを優先しました。

オーストラリアからの赴任ということもあり、家内は最初、衝撃があったようでした。子供たちはすぐ順応するのですね。双子の男の子はブリティッシュスクールに通わせました。オーストラリアで生まれた下の娘は、一歳から三歳までカイロで生活しました。エジプトは女中と運転手は雇わないと生活しにくかったですが、彼らは子供をとてもかわいがってくれました。娘が最初に覚えたのはアラビア語です。後日、飛行機で帰任するとき娘は、外国人を見つけてアラビア語で話しかけるので、相手がきょとんとしていたのを思いだします。

仕事はいたって楽しかったが、生活は苦労しました。やはり一番気を使ったのが健康問題。水がダメなので煮沸しないといけない。生野菜もダメ。肝炎などが恐かった。新鮮な魚はとても入手できないので、配給で出まわる固い肉を買ってきて食べていました。お客さんが日本から来たときは、アボカドはたくさんあったので、それを切ってワサビ醤油につけマグロの刺身ということにして供したのですが、好評でした。

最後まで残念に思ったのは、エジプト人が小さなことで騙すことでした。ほんの小金をくすねるわけです。ある中東専門家は、税金だと思っていればいいと言っていました。目に見えない税金と思えば、少額ならかわいいものではないか、というわけです。納得しました。しかし、身近に接する者同士の間にだんだん信頼感とか身内意識が育つというのが私たちの感覚ですが、それはついになかったですね。着任のときと三年経って帰任のときと、その間の積み上げがないのです。

――赴任したのはエジプトのアンワル・サダト大統領の全盛期でしたが、サダトをどう評価していますか。

私はサダトの業績は非常に大きいと評価しています。世界に稀なリーダーだと思いました。まず、ソ連をエジプトから追いだした。エジプト第二代大統領だったガマール・アブドゥル＝ナセル（Gamal Abdel Nasser, 1918-1970）はソ連とくっついて国作りを行ったが、サダトはソ連といっしょになっていては未来がないと思っていた。口で言うのは簡単だが、ソ連とつながっている間に、軍の装備はソ連製になりますから、それをアメリカ製に切り替えなければならない。それだけでもたいへんなことです。当時、ソ連がエジプトから追いだされたのは、地政学的インパクトがあったと思います。

それからスエズ運河がストップしていたのを再開しました。経済的にはナセルの社会主義的経済体制から自由化に舵を切り、門戸開放政策に転換しました。

一九七三（昭和四八）年にはアラブ側が戦争をしかけ、第四次中東紛争が起こりました。軍事的にはエジプトも相当損害を被り、アラブ側の負けだったといわれますが、政治的には「石油危機」を引き起こし、アラブ側が初めて勝った戦争といわれました。それを仕掛けたのはサダトです。その政治的な勝利をお土産にしてアラブ戦線を離脱し、一九七八年九月にキャンプ・デービッド合意が成立し、七九年三月にイスラエルとの間で平和条約を締結したわけです。

どれ一つとってもすごくスケールの大きな話だと思います。サダトは大革命の政治家であり、それゆえに畳の上で死ねる人ではないなという感じをもっていました。実際、サダトはイスラエルと手を結んだことで強い反発を受け最後は暗殺されました。私が日本に帰任したのは、彼が暗殺される数カ月前です。

大方のエジプト人の感覚で言うと、ソ連からアメリカに乗り換えたという地政学次元のことは、それほど問題ではなかったと思う。当時現地にいて感じたことは、開放政策の導入で貧富の差が激しくなったことです。エジプト市内のある公園に行ったら、一方に金持ちの若夫婦と子供の三人連れ、もう一方に貧乏な夫妻と子供の三人連れがいて、当時まだ珍しかったコカ・コーラを金持ちの親が子供に飲ませていた。貧乏な夫婦の子供がそれを見て、飲みたいと言って泣く。私は買ってやりたいけどどこで買っていいかわからない。これは貧富の差だな、かわいそうだなと思った。もちろん、そんなことを言っても砂漠の砂の一粒みたいなことでしたが。

ピラミッドの内部で〔1978年、カイロ近郊〕

　サダトは二回、日本からの要人の随行者としてですが、かなりの時間実物を眺める機会がありました。彼の要人へのブリーフィングは明快でした。一回目は伊東正義（一九一三～一九九四年）外務大臣、二回目は秦野章（一九一一～二〇〇二年、警視総監など歴任）参議院外交委員長の訪問のときで、それぞれアポがとれました。指定の場所に行くと、「ここは違う。どこそこへ回れ」と言われる。これが一、二回繰りかえされる。失礼ではなく、セキュリティ上必須のことなのですね。「常在戦場」の国に共通の現象だと思います。

　ちなみに当時副大統領だったホスニ・ムバラク（Husni Mubarak, 1928-2020、のちに大統領）の話も聞くことができ、彼もたいへん優秀な実務肌の政治家だと思いました。サダトの業績をムバラクがそっくり引き継いだのですが、ムバラクの治世は三〇年に及び、ご存じのように二〇一一（平成二三）年、民衆デモにより辞任に追い込まれます。少し長くやりすぎたのでしょう。

サダトはほかのアラブのリーダーを、ひどくこき下ろしていました。サウジアラビアの前の国王イブン・サウード（Ibn Saud, 1875-1953）は立派な王様だったが、ファイサル（Faisal, 1906-1975。甥によって暗殺された）国王は金ばかり溜め込んで、彼の金庫はパレスチナ人の血で汚れている。リビアの最高指導者カダフィー大佐（Muammar Gaddafi, 1942-2011）は、まともな「メインディッシュ」ではなく、せいぜい、それにかける「調味料」（ペッパー）に過ぎない。ヨルダン国王フセイン一世（Hussein, 1935-1999）は戦々恐々としている小心者、といった調子です。意外にも評価が高かったのはシリア大統領のハーフィズ・アル＝アサド（Hafiz al-Asad, 1930-2000）で、冷血だがディール（取引）のできる男だと言っていました。

エジプトには亡命者を受け入れる寛容の伝統、雅量があるようで、イラン革命の後、パーレビ国王（Mohammad Reza Pahlavi, 1919-1980）の亡命も受け入れました。サダトはアラブの他国のことを「みんな弱虫どもだ」と言い、国王に名誉ある旅立ちをさせなければいけないと言って、死んだ後、エジプトが葬儀を出してやりました。実際、一夜にして葬儀の準備が仮設道路の建設も含めて出来ていました。腹の据わった人だと思いました。

どこにも行き場がなくなったかつての君主を引きうけるのは、エジプトの伝統というべきものです。例えば、クーデターで失脚したスーダンのヌメイリ（Jaafar Numeiry, 1928-2009）大統領を保護し、ナセルにより追放されたエジプト最後の国王ファルーク（Farouk, 1920-1965）の面倒も見ました。

イスラムの寛容さの現れなのかもしれません。もし、どうしてもキリスト教かイスラム教かを選ばなくてはならないと言われたら、日の当たる道を歩んでいればキリスト教、身をもち崩して追われる身であれば、イスラム教国のどこかに逃げ込んだほうがいいというのが人情かもしれないと当時思ったものです。

――エジプト勤務で得た最大のものは何だったでしょうか。

私の外交官人生のなかで、アメリカとの安全保障上の関わりが長くなりますが、安全保障感覚についで最初に真剣に思うところがあったのはカイロ在勤時代でした。非常にありがたいことでした。当然のことですが、まずエジプトの感覚を学ばなくてはならない。エジプト人には中東紛争が続くなかで自分たちが損ばかりしているという感情が強いというのが第一の感想。

アラブのなかの大国といえばエジプトとサウジアラビア。エジプトは古来そうです。アラブ文明、アラブ文化のソフトウェアはエジプトに集中しており、アズハル大学という宗教的な中心もある。人口も最大。軍隊も最強です。

しかし、四次にわたる中東戦争では、エジプト人が一番多く戦死したが、その見返りは少ない。エジプトは「産油国」なのですが実際は石油もあまりないから、石油戦略を発動されてもエジプトにとっての効果は少ない。他方、サウジはメッカ、メディナの守護役という地位にあって、オイルマネーがふんだんにあります。

そのエジプトとサウジを一本釣りしてアラブの枠から外したのが、アメリカのニクソン大統領とキッシンジャー大統領補佐官の「パックス・アメリカーナ」。残ったアラブ諸国が徒党を組んでも、とてもイスラエルの敵ではなくなった。中東和平はそういう構図のもとに出来ていたと思います。

もしかしたら私がエジプトにいた頃を含めて、一九七三年戦争後から四半世紀の間が「中東和平」の時代で、「No peace no war」が中東の平和の限界ではないかと思ってしまいますね。日本人が平和と聞いて思い浮かべるような、皆が楽しくて鼻歌でも歌いたくなるような、そういう平和はない地域なのでしょう。

任期の後半にイラン・イラク戦争（一九八〇～一九八八年）が起きました。そのときのエジプト人は、「この戦争が起きてよかった。非アラブのイランと、「アラブの成り上がり」で羽振りはいいが、異端のサダム・フセイン（Saddam Hussein, 1937-2006）大統領のイラクが喧嘩を始めて、両方ともへたばってくれればいい」という感覚だったのではないでしょうか。

アラブ人は決してアメリカが好きではないが、異民族のイランのほうがどうもイラクよりは強そうだと見ていて、アメリカがイラクに肩入れすることを歓迎していた。結果として、弱いはずのイラクの辛勝で収まって、「これで両方とも相当疲弊しただろう、うまく行った」と思っていたところが、フセインはモンスターに育っていき、クウェート侵攻（一九九〇年）から湾岸戦争（一九九一年）を引き起こすという経過をたどりました。

アラブ世界は大国サウジを筆頭に「鳥瞰図」的な安全保障戦略をもたず、その日その日の脅威の順番づけを行って、その順で難を避けるという「虫瞰図」型の発想でしのいできたという印象を受けます。脅威ナンバー・ワンは、自分の足元から起こってくる反乱。ナンバー・ツーはイスラエル。

第三、四がなくて第五がソ連。もしかするとその次にはアメリカが来るかもしれない。

アメリカも基本的にはイスラムにとっての脅威のうちに入るが、アラブも自分たちだけで生きられない現実を知っています。まして冷戦がたけなわの頃ですから、結局、アメリカかソ連かの選択を迫られる事態に出くわす。サウジにとって本当は「国際関係」などという厄介なものはないほうがいいのだが、そうも言っていられない。そこで、次善の策として米ソのどちらかを選ぶことになる。

アメリカには金《カネ》、技術がある。それから日常生活が楽しそう。ソ連は金《カネ》、技術がなく、日常生活は楽しくなさそうだし、なにしろ無神論者。したがって、より悪くない選択としてアメリカを選ぶ。物差しは「おっかなさ」です。

怒らせた場合、どちらのほうが怖いかというとアメリカのほうが怖い。価値の観点は第二義的です。一九七九（昭和五四）年、サウジが一番恐れる足元からの反乱であるアル＝ハラム・モスク占拠事件がメッカで起きて、大きな騒ぎになった。あのときキッシンジャーがたまたま中東地域にいて、衛星写真などを王室にもっていって見せた。そこには、ミナレット（モスクなどイスラム教の宗教施設にある塔）で銃を構えているスナイパーの顔まで鮮明に写っていた。サウジは、「アメリカはおっかない。この技術はソ連にはない」と衝撃を受けてアメリカに傾斜する。つまり、基準は腕力なのですね。

ジミー・カーター（Jimmy Carter, 1924-）大統領は一九七九年、イランの砂漠の人質救出に失敗しました。あのときはアメリカの威信が落ちたと思います。しかし、アフガニスタンへのソ連侵攻のときは、アメリカ軍がケニアのモンバサ、ソマリアのベルベラ、モガディシュ、エジプトのラスバナス、オマーンのマシラ島と展開し、それらをインド洋のディエゴガルシア基地とつなげてソ連と対抗できる態勢を築いた。あの前方展開の早さというのは驚異的でした。中東でも見ている人は見ているに違いありません。地理的にはソ連のほうが圧倒的にアフガニスタンに近くて有利、アメリカは不利だと言われながら、一ヵ月くらいで盛りかえしました。

イスラエルの安全保障感覚はシビアです。エジプトとの国交が成立して、イスラエル人がカイロまで来られるようになりました。そんなときやイスラエルに出張したとき、イスラエルの外交官や学者に話を聞いたのですが、「日米安保があるから安心」と言うと、「よくそれだけで安心できるね。イスラエル人は、いざというとき、アメリカと同盟を組んでいるだけで安心とは全然思っていないよ」という答えが返ってくるのが常でした。徹底した安保国防認識だと思いました

岡本公三（一九四七年〜）ら日本赤軍の日本人三人によるテルアビブ空港乱射事件（一九七二年）の余波がまだあったからでしょうか、イスラエル入国のときに厳重な身体検査のために別室に連れていかれて、ひどい扱いをされたこともあります。

――当時、日本の中東への関与は何があったのでしょうか。

日本の経済協力で準大手ゼネコンの五洋建設がスエズ運河の拡幅をやっていました。通航する船の量が増えるので、ずいぶんエジプトの実入りが増えた。中長期的に見てこれは「大当たり」のプロジェクトで、サダトも日本のこの貢献は立派だと何度も公に評価しました。日本の援助が株を上

げたケースですが、この拡幅でアメリカの空母がスエズを通航できるようになりました。この拡張がなかったら、米空母はイラク戦争時もアフリカ回りになっていたでしょう。誰がどこまで考えぬいていたのかは知りませんが、この意味では戦略的援助になったと思います。

エジプトにとって死活的な外貨収入源として、当地の日本人の間では、「エジプトにかけがえのないメシの種、石油、出稼ぎ、スエズ、観光」と言われていた。語呂がいいでしょう。アラブ各地にエジプト人が働きにでて送金をし、それが一番大きい財源で、次いでスエズ運河の通航料と観光収入。

当然アメリカも、舵を大きく切ったサダトを同じ時期に支援しますが、アメリカはバスとか車両とか商品援助が主でした。エジプトのメンテナンスは悪いから、バスなどすぐ壊れてしまう。するとエジプト人は自分のことは棚に上げて「オンボロ・カーターバス」とか言ってバカにするのです。日本はパレスチナ人の血で手を汚したことはないし、彼らに悪いことをしていませんから好感をもたれていました。エジプトにもトウゴウという名前の人がいた。初めて白人国家をやっつけた東郷元帥にあやかったもの。サダトも「トウゴウ元帥」に幾度か公式のスピーチで言及しました。このイメージは長く続いていました。ただ、サダトは、敵方の兵器に搭載されるテレビ誘導爆弾はソニー製という発言もしています。日本の人気のベースは経済と技術でした。その点では受動的な人気で、決して和平問題での能動的プレイヤーの日本という感じではありませんでした。何しろ、日本は遠いし、日本の姿勢を「うぶで無害で清らか」ととらえていたかもしれません。

——情報収集の相手は、どのような人たちだったのでしょうか。

日本は中東和平の正面を固めるメジャープレイヤーではなかったので、私が班長だった政務班の仕事は、情報の収集、分析が中心でした。

エジプト外務省の人は、案外実務官僚型でした。彼らからの話はどうしても型にはまってしまうので、公職にはないいわゆる「ソーシャル」な世界の人たちやアカデミズムの人、ジャーナリストによく話を聞きました。こうした世界の上層部の人たちにはたいへんなインテリがいました。ナセル時代に投獄され、ヨーロッパに逃げ、勉強して帰ってきた人とか。エジプトにはスエズ運河やナイル川があり、アラブのなかでは唯一緑豊かな国なので、サウジをはじめアラブ諸国から多くの人が保養に来ていた。ほっとするらしい。そうした人々のなかで、サウジ王家の医者などと意見交換すると、実にインテリで話がうまいなあと感心しました。

また、各国の外交団に優秀な人が多かった。特にアメリカ、イギリス、フランスの大使館に行ってよく話を聞いていました。アメリカは絶対の情報量を誇り、イギリスはオーソドックスな分析、フランスはイギリスに対するアンチテーゼ的分析がおもしろい。その三つをこね合わせると日本への報告ができるという感じでした。

ソ連や中国の外交官ともつき合ったし、当時はこちらも若いこともあり、新しい人に会うのが苦になりませんでした。ちなみに、当時、エジプトは北朝鮮とのみ国交があって、韓国とは領事関係だけで大使がいませんでした。そのときの韓国総領事が、後で韓国の外相や日本大使を務めた孔魯《コンノ》明《ミョン》（一九三二年～）さんで、大切に扱ってもらいました。

カイロは米外交団、有識者、ジャーナリストとか誰とでも自由に話ができました。パレスチナ解放機構（PLO）の人間とも話せるし、動向を監視されていたとは思いますが、意外に自由でした。任期中に出張で行ったイスラエルのほうがはるかに緊張度が高かった。

イスラエルへは直行便がなかったので面倒でした。アテネとかイスタンブール経由で行きましたが、パスポートはアラブ諸国に入るときとイスラエルに入るときと、二つ必要でした。イスラエルに行った記録があるとアラブの国が入国させてくれなかったのです。

――加藤さんの任期中にイランでは一九七九（昭和五四）年、イスラム革命が起こります。どのように受けとめましたか。

宗教革命が起きたのは衝撃でした。パーレビ国王はもっと強固なリーダーだと思っていましたから。

革命前夜、在イラン日本大使館から本省にあてた電報の転電をカイロで読んでいたのですが、相手側の地位が高い人ほど「シャー（パーレビ国王）は大丈夫、まだ強い」という情報が多い一方、巷の情報では「シャーはもう危ない」というものが多かった。情報というものの通有性でしょうか。カネ目の高い情報は概して現状継続志向、安い情報は逆。南ヴェトナム陥落前も同じだったかもしれません。一概に大使が相手にするレベルの情報は間違いで、館員がとってくる情報のほうが正しいという単純な話ではないと思いますが。

重要な変化ほど予想より早く起きるという思いもあります。このときのイランのシャーの没落もそうですが、南アフリカのアパルトヘイト政策の撤廃、ベルリンの壁の崩壊などのときがそうでした。一方、北朝鮮のレジームは早晩潰れるといった予想は当たっていません。世界の「暴君」「暴政」も案外長く続いている。暴君の側でも「反クーデター」のノウハウが逐次蓄積されてきているということもあるでしょう。これは決して馬鹿にならないと思います。

イスラム革命の過程で起きたイランアメリカ大使館人質事件は、その後の米―イラン関係に巨大な後遺症を残します。一九七九年一一月から続いた四四四日は米にとって歴史的な悪夢、屈辱だった。ことの当否は別にして、アメリカの反イラン感情の強さは、日本における広島・長崎に対する反発と似たような強度があると思いました。ヘリコプターによる奪還作戦（一九八〇年四月）は醜態に終わりました。ヘリコプターのローターが砂漠の砂を吸い込む可能性を、軍が十分に把握していなかったのが失敗の原因だと言われました。夜が明けて周りに人が出てきて、状況がわかってしまったらしい。

イスラエル特殊部隊によるウガンダ・エンテベ空港奇襲作戦（一九七六年）と、ドイツ特殊部隊（GSG-9）によるルフトハンザ航空機ハイジャック事件（一九七七年）でのソマリア・モガディシュ空港における救出作戦が、それぞれ水際立っていたので、アメリカの失敗が余計に目立ったということもありました。

――加藤さんはイラン革命や人質事件をどう見ていたのでしょうか。

エジプトは中東一課、イランは中東二課の管轄ということもあり、私自身はイラン情勢に関しては傍観者でした。カイロでイランの外交官とも接触しましたが、本質的に意味のある情報がとれたとは思いません。

イランの神政政治がきっかけとなって、イスラムの揺れ返しが来るのかなという感じはしていました。イギリスの歴史学者の著作のなかに、一四九二年は世界史の転換点だが、その核心は、コロンブス（Christopher Columbus, 1451-1506）によるアメリカ「発見」ではなく、グラナダの陥落だという説がありましたが、それを何となく感じていました。それまでは、人文にせよ科学技術にせよ、イスラムが先頭を切る世界だったが、一四九二年以降は、イスラム文明の発展が止まり、キリスト教文明が何もかも上を行ってしまう。イスラム諸国にはそこに大きないらだちがあり、何かおかしいという憤懣がはけ口を見つけては噴出することが続いてきた。そういうなかで、エジプトのサダトがイスラムの裏切り者にされる雰囲気が強くなってくるという不穏な感じは受けていました。

そのあと、イスラムのなかの正統派（多数派）スンニ派と、それへの抵抗派（少数派）シーア派の本家争いの側面のあるイラン・イラク戦争が始まりました。アラブ対イスラエルという切り口での戦争は第四次中東戦争をもって今日まで沙汰止みになっていますが、スンニ対シーア、アラブ対ノンアラブのペルシャ、そしてアラブ内部のごたごたである湾岸戦争などが起こり、中東、イスラム世界が流動化していく思いがしました。

一九七〇年代末、あるエジプト人ジャーナリストから、中東は三層の同心円で見よと言われたことを思いだします。一番内側にパレスチナ問題、その外側にアラブ対イスラエル、そして一番外側にあって中東の様々な亀裂に蓋をしているのが米ソの冷戦構造だという説明でした。

幸か不幸か、中東には戦略物資である石油があり、そのとり合いをめぐって米ソがしのぎを削っているなかで、ちょっとした火種が下手をすると米ソの大戦争につながるという恐れはありました。そういう恐れがゴタゴタの絶えない中東にある種の自制を働かせる効果があった。

しかし、一九八〇年代後半にソ連がアメリカの進める戦略防衛構想（ＳＤＩ）などについていけない姿が明らかになり、米ソの力の差が開いてくる。それに伴って、冷戦が抑え込んでいた虫が這いだしてきた。また日常的にきな臭い中東に戻るのかな、という感じはしました。

要するに、イスラエルとエジプトの和解により、イスラエル対アラブという戦争は起こりにくくなったが、もともとあって蓋をされていたアラブ、イスラム世界に内在する諸問題がまたぞろ這いだしてきた。日本では発展というと直線的なものを思い浮かべますが、中東・アラブではものごとの動きが螺旋階段的で、何年経っても同じところに回帰しながら進むのだと思いました。

——パレスチナ解放機構（ＰＬＯ）との関係もあったのでしょうか。

ＰＬＯの人ともつき合いがありました。ＰＬＯはパレスチナ人の代表機関であるわけですが、リーダーはコンコルドで旅行するというような一見かなり贅沢な生活ぶりで、国家行政の仕組み、財政とか水道、電気等のインフラ、教育行政などの国としての基本問題に正面から取り組む感じはなかった。パレスチナ人は本当に気の毒な境涯にあったのですが、流浪の旅が長すぎて国作りの中身まで真剣に考える態勢になかったと思います。

のちにイスラエル大使になった外務省の先輩は、「パレスチナ人も国をもつことが現実の課題になったら、ちゃんとしゃかりきになって動きだすよ」と言いました。パレスチナ人の能力は高いしそうだろうとも思いましたが、流浪の旅が長すぎると刹那主義に走るのもまた事実だと思いました。

私がエジプトに赴任したのは、サダトがエルサレムを訪問した（一九七七年一一月）後で、その間に多くのアラブの国はエジプトと断交して大使を引き上げていました。PLOも大使はすでに引き上げて、次席のサイド・カマールという公使が残っていました。彼とは、本省にも報告したうえで、正々堂々とつき合っていました。親しくなってから会食に呼ばれていくと、食事の間、銃を構えた人たちがずっと彼の後ろで守っていて、多くの御馳走が並んでいるのですが、食事は一五分くらいで終わってしまう。常に戦闘モードという感じでした。

一度、彼がキッとなったことがありました。私が「イスラエルとパレスチナは、どうしてお互いにこうも頑固なのか。パレスチナのほうが雅量を示して、ユダヤ人は地中海に一人残らず叩き込むなんてことを憲章からとり下げれば、世界の共感が俄然パレスチナに集まって状況が有利になるのではないか」と話しました。そうしたら、「そんなことは関係ない。圧倒的に悪いのはイスラエルだから。それに、時は自分たちの味方。アンゴラの例を見れば、四七六年かけてイギリスの植民地から脱して独立を達成した。われわれはくじけない」との返事。

私も若かったから余計なことを言って、「それは非常に深遠な考えかもしれないが、四七六年といえば二〇か二五世代にあたる。その間何もないまま待つのは賢明なやり方だろうか」と言ってしまった。そうしたら彼は自分のピストルに手をかけて、真顔で「ミスター加藤、一発の弾丸が歴史を変えることがある」と言って、ちょっと怖かった。譲ることは弱みを見せることだという考えが徹底していました。

安全保障というのはたいへんなこと、湯水のごとく思うのはまったくの贅沢であり、命を懸けた毎日の生活次元の話なのだということを、エジプト勤務を通じてよく理解できたように思います。


――パレスチナ問題の行方はどう考えていますか。


中東ではパレスチナ人はあまり好かれていないと感じました。アラブは口ではパレスチナの大義であるパレスチナ問題が中東和平の核心と言いますが、私はその本音度を疑います。

パレスチナ人はユダヤ人とそっくりなところがある。教育マインドがあり、勤勉で知性の高い人たちです。世界規模でユダヤ人がいるとすれば、中東、アラブ規模でパレスチナ人がいる。パレスチナ人とユダヤ人との関係には近親憎悪の面があると思いました。

パレスチナ人で能力のある者は、カイロをはじめアラブ諸国の首都など色々なところに散って財を成し、いい職に就いて成功しています。西岸・ガザ地区に残されたパレスチナ人というのはそれに乗れなかった人です。それが四五〇万人くらいいます。

能力があるユダヤ人もアメリカやヨーロッパに住みつき、財を成し社会的地位を得ています。イスラエルに残った人たちはその流れに乗れなかった人。でも何とかイスラエルという国が出来た。ユダヤ人を揶揄するジョークはたくさんあるが、パレスチナ人の場合も同じ。なにせ能力はあって成功者になりますから。アラブ諸国でエンジニア、医者、学校の先生、高級官僚になっているパレスチナ人が多いですが、こうしたパレスチナ人にいてもらわないと国が回らない。出ていかれると非常に困るわけです。他方、追いだしたいという本音もある。湾岸の国のなかには実際追いだしを図り、パキスタン人などを連れてきて代替しようとした国もありました。しかし、代理は務まらなかった。

一方パレスチナ人から見ると、官僚機構でも本当のトップにはしてもらえませんから、不満はある。しかし、不満を言って、「じゃあ出ていけ」と言われたら帰る国がない。お互いの弱みがバランスして、何となくアラブ世界は回っている感じがありました。

ちなみに、ヨルダンの人口は約七〇パーセントがパレスチナ人で、そこをハシェミットという一部族の王国がおさえているという構図だから、パレスチナ人が反乱を起こしたら西岸・ガザにパレスチナ国家ができる前に、ヨルダンがパレスチナ国家第一号になってしまうのではないかと心配する人がいました。ヨルダン国王は決して安閑としてはいられないのです。

もちろん、ヨルダンは地政学的に見ると非常に重要な場所にあるので、アメリカもイスラエルも、ヨルダンを潰すことはできません。それでも、現在のアブドラ国王（一九六二年〜）の父フセイン一世は後年、穏健派の国王として米欧に信頼されていたようですが、「黒い九月事件」（一九七〇年）でパレスチナ人を大量虐殺した人であり、パレスチナ人との関係ではすねに傷もつ身でした。

将来、西岸・ガザをうって一丸としたパレスチナ国ができたら、パレスチナ人を追いだしたい側は、「もう帰る国があるからいいだろう」となるかもしれないし、逆に「処遇をもっとよくしてくれなければ国に帰ります」と言われて困るアラブの国もあるでしょうから、問題は複雑です。

ユダヤ人に関して言えば、アメリカにいる成功したユダヤ系の人は、イスラエルの独立のために戦ったユダヤ人に対してちょっと引け目がある。国を作ったときにあなた方は血を流さなかった、と言われると弱い。だから「王よりも王党的になる」というのか、先手を打ってうんと助けようと努める。このイスラエルに対する気遣いというのはすごい、ちょっとやそっとでは変わらないと思った。ただ、イスラエルはカチューシャロケットがいつ飛んでくるかわからない、日夜緊張連続の世界でした。

——中東に発展や進歩はあるのでしょうか。

中東は堂々巡りしながら進んでいくから、二〇、三〇年前と同じ姿を見る気がすることがある。知性の高い人がリーダー層には多いと思うのですが、人間の業という言葉を思いだします。

たぶん不可逆的に変わったことのひとつに、私が駐在していた頃から要人暗殺が少なくなってきていることがあります。当時カイロでの外国プレスの「ディーン」（dean＝長老）と言われていた週刊誌『タイム』のウイルトン・ウイン支局長が言っていましたが、一九四八（昭和二三）年から一九七三年まで、シリアでは二五人の大統領ないし首相が暗殺されている。つまり一年にほぼ一人。それくらい暗殺が日常茶飯事だった。それがハーフィズ・アサドが大統領になってぴたりと止んでいる。

サダト暗殺前の話になりますが、シリア以外でも要人暗殺は目に見えて減ってきた。スーダンのヌメイリ暗殺以後、大物の暗殺は途絶えている。その理由は、暗殺を防ぐノウハウが定着してきたことがある。サダトの場合には近衛兵、戦車隊長、空軍パイロットといった軍人を優遇した。クーデターを起こす先鋒は彼らだからそこを手なづける。エジプトに来て皆道路や通信システムが未整備だと不満を言うのだが、道路が整備され、通信が容易であると革命は起こしやすくなる。

加えて、少数民族の登用。例えばエジプトのコプト教徒は知的能力が高い。国連事務総長を務めたブトロス・ブトロス＝ガリ（Boutros Boutros-Ghali, 1922-2016）もコプト教徒です。こういう少数民族のエリートを本当のトップにはしないが、その次くらいのポストで優遇する。そうするとコプトが格好の間諜役を果たすようになる。ウイン氏によれば、その積み重ねで革命を防ぐノウハウが発達してきたということでした。

日米安保深化に心血を注ぐ（北米局安全保障課長時代）

――一九八一（昭和五六）年三月にエジプトから帰国して、配属はどこになったのでしょうか。

安保課長になることを前提に、約五カ月間ですが、条約局調査官をやりました。といっても実際の中身はオタワで一九八一年七月二一、二二日に開かれた第七回先進七カ国（G7）首脳会議（サミット）の準備の仕事でした。こうした調査官といったポストの局間の流用は、「座布団」のやりくりと呼ばれます。佐藤嘉恭さんが、サミット担当の経済局参事官で、その補佐役でした。

会合での首相の発言の順番をできるだけ前にしてくれと議長国に要請したり、サミット正式会合以外の二国間の首脳会談の設定をしたり、ホテルの手配に至るまで色々なことをやりました。シェルパは経済担当の外務審議官が務めます。サミット会合のサブスタンス（協議内容）の責任者です。

政務担当の外務審議官が政府高官として政治関係の議題を担当するようになって久しいですが、政治議題がつけ加わるようになったのは、オタワ・サミットの前の第六回のベネチア・サミット（一九八〇年）です。

サミットはもともと「先進工業国首脳会議」と銘打たれ、主として世界ベースの経済問題を議論する場として発足しました。政治安全保障問題は想定されていませんでした。NATOがあるから十分ということだったのでしょう。実際、イギリスのサッチャー（Margaret Thatcher, 1925-2013）首相は、世界の政治安全保障の議論に日本を加えるのは水で薄めるようなもので、何か意味があるのかという見解だったと聞きました。

英仏独その他西欧の首脳は地理的条件からいって、ほとんど日常的に話すことができるのです。そしてアメリカは離れていて別格とはいえ、頻繁に西欧に行けます。大西洋フライトは太平洋フライトに比べて半分以下の時間です。アジア太平洋へは長い時間をかけての訪問になる上に、旅程は日中韓それぞれに行かねばならず寸断される。費用対効果が低いという当時のアメリカの認識でもありました。日本も含めた政治安全保障協議に対する認識はアメリカにはありましたが、西欧には躊躇があったように思います。

紆余曲折はありましたが、だんだんサミットの枠内における政治安全保障問題のウエイトは高くなりました。その議論は、サミット本会議の前日夕に行われる晩餐会で行われ、その結果が「首脳の共同宣言」として発表される慣行が出来て、今日に至ります。

私は国際連合、特に安全保障理事会が世界の政治・安全保障問題について機能不十分だったことが、サミットの誕生につながったという感じをもっています。しかしサミットは非公式なグループにすぎませんから、国連のもつ唯一普遍的な国際組織としての正統性がありません。

一九八一年、カナダには二、三回行きました。内政的には通産相が出席できるかどうか、各省随員が何人ついていくか、といった日本の各省庁間の調整がありました。首相は鈴木善幸（一九一一～二〇〇四年）さんだったのですが、「なるべく早い順番で発言させてくれ」と官邸から言われ、議長国のカナダに要請しました。

今の首相ジャスティン・トルドー（Justin Trudeau, 1971-）の父ピエール・トルドー（Pierre Trudeau, 1919-2000）が首相でした。アメリカのロナルド・レーガン（Ronald Reagan, 1911-2004）大統領をはじめ五人が、オタワ・サミットがデビューの場でした。鈴木首相がどれだけ早い発言の順番を確保するかが日本のメディアの関心事でしたが、トルドー首相がホスト国の首脳としての冒頭発言の後のトップバッターに鈴木首相を指名してくれました。また、日本の主張として鈴木首相の発言ポイントが二、三点、コミュニケに入ったと記憶します。

――一九八一（昭和五六）年八月、安保課長に異動になりますが、このポストで安全保障問題に本格的に取り組むことになるのですね。

沖縄問題に取り組んだときが私にとっての助走期間で、エジプトで安保問題とは厳しいものだと実感しましたが、実質的な安保問題の担当となったのはこのときが初めてでした。安保課の正式な名称は北米局安全保障課です。グローバルな安保防衛を見るわけではありません。しかし、日米安保体制は日本の安全保障の根幹ですから、その運用の所管課である安保課長は要のポストのひとつです。国内に「敵」は多いし泥まみれの仕事も多く、日夜緊張感のある仕事が続きましたが、私の外交官人生のなかで指折りの充実した日々でした。

四つの事件が安保課長になる直前に起こり、まずその対処から仕事が始まりました。

第一は、一九八一年四月、米原潜ジョージ・ワシントンが、接触事故で日本の貨物船を沈没させた「日昇丸事件」(米原潜当て逃げ事件)です。次いで五月には、米軍艦によると報じられた日本海での延縄《はえなわ》切断事件が起きました。

日昇丸事件は国会でも大きくとり上げられましたが、ときのマイケル・マンスフィールド(Michael Mansfield, 1903-2001)大使が相当動いてくれて、涙ながらの丁寧な陳謝の意思を園田直(一九一三～一九八四年)外務大臣に表して幕引きになった感じです。大部の報告書も出ました。

延縄切断はアメリカがやったことだと騒ぎになったのですが、ソ連の船だった可能性もあり、結局うやむやで終わりました。アメリカは最後まで自分がやったと認めませんでした。

さらに五月一八日付の『毎日新聞』で、「核兵器積載のアメリカ艦船が日本に寄港している」とのエドウィン・ライシャワー(Edwin Reischauer, 1910-1990)元駐日大使のインタビューでの発言が報じられ、これも大騒ぎになりました。今日までつながる大きな問題です。

最後に、日米「同盟関係」に関する、鈴木善幸首相の発言が物議をかもし、五月一八日、伊東正義外務大臣が混乱の責任をとって辞任しました。鈴木首相は五月七、八日、レーガン米大統領との会談後発表された共同声明にあった「(日米安保体制は)同盟関係」の文言に関し、日本の記者から聞かれ、「日米同盟に軍事的意味はない」と答えたのですが、これにはアメリカも当惑したようでした。当時の高島益郎（一九一九～一九八八年）外務次官が「同盟に軍事的意味があるのは常識だ」という趣旨のコメントを出して事態は紛糾します。官邸と外務省の間も気まずい雰囲気でした。

横須賀や佐世保といった基地をアメリカ艦船の「母港」と言うだけで国会が紛糾するといった、安保問題に関してまだタブーだらけの時代です。「同盟関係」問題もそういう時代が生んだものでした。これだけの問題がそろって野党社会党は勢いづきました。

安保課と条約課がタッグを組んで野党からの追及に備えましたが、常に攻められる立場で、苦労しない日がなかった印象です。そのうちに慣れて、攻められないと物足りなくなってくる。

視察で搭乗した米海軍の対潜哨戒機 P3C の機内で〔1982 年、厚木基地〕

野党、特に社会党が強かったけれども、よもや明日政権が変わって自分におはちが回ってきて、予算委員会の閣僚席に座ることなどまったく想定していない風で、ともかく質問で政府をやり込めよう、国会審議を止めようという一心。建設的な討論の余地はないので何でも聞けるし言えるわけです。そういう時代でした。馴れてくると何となくコツがわかってきました。

それでも課長として時間をとられたひとつは国会対応でした。私のところで破綻を来したら上司、さらには政府に影響が及ぶ。ここで食い止めねばという強い気持ちで臨みました。私はあまり争いを好みませんが、この頃は気合いが入っていたな、と思います。


――一九七九（昭和五四）年にソ連がアフガニスタンに侵攻し、それまでのデタント（緊張緩和）時代は一転、「新冷戦」と呼ばれる時代に入ります。日本の安保防衛政策にとっても時代の大きな節目だったのではないですか。


ソ連のアフガニスタン侵攻を境にカーター大統領がガラッと変わりました。「ソ連に騙されていた」と言った。アメリカ大統領がそのような発言をするのはナイーブすぎると当時思いましたが、ともあれアメリカの軍拡に勢いがつき、レーガン政権誕生（一九八一年一月）につながりました。

一九五〇年代、アメリカの国内総生産（GDP）が世界全体の五五パーセントを占めていた頃はまだ鷹揚だったが、レーガン時代になると三〇パーセントを切るという端境期でした。新冷戦になって、アメリカは日本を丸抱えする状態から、応分の負担を求めるようになります。一方、日本もアメリカの一方的な恩恵を被るばかりではおかしい、という意識をもち始めた時代でした。

安保課長としては、シビリアンとミリタリーの双方共にアメリカとの信頼関係を確立することが最大の仕事でした。国務省もさることながら、国防省と国家安全保障会議（NSC）の担当者ともコンタクトを密にしました。

国防省でその頃デビューしたのが国防次官補代理のリチャード・アーミテージ（Richard Armitage, 1945-）。アーミテージのもとに日本課長のジム・アワー（James Auer, 1941-）。ＮＳＣにはガストン・シグール（Gaston Sigur, 1924-1995、アジア太平洋担当国務次官補など歴任）。シグールが国務省に転出した後には、のちに韓国大使になるドナルド・グレッグ（Donald Gregg, 1927-）。アメリカの安全保障に関係する三方面とのコンタクトを密にすることは必要不可欠です。

当時の国防次官補はフランシス・ウエストという人ですが、日本とはそれほど関わりがなかった印象です。大きな存在だったのは国防長官キャスパー・ワインバーガー（Casper Weinberger, 1917-2006）で、人間についての目利きだと思いました。ワインバーガーは直感的にアーミテージに信を置いて、日本のことは彼に任せました。だからアーミテージは非常に効率的に仕事ができた。国務長官はジョージ・シュルツ（George Shultz, 1920-2021）で、国防、国務長官とも大物でした。

「日米同盟に軍事的意味はない」と発言した鈴木首相でしたが、あの世代の人たち特有の感覚でしょう。アメリカは鈴木さんの発言で当惑しても、決して彼について厳しいことは言わない。鈴木さんがハト派と言われる政治家だと承知のうえで、シーレーンの一〇〇〇海里防衛にコミットした発言を行えばこれを多とし、ポジティブなコメントをして実利としてとり込む。なかなか巧妙でした。アメリカは人柄よりも厳正な結果主義で、結果がよければ褒めるというスタンスでした。

アメリカでカーターからレーガンに大統領が代わってから少し経った一九八二年一一月、鈴木さんから中曽根康弘（一九一八～二〇一九年）さんに総理が代わります。レーガン、中曽根になって、日米間で国際情勢認識の波長がかみ合うことになりました。

ただ今振りかえると、武器技術の対米輸出は鈴木さんのときに芽が出ている。鈴木さんも最終的に対米技術供与に踏み切る腹ではなかったかと思うのですが、やはり基本的には嫌々やる仕事という感じだったのでしょう。トップにその思いがあると事務レベルでの詰めも歯切れが悪くなります。宮沢喜一（一九一九〜二〇〇七年）さんが官房長官で、色々な案件に対する理解力は抜群でしたが、首相としての鈴木さんを立てて自分が前面に出ることはなかった。鈴木さんのときに決着がつかないまま中曽根さんに代わって、中曽根さんが断をくだして出すことを決めた。それで武器技術対米供与の途を開いたというクレジット（名誉）は中曽根さんのものになりました。

鈴木さんのときに防衛予算もかなり増えています。一九八二年度は七・六パーセント、次年度は七・三パーセントくらい。それに人事院勧告のベースアップの二・二パーセントが加わりますから、相当な伸びが実現しています。この頃から日本の防衛論議が本格化していって、「正面装備」（人件費などを除く、本来の防衛力に直結する経費）の予算が増え始めるときでした。それまでの防衛予算では人件費などが高く、正面装備に向けられる予算が少ないという不満がアメリカにはありました。

——中曽根政権になって日米間の防衛協力についての協議が本格化するのですね。

中曽根さんは総理になる前に、自分がリーダーになったときに取り組むべき課題を、あらかじめ整理してなった人だと思います。その意味で、私が知っている限りではニクソン元米大統領に似たところがある。まず電撃的に韓国を訪れ、四〇億ドルの借款を決め日韓関係を安定させた。返す刀でアメリカに対しては武器技術供与の道を開き、それを引っ提げて訪米する。国内では国鉄改革をやる。そういう中曽根さんを見て、アメリカ側は「いやあ、やるなあ」と思ったでしょう。

日米は安保条約にもとづく同盟国ですが、条約そのものは関連取り決めなど含めても「お経」ですから、その下の詳細な約定、申し合わせ、さらに作戦計画という部分までが備わらないと真の実効性を欠いた「画に描いた餅」になります。実際、NATOは、条約の下にぴしっと作戦計画を隅々まで詰めている。日米安保はそこまで行っていません。

一九七八（昭和五三）年に策定された「日米防衛協力のための指針（ガイドライン）」は「日本有事」のときの手だてをかなり詰めているが、「極東有事」の場合、アメリカはどう行動し、日本はそれをどう支援するかほとんど論じていません。針の頭ほどの頭出しですが、これを時代の要請に合わせて充実させなくてはとの認識がその後強くなりました。

中曽根さんのときにその作業にドライブがかかりました。中曽根さんは一九八三年のウィリアムズバーグ・サミットで、西側の連帯はひとつであるという主旨の発言をしています。この西側には日本が入っている。これはサミット史上画期的なことだったと思います。

一九七八年以来、安保条約第五条に定められた日本有事への対応に関する研究だけでなく、米軍による極東の平和の維持のための米軍の行動と、それに対する日本の協力のあり方についての研究を逐次進められることになり、その一環としてシーレーン防衛に関する検討も始まりました。日米安保をも少しでもNATOに近づけようというわけです。安保課長としてこのギャップを小さくすることが日本の国益になると思っていました。

アメリカから求められていた正面装備の増強に関しては、まだ防衛庁は力が弱く、大蔵省の主計官と交渉して防衛予算の増額を図る手助けをするのも私の役目でした。米側とも頻繁に会合をもち、日本の役割（roles and missions）分担が効果的になされるよう日米の認識をそろえる努力をしました。戦闘機F15や対潜哨戒機P3Cの本格的購入も始まりました。

アメリカへの武器技術供与の問題は、私が直接担当したなかでもっとも手間のかかったものです。武器輸出三原則とは、大まかに言えば平和国家である日本は、①共産主義国、②国連の制裁下にある国、③紛争当事国またはそのおそれのある国――には武器を輸出しないというものです。これは佐藤内閣時代に出来たものですが、三木内閣時代になって次々と厳格化されます。例えば、③の国に対しての武器の輸出は「慎む」となっていますが、これは原則禁止の意味だと国会での政府答弁を通じて固まってしまいます。武器だけでなく、武器技術も武器に準じた扱いとされます。

「紛争当事国またはそのおそれのある国」となると、アメリカは常にそういう国です。それでは日本はアメリカへの武器や武器技術の供与は禁じられるのか。この頃になるとアメリカもそれをおかしいと強く感じ、不満を表明するようになっていました。この三原則の第三は「中立主義」の宣明で、一方日米は同盟関係にある。この矛盾は長く表沙汰にならずに来たわけですが、この時代になって顕在化したのです。

そこでどうするか、となって、まず事務レベルでの折衝が外務省、通産省、防衛庁の三者で行われました。矛盾の解決法として外務省は「枠外論」を主張しました。確かに三原則のもとで紛争当時国またはそのおそれのある国への輸出は禁じられているが、日米安保は当初からその例外であり、したがってアメリカへの供与は三原則違反には、もともとならないという議論でした。

通産省の主張は、外務省の議論は事を荒立てる。三原則の原文では、紛争当事国またはそのおそれのある国への輸出は「慎しむ」となっているから、アメリカへは「慎しみながら出す」、表立たないでアメリカが欲しいものを言ってくれれば適宜、運用で対処できるという「運用論」でした。防衛庁は「外務、通産両省のよろしいように」というスタンスでした。後藤田正晴（一九一四～二〇〇五年）官房長官はアメリカへの武器技術供与に消極的かと思っていましたが、あに計らんや、「こういう当り前のことも日本はしないで来たから、かえってアメリカにほかのところであれこれと注文をつけられる。早く出せるようにしろ」との意見だったと聞きました。

私は「枠外論」でとおるか、と思っていたのですが、中曽根総理の裁定は違いました。中曽根さんは「外務省の「枠外論」は人を小馬鹿にしている。「気がついたら、日米安保は最初から三原則の枠外でした」という理屈は、自民党青年部も理解できないだろう。日米安保と武器輸出三原則とは当初から矛盾していた。そのままで何とかやってきたが、今日その間の整理をつけなくてはならないことが明白になった。武器・技術の対米供与が三原則に優先すると明言するべきである。その分、三原則は修正されることになる」との「修正論」を採りました。「修正論」は外務・通産・防衛ともそのオプションはあるが、国内政治上無理だろうと「自粛」していたものでした。この政治決断に私は感銘を受けました。

もっとも、この中曽根裁定のもと、武器および武器技術双方の対米供与の道が開かれたと思っていたら、最終プロセスで山中貞則通産大臣が「武器技術はいいが、武器はならぬ」と主張して、当面「技術」だけになりました。憶測ですが、国内政治、官庁の面子、懸念などが色々あったのでしょう。こういう足手まといは、いつの世もついてまわるのだろうと感じました。

この時期から中期防衛力整備計画（中期防）も軌道に乗ってきました。中曽根政治でもうひとつ忘れられないのは、防衛費の国民総生産（GNP、今は国内総生産＝GDP）一パーセントの枠が外されたことです。

GNP一パーセントという枠は坂田道太（一九一六〜二〇〇四年、衆議院議長など歴任）防衛庁長官の頃決まったものです。おりから日本が経済成長を続けている時代。防衛予算が何の歯止めもなく伸びていいのか。そこで設けられたのがこの枠です。その時点での防衛予算のGNP比率は〇・七二パーセントで、まだ当分隙間があるから大丈夫と政府関係者は踏んでいたようです。

ところがその隙間が案外早く埋まってきた。防衛予算の野放図な伸びを許さず歯止めをかけることは重要ですが、数値目標が手段として妥当なのか。防衛力の規模は、世界情勢とか脅威の実態に合わせて決められるべきもので、日本が防衛費は一パーセントといっても、脅威のほうでその範囲内に収まってくれる保障はない。防衛予算審議は予算が一パーセント以内に収まればそれでお終いで細かい議論はなし。ところが一パーセントを一円でも超えれば大騒ぎ、というのが本来はおかしい。それでは「歯止め」は何かと聞かれたら、民主主義にしかないと思います。逆にいうと、そこで自分たちが享受している民主主義なるものへの信頼が問われるのです。

一パーセント枠は、一九八六年、中曽根内閣の閣議決定で外されました。正確に言えば昭和六二年度予算についてはその方針を適用せず、それ以後のことはさらに議論を続けるということでした。これが今日まで妥当している姿です。

環太平洋合同演習（リムパック）など自衛隊と米軍の共同演習、訓練もこの時期に本格化しました。この時代は、「ロン・ヤス関係」と称される日米同盟、日米安保体制のひとつの黄金期でした。これは心情的なものではありません。メロドラマ的要素は皆無で、冷戦下、日米双方の「国益観」が一致したケースと言うべきでしょう。ドライな世界です。

――当時、日米の経済摩擦も表面化してくる時代でしたが、安保課長として経済関係に関与したことはあったのでしょうか。

ありませんでした。ただ、防衛の世界でアメリカとの関係を悪くしてはいけない、経済の世界が悪いならなおさら、という感覚はありました。他方、安保防衛関係がよくなれば経済関係もよくなるという保証や因果関係はありません。

一九八七（昭和五三）年くらいまでは概して安保防衛関係と経済関係はふたつ別々の世界でした。当時NSCに若手のピーター・ワトソンという人がいて、午前は日米の防衛協議に出席、午後は日米の経済貿易協議に出席したのですが、「驚いた。友好的雰囲気と敵対的雰囲気。これが同じ国相手の交渉かと思った」と言っていました。

ただし、これが様変わりしたのがいわゆるFSX（次期支援戦闘機）開発問題です。外務・防衛庁対国防・国務省・NSCの構図で機能していた安保防衛の世界にアメリカの商務省、米通商代表部（USTR）が乗り込んできたのです。このことは後で触れることになるでしょう。

安保課長時代の最大の思い出は、日本では椎名素夫（一九三〇～二〇〇七年）、アメリカではアーミテージを知るにいたったことです。

椎名さんは衆議院議員、のちに参議院議員を務めましたが、最高位は自民党政調副会長でした。お父さん（椎名悦三郎元自民党副総裁、一八九八〜一九七九年）同様、選挙にはあまり強くなかったようです。人間にはおよそ無欲ということはありえないと思いますが、椎名さんはポスト、名声に禁欲的で、アーミテージによれば「マイクロフォンへの欲求」を退ける人でした。古今東西の故事に通じた稀有の教養人、自由民主主義派で反独裁の愛国者であり、原則思考の人。頭脳明晰、品位があって我欲を見せない人だったので、時の政府首脳、国会領袖の信頼を得ていました。元来が理科系（原子物理学専攻）ですが、西洋音楽も好きで、自分で楽器もやっていました。

私は椎名さんに、「アメリカと対比する意味で中国も訪問されたらいかがですか」と訊ねたことがあったのですが、「自分は中華人民共和国を国家として承認していない。自分が承認していない国に行くことはしない」と答えました。

後年私がアメリカで政務参事官・公使をしていたとき、椎名さんがワシントンに出張するという本省からの電報が入った。閣僚や有力国会議員の訪米の場合、有力筋とのアポイントメントを多くとれと言われるのですが、椎名さんの場合はなるべく絞れという文面になっていました。ワーキング・デー三日の間に午前、午後、会食を含めて三つずつ計九件の面談をセットして東京に報告したら、椎名さんから「多すぎる」との反応があったとのことでした。

椎名さんからは、「政府首脳からの直命による公のミッションの場合はいざ知らず、「ナントカ問題についての政情視察」といった訪問の場合、ＶＩＰとの間に三〇分以下のアポイントメントを多数詰め込んでも意味はない。これはという人との、食事、意見交換、何でもいいから通訳なしで一時間以上という条件で、一日一つセットしてくれればいい。後は向こうから会いたいという人がいたら適宜対処する」と言われました。

椎名さんは一九八二〜八四年度防衛予算の策定に中核的役割を果たしたことを、私は安保課長として目の当たりにしています。そういう人が訪米する場合、通常、国防長官、国務長官、NSC補佐官とのアポイントメントを求めるのが通例でしょう。ところが椎名さんは「ワインバーガーとかシュルツとは、在米日本大使が連絡・連携をとるのが正統な筋道で、私は不要。アーミテージとじっくり話すことができればいい」となるのです。そしてその会合の中身は文字どおり双方腹を割っての「日米間認識共有」を構築する場となりました。

その前提は、「椎名の言うことは日本政府・与党の見解になる」、「アーミテージの言うことはアメリカ政府・議会の見解となる」という相互の信頼感だったでしょう。これがNATOの場合だったら、NATOは巨大ですからそうは運ばなかったでしょう。アメリカにおける日米安保・同盟の位置づけは、アーミテージ「次官補代理」が仕切ってもいいという規模感であり、日本での安保防衛論は椎名素夫という賢人の判断を信頼していればだいたい間違いはないという相場感でした。それで結果はたいへんよかったと思います。

アーミテージという人ですが、スキンヘッドのいかつい容貌、体軀なので、『ランボー』のモデルだというまことしやかな説も当時流れました。実際、一九八二年でしたが、安倍晋太郎（一九二九〜一九九一年）外務大臣に、「ワインバーガー国務長官に同行しているアーミテージというのが、日米防衛を本当に見ている男ですから、大臣から彼に一言、「よくやってくれているそうだがありがとう」と言ってください」とお願いし、安倍さんは「おお、もちろん」と快諾された。のちに「オイ、アーミテージはいなかったよ」と言われたのですが、どうやらアーミテージをワインバーガーのボディガードと勘違いしたようです。

もともと日本と縁があったわけではないのですが、ベトナム戦争に従軍しかなり壮絶な体験をしたのだろうと思います。その全貌を今日に至るまで彼に聞いたことはありませんが、途中休暇で日本に立ちよって、日本が憩いのあるいい国だと思ったとのことです。

彼は共和党のなかの「タカ派」とイメージされがちですが、私が三五年来見てきた彼は「中庸の人」です。ただ、自分がアメリカの愛国者であることに誇りをもっています。

トランプ大統領の「アメリカ・ファースト」の言葉が有名になりましたが、私が安保課長だった一九八二年には、アーミテージはすでにこの言葉を使っていました。その含意は、「日本よりもアメリカが大事であるかのように装って、実は日本の特定個人を誹謗するために日本の政情についてのゴシップを伝えてくる日本人は、位の高い人であっても信用しない」ということでした。自分は「アメリカ・ファースト」、そして自分の守備範囲からいえば「次は日本」となる。その点、椎名さん（アーミテージは「シイナセンセイ」と言い続けました）は「日本ファースト、それゆえに、次はアメリカ」であるという軸がぶれない人だったので、全幅の信頼を置くことができたと言っていました。

椎名さんは同盟は決して「運命共同体」を意味しない。究極的には同盟は相互の国益を極大化するための手段であって本質的に冷徹でドライなものだと言い切っていました。日米同盟とかNATO同盟とかが永続的に見えたのは、冷戦が四〇年も続いたことから生まれた錯覚で、同盟の維持にはお互い組んでいたほうが得だという実体がなくてはダメだ、と。

アーミテージは日本の尺度では測りにくいところがあります。彼はベトナム戦争後アメリカに帰ってから、ワシントン近郊ヴァージニア州の自宅で、かなりの数の養子を育てました。養子はベトナム人孤児であったり、黒人孤児であったり様々でした。

アメリカの「生活単位」は日本のそれと違います。まず家屋が広い。養子をとった親の責任は義務教育終了まで。そこで「卒業」させますから、いつまでもしがらみでぐちゃぐちゃする感じではない。卒業した後には「新入児」を入れる。アーミテージが国防次官補代理だったときの国防省の日本課長は、ジェームズ・アウアー（James Auer）という日本人の心理にもよく通じた屈指の硬骨漢でしたが、この人も韓国人も含めて養子をよく育てています。日本人には真似し難いところでしょう。

養子を輩出していますからそのうち、アーミテージの孫がたくさん出来てきます。アーミテージ自身の血を分けた孫たちもいます。彼らをどう区別するのかと聞いたら、孫は同じ孫だが自分の血を分けた孫は「バイオロジカル」な孫という表現になるとのことでした。

椎名・アーミテージの組み合わせは、レーガン、ブッシュ四一代政権、その後の民主党のクリントン政権からブッシュ四三代政権の途中、二〇〇五年に椎名さんが亡くなるまでその効能を発揮していたと思いますが、外からは見えにくかったかもしれません。

アーミテージほどの日本での知名度がなくても、日本の本当の価値を見出したアメリカ人は古来多数います。アメリカの軍人、特に在日米軍勤務の経験を培った軍人は日米関係にとってかけがえのない財産です。日本に駐留したことのある多くの米軍人は、家族ぐるみで日本のファンになって帰っていきます。そういう人たちが今アメリカ全土で累計四〇〇万人くらいいます。

言うまでもなく、中国に在中米軍はない。韓国には在韓米軍がいるが、米軍人は日本に対するのと同じような感情ではなさそうです。それは一つには、在韓米軍は陸、空軍主体。日本のほうは海軍、海兵隊主体とか色々理由はあるのでしょうが、在日米軍経験者は日本に対してよい感情をもつ素地が広かったし、また、日本人の資質も高くて米軍人に親切、友好的だったことが大きいでしょう。彼らは国に帰ってからも根強い日本の応援団となります。アメリカに行ってみるとその人たちのありがたさがわかります。

――アメリカ軍人の間にも第二次世界大戦中、日本軍はよく戦った、という意味で、ある種の敬意もあるのではないでしょうか。

確かにありますね。戦って亡くなったアメリカ人、家族などには、日本に対する反感も強かったと思うが、日米安保が定着するにつれて第二次世界大戦は「歴史化」した。つまり、もはや政治的現実ではなくて歴史になりました。もう贖罪とか謝罪とかの世界を超えて、勇敢に戦った日本兵に対してリスペクトの念があると感じます。

映画監督クリント・イーストウッド（Clint Eastwood, 1930-）も、硫黄島の戦いを描いた映画を、アメリカ側と日本側から見たのと二本作ることによって、公平に提示している。アメリカとの関係は、サンフランシスコ講和条約、安保条約、沖縄返還、オバマ（Barack Obama, 1961-）大統領の広島訪問と、和解が整ったうえで発展を続けてきました。今はその上に立って鎮魂の儀式が行われている。そこにアメリカの人たちも集まってきて、かつての日本兵や家族、親族と久闊《きゅうかつ》を叙しているという姿ですね。

――防衛関係がよかったので、経済関係のほうに摩擦がシフトした、という見方もあるようですが。

さあ、どうですかね。アメリカの役人の多くは出世志向で、自分の担当分野で点を上げて民間のもっと実入りのいいポストに就こうとする。日本との防衛関係でも経済関係でも、実績が上がれば自分のマーケット価値は当然高くなる。

日米安保関係は総じて順調で、アメリカの担当者にはアメリカ議会などとの関係で日本を擁護するインセンティブがあった。議会も担当者の苦労を多として、日本とそれなりに協力の道を探ります。

経済の場合、なかなかそうはいかない。日米は互いに競争者ですから、勝った負けたのゼロサムゲームになりやすい。担当者も議会のほうに身を寄せて日本を叩く側に偏りがちになる。外から見ると、防衛と経済の世界の対称性が際立つことになる。

防衛関係者は日米防衛関係をよくすることで点数が上がり、経済関係者は日本を叩くことで点数が上がるという図式はあったかもしれません。したがって、日米双方の防衛関係者の間に、「経済関係が悪いから防衛で日米同盟を支える」という認識はなかったのではないか。私も防衛関係の一人でしたが、経済関係がよくても悪くても防衛のほうは常に堅調でなくてはならない、と思っていました。

ただ、アメリカの経済関係者のなかに、防衛方面だけが和気あいあいやっていることに業を煮やした向きはあったかもしれません。

――経済摩擦でも日本はアメリカの要求に応えるような施策をずいぶん行ったのではないですか。

自主規制などたくさん行いました。結局プラザ合意（一九八五年）まで行くわけです。たまたま経済交渉の場に連なったこともありますが、丁々発止と言えば聞こえがいいですが、こんなことに大の大人が関わって、よくまあ飽かず議論するなあと思ったことが多かったですね。アメリカの若い弁護士風が、男女問わず理屈を述べたてる様は見よいものではなかったですが、日本側も日本側でどっちもどっち。屁理屈で頭のよさを競っているようで感銘を受けませんでした。ただやはり全体として日本のほうが閉鎖市場だったという印象です。日米建設協議でとり上げられた空港問題などは象徴的でした。

私は防衛をやっていて楽だったわけではなく、防衛の世界のほうが経済よりも基本的に「重さ」があると思った。つまり、人間の身体生命の保証への距離感の違いといいますか。叱られるでしょうが、経済問題はビジネスマン同士で適当に折り合えばいいと思っていました。

——安保課長はアメリカと交渉する際の最前線とでも言えばいいのでしょうか。

課長レベルの人間はそのつもりで力んでいるが、しょせん課長。その力にはもちろん限界がある。局長には局長でなければできない任務があり、次官には次官でなければできない任務があり、大臣、総理でなければできないことがある。それでも課長は年齢的にも気力、知力が盛んなときに就くポストですから、月給なんかくそくらえ、国のためストッパーに自分がならなくて誰がなるという気負いがあるのです。国会答弁でも自分のところで破綻をきたしたら上にまで影響が及んでしまう。上のほうが答弁するのが嫌な問題はたくさんありますし、自分で引きとって上を楽にしてもっと本質的なことに注力させたい。上が嫌がることを率先して引き受けるのはすごく大事だと思いました。

基地騒音の厳しい現実

——在日米軍の基地問題についても仕事をしたのでしょうか。

例えば今もなお問題になっている、空母艦載機の着艦訓練（FCLP）による騒音問題があります。この訓練は主に厚木基地で行われていたのを岩国にも分散し、やがて硫黄島に大部分を移します。戦闘機は特に大きな音を出すので、地元には迷惑です。相手が米軍ですから、外務省の安保課長にもかなりの役割がありました。

誰しもこの問題には手を染めたくない。悲痛な話も聞きました。騒音が激しい厚木に行くと、地元厚木基地の自衛隊が録音した電話の記録が残っていて、母親が「今日、子供が熱を出してお医者さんからもう一、二日しかもたないと言われている。今日だけは安眠させてください。自衛隊が上まで伝えて、何とかしてください。お願いします」という涙声が入っていました。とても、今風にいうフェイクとは思えませんでした。

着艦訓練は、日米安保条約下での米軍の行動に関することなので、外務省の所管になるわけです。冷戦中ですし、アメリカの基本戦略のひとつは、本土から離れた地域に必要な即応戦力を配備する「前方展開」でした。その中軸が空母であり、その艦載機です。その頃の主力艦載戦闘機はF14トムキャットでした。これがちゃんと作動しないと前方展開戦略が成り立ちません。

艦載機のパイロットは「トップガン」でたいへんな技量が必要です。航空母艦に着艦してくる戦闘機のスピードは時速約二三〇キロ。どうやって東京駅の長さくらいの短い甲板に着艦できるかというと、後部にフックがついていて、それを一五フィート（約五メートル）間隔に横に張った高さ五インチ（約一五センチ）のワイヤー四本のどれかに引っ掛けて止まる。失敗すると再び飛び上がらないといけないから、エンジンを全開にしたフルスロットル状態で入ってくる。こうした着艦は神業で、トレーニングが必要です。確かパイロットの年齢は一八～二八歳。その年齢を超えると視力が衰えたりして難しくなる。暗い、荒れている海でも着艦しなければならないので、厳しい訓練が不可欠なことはよく理解できました。

当時、ソ連が一番恐れていたのはアメリカのこのような航空母艦を中心とする空母打撃群（Carrier Strike Group）。私にも、米軍のそうした部隊こそ、日本の安全にとって必要不可欠の「抑止力」そのものだと思えました。他方、基地周辺では、ガード下の一番うるさいときと同じくらいの九二フォンの騒音になり、「赤ちゃんが死んでしまいます」という母親の声につながる。しかも日本は狭いのでなかなか代替地を見出せないから、本当に板挟みになる。

「米軍基地の騒音は何とかならんのか」というのが普通の政治家からの反応でしょう。後藤田正晴官房長官のところまで、米軍から借りてきた空母着艦訓練の様子を映したビデオテープをもっていって見せたことがあります。後藤田さんは「生きるか死ぬかの神業の世界だ。しかし音も大きいなあ」と嘆息しました。長谷川和年総理秘書官を通じて、中曽根首相もそのテープを見たはずです。FCLPの重要性を政権トップレベルに理解してもらうことが必要と思って「正攻法」でアプローチしたつもりです。

防衛施設庁が防音ガラスを配布するが追いつかない。道の向こう側の家にはついているが、こっち側につかないといった不満も出ます。戦略論、大局論とは別に、こういうドロドロした部分を経験しない上澄みだけの仕事では発言力もないと痛感しました

当時の米アジア太平洋空軍司令官のシルヴェスター・フォーリー（Sylvester Foley, 1928-）大将は、「ジェットの音は平和の音」と発言しました。つまり、「FCLP騒音は日本が負うべきコスト。米軍が日本を守っている原点はFCLPにあるのだから。活動家が騒いでいるだけ」ということです。本質的にはそれは正しいと思いましたが、アメリカと違って基地と人家との距離が近いという現実も説明しなければいけない。そういう話を米側と何度も交渉するのは安保課長だと思っていました。

――基地問題の管轄は当時、防衛庁ではなく外務省だったのでしょうか。

基地問題のうち、米軍への提供合意から始まって政策的、法的側面に関係する事務の責任官庁は外務省です。基地提供の実務は防衛庁の外局だった防衛施設庁の担当でした。ドロドロした芯の疲れる実務を担当する施設庁の人たちは、本当のプロフェッショナルだと思って感銘を受けました。それでも外務省安保課も地べたを這いまわるような泥臭い実務と無縁ではいられません。

根本的には日本に米軍基地がある以上ついてまわる問題です。アメリカは前方展開戦略を今後も止めないでしょう。ある種の基地は日本の安全のためにもアメリカの戦略のためにも必須です。しかし、いったん事故が起こったら「アウト」です。外務省、防衛省自衛隊にとっては、どうしても逃れようはなく、これは基地をもっていることの業と言ってもいいでしょう。

基地の再編とか合理化をどう進めるかという問題は、不断に大きな課題であり続けます。時代はずっと下りますが、笹川平和財団とアメリカの戦略国際問題研究所（CSIS）が共同で「日米同盟の将来に関する日米安全保障研究会」を作り、私は共同座長を務めました。そこでの三年間の討議結果を、二〇一六（平成二八）年二月、報告書として発表したのですが、結論のひとつは、基本的に在日米軍基地を自衛隊との共同使用基地にすれば、管理責任者は日本でいわば日本の旗が立つ。その基地をアメリカがテナントとして借りる方向にもっていくべきだということです。

一方現実論として、北朝鮮とか中国がミサイルなどによる日本への威嚇をためらうのは、端的に言えば在日米軍基地があって、アメリカの飛行機や艦船が存在し、そこを間違って撃ったらアメリカを敵に回すことになってたいへんな報復を受けるという抑止が働くからです。かつてNATOにあった人質論と同じです。

アメリカのプレゼンスが消えたときの日本は、別の問題を抱えるでしょう。そのときには本当に核武装するのかどうかが問われます。核武装の是非には大議論が必要で私は簡単だとは思いません。

しかし、やはり日米の紐帯を強く維持する以外に、当面選択肢はない。今述べたような、訓練とか事故に伴う様々な問題は、こうした選択のうえでどうしても避けてとおれない。それがあるから安保課で仕事をしている職員は、現実感や生活感を備えた、極楽トンボではないまともな官僚になれるのだと思います。

日本が自国の安全保障をどう確保するかという基本命題のもとで、アメリカのプレゼンスをどう評価するか。日本にあるアメリカの主要基地が、アメリカにとっていざというときの戦力投入のプラットフォームになるという実態を維持することが、日本にとって現実的な道で、これは簡単に変えられないと思います。

根本論として一国の安全が他国の軍隊によって守られる姿が本当に正常なのか、という議論はあります。しかし、米軍基地の整理統合は進めていくべきだが、同時にアメリカの前方展開機能を日本が阻害するのは極めて危険なことに違いありません。

海洋法条約のもとで、排他的経済水域（EEZ）を領域としてカウントすれば、日本は世界で七番目か八番目の大きさの国になる。内陸国には認められない巨大な特典です。オーストラリアにいたとき、丸々と太った大きな羊が「シアリング（shearing）」といって毛を刈られると実に痩せた貧弱な動物になってしまうのを見ました。離島を失うとその周囲に拡がるEEZも失われてしまいます。そうなったときの日本はオーストラリアの毛を刈られた羊のような貧相な姿になってしまいます。尖閣諸島の問題にしても、漁業や海洋資源の確保という観点も含めて真剣に考えなくてはなりません。

――大韓航空機撃墜事件（一九八三年）については関わったのでしょうか。

私はほとんど関わりませんでした。欧州局ソ連課の所管事項で、私の前任の丹波實さんがソ連課長として、後藤田官房長官と連絡をとりながら獅子奮迅の活躍でした。安保課長は日米安保以外に余計な口を出すことはありません。

中距離核全廃に独自案（条約局条約課長時代）

――一九八四（昭和五九）年七月に条約課長になります。条約課長はどのような役割を果たす部署なのか、説明してください。

条約課長をどう形容するかは難しいが、財務省（大蔵省）主計局の主計官に似ているところがありますね。自分では正面に出ていかず、後方、奥座敷に控えているが、そこをとおさないと話が決まらないという意味で。霞が関の文化では、よく、「財務省主計局とか外務省条約局の了解をとったか」という話になったものです。条約局が「うん」と言っているというと各省も安心するわけです。

条約課長になってよくわかったのは、条約局は戦争で荒廃した日本を復興するための枠組み作りを政府のなかで主導してやってきた部署だということ。サンフランシスコ講和条約、日米の旧安保から新安保、日ソ共同宣言、国連加盟、沖縄返還、中国との国交正常化、経済面で言えば、関税および貿易に関する一般協定（GATT）、経済協力開発機構（OECD）、国際通貨基金（IMF）、世界銀行への加盟といったような案件に中心的に関わりました。その権威と自負がありました。

ただそういう枠組み作りは私の課長時代にはほぼ終わっていて、今残っているのはロシアとの平和条約と北朝鮮との正常化くらいです。もっともこれが簡単には進まないことはご存じのとおりです。

――条約局は省内で偉くなっていく登竜門ではないですか。

かつての条約局はそうだったでしょう。「大奥」という表現もありました。国会審議、特に予算委員会で法律論的なものが出てくると、国内法は法制局長官、国際関係は条約局長の答弁に実務的にたいへんな権威がありました。

趨勢としては条約局の役割は昔に比べ地味になっていきますが。ただ、今でも、国際法局は権威をもっていると思います。先人が築いた条約局独特の権威です。また、リーガルアドバイザー機能というのはいつの世でも大事です。条約、協定の締結となると重要なものになるほど相手国との交渉に加えて国内省庁との協議、調整が要ります。これは綿密な作業ですから専門性が必須だし、時間がかかります。そして出来たものは与党、国会をとおさなくてはならない。そのとき最後に頼られたのは条約局です。条約という法律的なものに留まらず、重要な共同声明などの政治文書についても同じです。

さらに、通常の国会答弁でも、とりわけ日米安保関係などは、過去の答弁との整合性などで、決して隙を見せられない。何十年も前の国会答弁と違うことを言うとたちまち野党から追及される。私は冗談で、「恩赦にならって「答弁恩赦」ということで、過去の古すぎる答弁との整合性はチャラにして、現実に合わせた仕切りなおしができないか」と言ったことがあります。核持ち込みの問題もその一例です。

一つの失言で予算委員会が止まって予算がとおらなくなるし、閣僚の進退にまで影響が及ぶ。政府・与党の考え方を常に統一しておかなくてはならない。だから、箸の上げ下げにまで条約局はうるさくなります。

安保課長の頃、「条約課はいちいちうるさい。こっちの言うとおりにすればいいんだ」と思うときもあったのですが、条約課長になってみると安保課長と違った意味で緻密なストッパーの役割があると思いました。安保課長として私がサインした決裁書が条約課長になったとき上がってきて、手を加えたことがあります。決裁書をもってきた安保課の事務官から「これ、あなたがサインした決裁書じゃないですか！」と文句を言われました。「そう言うな。立場の違いもあるし、このほうがもっと安全になるのだから」と言い訳をして押しとおしましたが。

――条約局、条約課の任務というのは純粋に法律的なものなのでしょうか。政策的なものも入るのでしょうか。

そこは基本的なポイントです。条約局の権限というのは、大ざっぱに言えば外務省設置法上「国際約束の締結に関すること」と「国際法規の解釈に関すること」となっています。条約課の権限はそのうち「二国間条約の締結に関すること」であると決められています。そこには政策に絡むことは入っていません。

しかし現実には条約論を無視した政策論はありませんし、逆もまた真です。各国担当の地域局がバラバラに各国と条約を締結したら統一性が失われますし、相手に分断されることになる。そこは条約局がきちんと担保しなくてはならない。

一方、外務省の力の源泉は何といっても地域局ですから、強い局になると条約局の関与を嫌う傾向もあります。条約局に決裁書を回さないで処理しようとしたり、条約局は法的整合性だけ見てくれればよく、政策論には口を出すなという局課も出てくる。逆に重要案件で条約局をとおさないものが官房長、次官に上がると「条約局の決裁をとるように」との指示が下りることも多いです。

戦後長らくの間、条約局は設置法、組織令に明示の権限がない場合でも、事実上の政務総局的な役割を担ってきたということでしょう。

そして実務的な構成はどうかというと、条約課の体制は大蔵省の主計局に似ていて、条約課長、首席事務官（筆頭課長補佐）のもとに、主査に相当する入省数年後くらいの事務官が数名いて、日米安保、漁業、航空、租税、投資、科学・技術、文化などの省務全般を適宜割り振りされて担当します。この層は、少なくともその時点でもっとも評価の高い人間を集めていました。

日米安保の世界は若干特別の世界なので、北米局と条約局は常に一体となっていました。そうしないと回りません。局ごとに条約局に対して色々思うところがあったでしょうが、各省庁との折衝では「条約局がこう言っているので」と言って、ときに条約局を悪者にしながら主張をとおす効用があったのでしょう。

しかし、各局の課長レベルからすれば条約課の若手事務官が小憎らしく見えたことはあったでしょう。私は課の事務官が法匪的議論ばかりすることは好みませんでしたが、地域局よりも広い視点から思う存分議論することは常に奨励していました。やりすぎがあって文句が来たら私の出番になります。

正直なところ、私に条約課長として多少の付加価値があったとしたら、日米安保、全般的安全保障と防衛政策関連の分野ぐらいだったでしょう。

私の条約課長時代の局長はほとんど小和田恒（一九三二年〜、外務次官など歴任）さんでした。小和田さんは文字どおりの知的ジャイアントでした。国際法学者としても世界的通用力を持ち、政策論にも秀出た稀有の人だと思います。省内的には怖がられていたかもしれませんが、知的に非常に親切な人で、何か問題があって相談に行くと困難な「解」を一緒に探してくれようとする人でした。

個別案件としてどれくらい外務省内の記憶として残っているか知りませんが、一九八三（昭和五八）年一一月、脱北者の北朝鮮軍兵士（閔洪九《ミンホング》）が日本の漁船に潜り込んで日本に密航してきて、日本側が慌てた事件がありました。当時、外務省内の意見の大勢はゴタゴタする前に何らかのかたちで北朝鮮に送り返すべきだということでした。

小和田局長はこれに強く異を唱えました。「難民の地位に関する条約」には、母国に送りかえすと迫害（拷問、処刑等）を受ける恐れのある難民を送りかえしてはいけないという「ノン・ルフールマン（non-refoulment）の原則」があり、自由民主主義国の日本としてミン・ホングを送還してはならないという意見です。

最終的に日本政府は小和田局長の意見を採用しました。それからは具体策をめぐって紆余曲折がありましたが、結局、ミン・ホングの亡命を日本が受け入れる法的根拠はなく、色々手を尽くしても欧州その他の民主主義国のなかにも引きとり手はなく、八八年に日本政府は特別在留許可を与え、日本で生活を続けたが、二〇〇四（平成一六）年に自殺するという変遷をたどりました。

私は当時の日本政府として最善を尽くした解決法だったと思っていますが、条約局の出すぎだという地域局からの怨嗟の念が当時は結構強かったようです。

原則的に自分でイニシアティブをとって何かを始めるというより、黙っていても人が問題をもち込んでくれる部署なので、条約課長のほうが安保課長より肉体的にはまだしも楽でした。その意味で条約局は受け身一方の仕事だから自分の性に合わない、自分はもっと前線に立って能動的な仕事をしないと外務省に入った意味を感じないという人もいました。丹波實さんは、条約課事務官として沖縄返還や日中国交回復で大きな貢献のあった人で条約局長もやりましたが、すぐれたリーガル・マインドをもった人でしたが、当人は「条約局は俺の性に合わない」と言っていました。条約局経験者のなかにも、条約がライフワークみたいな人と、条約をひとつのステップ、その後のキャリアのツールと考える人とがあります。私は一介の「体験派」といったところでしょうか。

――一九八二（昭和五七）年六月に起きた歴史教科書検定問題など、対アジア外交で色々な問題が起きた時期だったと思いますが、そうした問題には関わったのでしょうか。

教科書検定問題には関わっていません。そもそもこの問題に条約局はほとんど関わりはなかったと思います。すぐれてアジア局担当の問題でした。私がアジア外交に本格的に関わったのは、一九九五（平成七）年にアジア局長になってからです。

靖国問題とか遺骨収集とか戦後処理の所管官庁は外務省ではありません。内閣府、総理府とか、遺骨収集については厚生省の所管でした。もちろん、そこから派生する外交問題については外務省が関与しますが。

いい話だと俺の主管だといってがんばるが、後ろ向きの話だとそれは俺の所管ではないという「積極的権限争い」と「消極的権限争い」は、どこでもついてまわります。法令のもとの条約局、条約課の「権限」というより、長年にわたる現実とのせめぎ合いの結果出来てきた「責務」というものがあります。「相談しやすい条約課」「相談したら得する条約課」「頼りになる条約課」というイメージを作れたらいいと思ってはいましたが、奥の院に鎮座してケチばかりつけていると思う人もいたでしょう。私も他局の幹部から「ほかの省庁もいいと言っている。反対しているのは条約課だけだ」とクレームをつけられたことが一再ならずありました。ミン・ホングの密航事件もそのひとつです。

その後、条約局は改組されて国際法局になりましたが、国策の基盤を構築してきた条約局から、法律顧問的機能を重視する国際法局に変わったということでしょう。局内で最も席次が上のいわゆる右翼課は条約課でしたが、国際法局の右翼課は国際法課になっています。

——条約課長はそれほど外に出て仕事をすることはないのでしょうか。

安保課長は時間的には猛烈に忙しい。前面に出て、国会議員への説明も自分でやらねばならない。怒られたり反発されたりもします。条約局になると奥の院だから正面に出ることがない。ただ、自分のところを突破されたら後がないという意味での緊張感は非常にありました。

条約課長にはまず海外出張はなかった。ただし小和田局長は、「条約局はもっとプロアクティブ（proactive）、行動型でなければダメ」という考えをもっていた。局長自ら出張して、課長にもそうすることを求める。条約課長時代、私の海外出張は三年間に二回ありました。ひとつは安倍晋太郎外務大臣訪ソの同行、もうひとつは半導体交渉のためのニューヨーク出張で、小和田局長からの指示によるものでした。

一九八六（昭和六一）年の安倍訪ソはミハイル・ゴルバチョフ（Mikhail Gorbachev, 1931-）ソ連共産党書記長との初顔合わせの機会ということで熱が入っていました。訪ソの直前、チェルノブイリ事件が起こりました。

日ソの共同文書を作るのですが、領土問題、漁業問題などがあってなかなか交渉が進みません。安全保障問題が絡むところでソ連側から「日本とソ連は核の惨禍を体験した二つの国だ。日本は広島・長崎で、ソ連はチェルノブイリで」という発言があって驚きました。両者を並列できるとは思いませんでしたから。

アメリカの核の傘の問題などもありますから、核軍縮絡みのところは要注意でした。もちろん、北方領土問題のところは慎重なうえにも慎重を期します。領土問題そのものへの言及もさることながら、漁業協定絡みでは四島周辺海域での漁業の管轄権を日ソいずれがもつかという点はたいへん重要で、ソ連の管轄権を認めるときにそれがソ連の領土権を意味する、あるいは示唆する文言にしてはいけません。そもそもの経緯に遡って、かなりの時間を費やし、最後は日ソ双方の管轄権が被るという文言にする。

それでも実際に管轄権を行使するのは、四島の実力支配を行っているソ連という事実を押しかえせない。そこで条約締結上の背水のテクニックとして「なお、この協定のいかなる条項も領土問題に関する日ソ両国の立場を害するものではない」という一札（免責条項＝ディスクレーマー disclaimer）を入れてぎりぎり「痛み分け」にもっていく。これだけでも結構たいへんなのです。

私にはゴルバチョフという人についての知識はありませんでした。外務大臣になったエドゥアルド・シェワルナゼ（Eduard Shevardnadze, 1928-2014、のちにグルジア大統領）という人は目の当たりにして、何となく目つきの柔らかい開明的な人だと思いましたが、東京ではソ連人の外見に騙されるなという話をいつも聞いていましたので、そのときは結局、ただ眺めていただけでした。

つまらないことばかりが記憶に残るのですが、当時日本などを担当していたソ連外務次官にミハイル・カーピッツアという大男がいました。私は安倍大臣本隊到着の二、三日前にモスクワ入りして共同文書作成作業を行っていて、大臣を迎えるため空港に行ったところ、ソ連側の出迎えがこのカーピッツアでした。控室で待っている間、私のところにぶらりとやって来て、「どうだ。交渉は進んでいるか」と話しかけるのです。それから、こんなやりとりが英語でありました。

「進んでいない」

「(私を外務省条約課長と確かめたうえで)日本外務省条約局が頑固(intransigent)だから進まないのだろう」

「ソ連側がもっと頑固である。日本側は理を尽くした頑固。ソ連側は門前払いの頑固。日本は逐一上の指示を得ながら交渉している。次官からソ連側事務当局をもっと指導してくれませんか」

「問題は結局領土がらみか」

「そのとおり」

「ハハハ、人間三つのものは一生治癒不能だ。イデオロギーと梅毒、それに(自分の禿げ頭を叩いて)ハゲだよ」

これが初対面で、東京で電報などを読む限り、かなり悪役が板についた人という印象をもっていましたが、結構、愛嬌のある人でした。もっとも、その後も何回か会議に同席したときは、一貫して憎たらしい発言ばかりしていましたが。

もうひとつの日米半導体交渉ですが、このとき、通産省の黒田真(一九三二年～)審議官のチームに、私と当時条約課員だった杉山晋輔(一九五三年～、駐米大使など歴任)君の二人が入りました。通産省は外務省条約局が入ると慎重論ばかり言って、進むはずの交渉が止まってしまうと懸念していたようですが、黒田審議官と小和田局長が直接話して私たちの参加が合意されたようです。

交渉参加のポイントのひとつは、法の「域外適用」の扱いをきちんとすることでした。アメリカが自分の領域を越えて、日本で自分の国内法令を直接に執行することを協定上阻止するというのが眼目でした。

もうひとつのポイントは、アメリカが日本の製品にかけようとする数量制限の具体的数値を、協定上の法的義務にしないことでした。こんなやりとりも熾烈になるのです。結局、日本からの輸出量はアメリカの半導体のXパーセントになると「見込まれる」、「期待される」(is expected to……)というういわゆる「天気予報」にして法的義務化を避けるわけです。

幸いそのときはアメリカと折り合いがつきましたが、黒田通商審議官はチーム内での議論を徹底的にやらせ、外務省から参加したわれわれを公平、公正に活用してくれたと思います。私から見ると後味のいい経験でした。

条約課長の交渉出席は、外務省も奥の院を表にさらしたくないので積極的ではないし、うるさく詰めるので交渉が進まなくなると他省庁も敬遠しがちです。しかし、重要交渉の会議のたびに東京に報告して、決裁、訓令を求めるより、ある程度決裁権限のある者が最初からその場にいるほうが便利というメリットはあるのです。

——SDI参加問題についても条約局は関与したのですか。

関与しました。米ソ間の協定との整合性とか、日本が研究開発に参加する道を確保すべきかなど、日米安保との関係も含めて検討すべき話ですから。

SDIがソ連に対する非常に大きなプレッシャーになっていることはアメリカからも聞いていま

した。ソ連の軍拡はすごいものがあって、量的にアメリカを凌駕するという時期があったのですが、軍備増強の問題は、配備された軍備の維持、更新に後年たいへんな負担がかかることです。そのジレンマの解決には、科学技術のあくなき進展しかありませんが、自由自在な創意、発想を全国的に吸い上げるシステムは、アメリカという自由民主主義体制において可能で、ソ連はそれができなかった。

ＳＤＩには確かに荒唐無稽なところがあったでしょうが、自由な発想を集中的に動員して新技術の地平を広げるやり方は、先進民主主義国にとって大事なものです。研究開発への参加という道は少なくとも開けておくべきだという基本的な立場から、具体的に国内法などとの整合性を考える。それは条約局としての重要な任務と思っていました。条約局は行政府の一部で、司法府の一部ではありませんから。

――一九八〇年代後半、欧州配備のソ連中距離弾道ミサイルＳＳ20にどう対処するかが大きな議論となりましたが、それを削減する代わりに極東に移す案が検討されました。それを中曽根首相がアジアを含めたグローバルな解決を訴え、欧米、ソ連の翻意を導いたと言われています。その件に関しては何か関わったのでしょうか。

必ずしも条約課長としてではなくむしろ個人としてと言うべきでしょうが、関わりはありました。当時、アメリカ、ソ連、欧州は、「欧州正面」に配備されたＳＳ20の処理だけを考え、欧州配備のＳＳ20をウラル山脈の東に移すことで合意しようとしていました。引き換えにアメリカは中距離弾道ミサイル・パーシングⅡと地上発射巡航ミサイル（GLCM）の欧州配備をとりやめるというディールです。

欧州にSS20はなくなっても、それがアジアに配備されたのでは、アメリカのアジアにおける最重要な同盟国日本の安全がないがしろにされる。日本としてアジアの犠牲においてSS20の問題を解決する考え方は受け入れがたい、というのがわれわれの考えでした。

そうしたなか、大臣官房総務課長の佐藤行雄さんが音頭をとって、私、安保課長の岡本行夫（一九四五〜二〇二〇年）、軍縮課長の宮本雄二（一九四六年〜）を招集し、次のような議論をしました。

SS20は単にトラックに乗せて動かすという移動性（mobility）があるだけではなく、もっと長距離移動（transportability）による展開が可能なミサイルだ。ウラルの東に行っても西に戻ってくることができることを、欧州もよく考えるべきだ。だから中途半端な解決は西側全体のためにもよくない。SS20の完全撤廃を求めるべきだ。しかし、ただダメというだけではアメリカも困るだろうから具体案を提示しよう。

岡本君が探しだしてくれた、ウラルの東側で西欧からも日本からも等距離にあるバルナウル基地にSS20を全部集めてしまえば、欧州向けかアジア向けかの違いが薄らぐのではないか。そうすれば必ずしもアジアを犠牲にしての解決ということにはならないだろう。

アメリカは、珍しく日本が戦略次元での提案をしてきたというので、非常に真剣にこれを検討し、レーガン大統領にまで上がったと聞きました。その後、一九八六（昭和六一）年一〇月のレイキャビク首脳会談を経て、一九八七年一二月、ゴルバチョフとレーガンの間で中距離核戦力（INF）

全廃条約が調印されます。

最初米ソで話し合われていたのが「ゼロ・オプション」、われわれが提示したのは「ゼロ・ゼロ・オプション」でした。最終結果は「ゼロ・ゼロ・オプション」になりました。

――四人のなかでだれが最初にこうしたアイデアを思いついたのでしょうか。

佐藤行雄さんです。佐藤さんのリーダーシップです。アメリカとヨーロッパ両方に人脈をもつ稀な人でした。その指揮のもと、岡本君がアメリカへ飛んで説明するなどの実働部隊、宮本君が事務局長的働きをしました。私は条約課長でしたからどこかに穴はないかと気をつける役で、「副官」(deputy)の役割だったと思います。

――これは外務省主導で進めたのですね。

外務省主導というよりも、外務省内の即席タスクフォースの動きとでも言うのでしょうか。ゼロ・ゼロ・オプションの達成は中曽根さんの功績です。中曽根さんが外務省内の動きを知っていたかどうかは知りません。ただ、中曽根さんがゼロ・ゼロ・オプションを提示すればレーガンがこれを受けるという環境作りに、このグループは間違いなく貢献したと思っています。アメリカの関係者も「これは日本との間では珍しい純正戦略協議だった」と言っていました。

後から思えば、当時、ソ連経済は火の車でした。韓国にまで借款を求めているくらいです。アフガニスタン疲れも加わり、冷戦終了に向かっての軋みがソ連で大きくなっていた時期だと思います。

ゴルバチョフとレーガンのレイキャビク会談の前には、アメリカの事務方も「ウチの大将、大雑把だから一対一になるとゴルバチョフに丸め込まれるのではないか」と心配していました。ところが、ゴルバチョフに対してノーと言うところははっきりノーと言ってゼロ・ゼロ・オプション、つまり全廃を実現した。レーガンという人は生まれながらに大局的な感覚と強運の持ち主だったと思います。

――一九八五（昭和六〇）年にゴルバチョフがソ連共産党書記長になり、ペレストロイカ（立て直し）を開始したときには、冷戦終了については予感がありましたか。

正直なところ、当時の私はどう読むべきかわかりませんでした。予感はもつ人もいたと思いますが、安保問題の担当者の間では、勘にもとづく安保政策はあるべきでないと考えられていました。基本的に安全保障政策を組むときに楽観的な見通しに立ってはならないと今でも思います。

アフガニスタンでソ連が苦労していることはわかっていました。私たちが思う以上にＳＤＩがこたえている、という信頼すべき情報もあった。しかし、当時の極東を見ると、ソ連の戦闘機は四〇〇〇機配備されているのに対し、日本とアメリカ合わせてその一〇分の一の三〇〇機くらいしかない状況でした。性能は日本とアメリカの兵器のほうがよくても、いざというときは「すりつぶし」（消耗）の問題があって、量に勝ったソ連に圧倒されるかもしれない。

ソ連は艦船についても空母「ミンスク」などをどんどん建造していた。ただ、兵器は建造していくほど更新がたいへんになってくる。今から思えばソ連はその負担に耐え切れず疲弊していったのですが、当時はなかなか確信をもてませんでした。

――当時、ゴルバチョフをどう評価するかで西側世界も分かれていました。

私の仲間にも「ゴルバチョフは江戸城明け渡しのときの勝海舟だ」という見方をする人間がいた。ただ、私はソ連の行動パターンから見るとそれが正しくても、そうしたゴルバチョフへの認識をベースに防衛計画を作るべきではないと思っていました。振り返ってみれば、ゴルバチョフがやったことは確かにすごいことです。ソ連の軍隊を党の軍隊ではなくす。そのための憲法改正を行う。それまでは、党の中央軍事委員会のもとにある軍だったが、その条項を削りました。まさに九〇度のターンをやったのでしょう。そのためクーデターが起きた。そのクーデターをエリツィン（Boris Nikolayevich Yel'tsin, 1931-2007）が鎮圧した。そういうことだったと思いますが、私は最後までよくわからないなか、少なくとも手を緩めてはならないと思っていました。

第四章

日米摩擦のただなかに

対米交渉の前線（在米大使館参事官、公使時代）

――一九八七（昭和六二）年二月に二度目のワシントン勤務になります。順当な人事ということでしょうか。

私からは希望も何も出していません。安保課長と条約課長両方をやって疲れたなと思っていたらアメリカに行けと言われたので、それを受けて行っただけです。ワシントンには、政務担当参事官（政務班長）として赴任し、途中から公使になり、一九九〇（平成二）年八月までちょうど三年半いました。

――在ワシントン時代は日米経済摩擦、冷戦終結への対処などで、忙しかったのではありませんか。

当時も在外のほうが一般的に楽と思われていたが、振り返ってみると忙しくないときはありませんでした。もっとも、スーパー301条の件とか経済摩擦は経済班の担当だったので私はほとんど噛んでいません。私の場合、日米安保関連の問題がずっと縦軸で入っていたような気がします。

大きかったのは次期支援戦闘機（FSX）の問題です。この飛行機自体は、最新、最高のスペックをもつ戦闘機ほど凄いものではない。F14（トムキャット）、F15（イーグル）、F18（ホーネット）などの主力戦闘機に比べれば性能は劣り、価格も低い。名前が示す通り主力戦闘機を「支援」し補完する戦闘機。端的に言えばB級グルメ的なコンセプトの戦闘機です。

しかし、問題の根はありました。一九六〇（昭和三五）年の安保条約体制のもとで日本の防衛装備品、例えば艦船、航空機、戦車、ミサイルなどはほとんどがアメリカ製。日本は完成品を直に買うか、「ライセンス（料を払って）生産」するかしかありませんでした。

その頃のアメリカは唯一の超大国で、防衛装備・技術の分野ではアメリカが「生殺与奪」の権を握っていました。これは今でも基本的には同じかもしれません。そのなかで先端兵器、先端技術でない陳腐化したものについては、しだいに日本が自前でやっていいことになります。

ただ、日本の安保論議は、基本的な部分で国論が一致しません。大平正芳内閣時代（一九七八～一九八〇年）の予算委員会で民社党の塚本三郎（一九二七～二〇二〇年）幹事長が質問に立って、「戦後日本の平和と安定をもたらした原動力は何ですか。日米安保体制ですか、自衛隊に代表される自衛力ですか、平和憲法ですか？」と質問したのに対して、ときの防衛庁長官が「それは実に基本的な問題です。国の根幹に係る重大問題でありますので政府委員に答弁させます」と答えたため、さすがに「不見識だ！」との怒号が上がって、この大臣はその後直ちに更迭されました。

多くの人がこれをほとんど笑い話と受け止めたのですが、実は国会論議はそこで思考停止になっている面があります。安保問題の基本的立場に関しては、今でも三つの「勢力」があるのです。

一つめは、日本の安全保障の原動力は日米安保体制と日本自らの自衛力との組み合わせと考える勢力で、私もその一人です。これが三つのなかで中心部分を占めると思います。

二つめは、普段から日米安保の「不平等性」に不満で、日本独自の軍事力と日本の自主性を高めよと主張する「ナショナリスト」。何とかアメリカに一矢報いたいと思っている勢力です。

三つめは、「平和憲法遵守」と念仏のように唱えていれば平和が来ると信じているか、信じていなくてもそのお題目は唱え続けるのが無難だと思っている「平和主義」の信奉者（pacifist）。このなかには有力なマスメディアも含まれていて色々書き立てますから、財界のかなりの部分が、腫れ物に触るような腰が引けた対応をするのです。報道で「死の商人」と言われるのを嫌うこと非常なものがあります。

ＦＳＸはそのような状況のもとに生まれた問題です。

「ナショナリスト」勢力や同調者は、この機会に日本の軍事装備品の自主調達能力を高めようと考えていました。次期支援戦闘機くらいは純国産で行って然るべきだ、と。一方でアメリカでは、当時はまだ「瓶の蓋」論も根強かった。つまり、日本はランプのなかに閉じ込められた魔人ジニーであり蓋を開けた途端にまた巨大な悪が甦る、という感覚で、ヘンリー・スタックポール（Henry C. Stackpole, 1935-2020）在日米海兵隊司令官の議会証言（一九九〇年）が有名です。

栗原祐幸（一九二〇〜二〇一〇年）さんという防衛庁長官は、なかなか骨っぽい政治家と見受けました。彼が一九八九（平成元）年訪米されてその公式歓迎晩餐会があったとき、私の隣がたまたまカーライル・トロスト海軍作戦部長（Carlisle Trost, 1930-。その前のポストは太平洋軍司令官）でした。この方は偉ぶらず、まだ若かった私の質問にも丁寧に応じてくれた人格高潔な方です。

彼も日本のいっそうの防衛力整備には賛成でしたが、日本が核兵器、航空母艦、大陸間弾道ミサイル、長距離爆撃機、大規模な海兵隊などのいわゆる「大量戦力投入能力（Power Projection Capability）」の手段をもつことには慎重でした。攻撃型原潜も日本がもつ必要はなく、日本にはクオーツ時計のように優れた静粛な通常型潜水艦があれば防衛に十分という意見でした。

アメリカは当時からすでに、日本は極東、西太平洋地域でもっとも信頼性の高い同盟国だとは認めていました。在日米軍基地ほど安定性の高い前方展開基地は、NATO諸国も含めてほかにはないという認識でした。

しかし、日本が一定以上の強すぎる軍事力をもつことには政策、軍事レベル共に懸念がありました。日本の自民党政府は概ね信頼できるが、何かあると危うさが見える。世界相場の「同盟」の意味を日本はギリギリのところでわかっているのか、という懸念です

一九八七年には東芝による「九軸制御機械」の対ソ輸出がココム（対共産圏輸出統制委員会）違反として大問題になりました。これがスクリューの製造に使われてソ連の潜水艦の静寂化が可能になると、米海軍の戦略・戦術が大きな影響を受けるというわけです。この程度ならココム上も問題ないだろうと思った人もいただろうが、アメリカは「ココム違反になることを知りながら輸出しようとした「確信犯」がいた」と追及してきました。

その頃大きな課題だったシーレーン防衛についても、日本はその作戦の基本的論理を理解しているのか、という不満をアメリカ側から内々ぶつけられたことがあります。

米ソ武力対決避けられず、という事態になったとします。そのときアンドレイ・グロムイコ（Andrei Gromyko, 1909-1989）ソ連外相が微笑をたたえて現れて日本側首脳に、「今日私はここで無理なことを申し上げるつもりはありません。日本にとってのアメリカとの関係の重要性はよくわかっています。したがって、日米安保を停止せよとか、北海道をよこせとは申しません。たったひとつ小さな点で日本側の理解を得たい。それは有事になったとき、宗谷、津軽、対馬の三海峡の艦船の

通航だけはオープンにしておいてください。どうです、ソ連はリーズナブルでしょう?」と要請したら、日本側は「ソ連はもっとゴツイことを言いだすかと思ったら意外に常識的じゃないか。三海峡の「中立化」だけでいいらしい。向こうの気持ちが変わらないうちに手を打ったらどうだ」となる危険はないか、という懸念です。

シーレーン防衛という日本とアメリカにとって枢要な作戦の眼目は、これら三海峡におけるソ連艦船の通航を許さないことにあります。

つまりアメリカ側の質問は、「日本は「中立」を安易に考えていないか。一般的に国際法上の中立を選ぶ権利は日本にある。しかし、同盟と中立は両立しない。同盟国に対する中立は敵対行為になりえることを、日本は理解しているのか」ということでした。私はこれに対して「同盟と中立の関係はよくわかっている、日本はそんなにナイーブではない」と答えました。しかし、日本のビジネスや政官界の一部、マスコミなどへの長年の不信感は明らかでした。

FSXはレーガン政権下で実質的に決着がついていました。ただ、正式合意としての発表のタイミングはブッシュ四一代政権に代わる間際でした。レーガン政権下でも意見が分かれたようです。一方はこの案件はレーガン時代に決まったこととしてケリをつけておくべきだという意見。他方、「これだけ難航した問題だし、「駆け込み」の誹《そし》りは避けるべきだ、ブッシュ政権への引継ぎ事項としてもう一揉みすべきだ」との意見でした。結局これは引継ぎ事項とされ、その後の騒ぎにつながります。

――具体的にどのような動きがあったのでしょうか。

日本側としてはレーガン政権のうちにちゃんとケリをつけてくれるだろうな、とまず期待したわけです。しかし、国務省から来る情報が曖昧で、最終的にアメリカが何か言ってくるかな、と気にはしていました。レーガンのときのディールは事務レベルのディールで、政府としての最終的な確認は引継ぎになっていたからです。苦労してレーガン時代の合意を作っただけに不安を感じていました。

「引継ぎといっても確認の意味に過ぎない。これだけ重大な案件だから、たまたまそうなっただけだ」と国務省は説明しましたが、「いつまで経っても返事が来ないのは変だな」と思っているうちにカール・ジャクソン大統領特別補佐官から連絡がありました。一九八九年三月一九日日曜日のことです。

「これからお前の家に行っていいか」と彼から電話があり、自分の車でワシントン郊外の私の家に乗りつけてきました。非常にばつの悪そうな顔をして現れました。

彼は私に紙を一枚渡しました。そこにFSX問題をrenegotiate（再交渉）したい、と書いてあった。日本との関係を考えたら、すでに日本の不満な人たちを抑えに抑えて引っぱってきた、との思いもあるので、「再交渉は絶対ダメ。アメリカも同意したのだから」と回答しました。

しかし、ジャクソンは「たいしたことではない。技術的なrenegotiationだ」と言う。しかし、紙を見ると技術的ではなく、全面的な再交渉の感じがしました。

私は「renegotiationという言葉があると、私としては大使にも日本政府にも伝えられない」と答えると、「そういう趣旨ではない。本当に技術的な詰め。all over again（全面見直し）ということはない。renegotiateでなければ何だったらいいのだ」と聞くので、「clarify（明確にする）くらいなら、コミットはできないが、まだ許容範囲かな」と言ったら、その場で「clarificationはどうだ」と言う。そこで私は「それならば松永信雄（一九二三〜二〇一一年）大使に上げられる。松永さんがＯＫと言えば東京につなげられる」と回答したのです。

松永さんはその日、招待されてオーガスタ・ナショナル・ゴルフクラブにゴルフの観戦に行っていたと思います。夕方帰ってきたので、自家用車のグレーのボルボでダレス空港に行って、「ちょっと変なことになりました」といってその紙を渡しました。

――再交渉を求めてくる予感はあったのですね。

ありましたが、予感が外れてくれればいいと思っていました。国務省のなかでも、アジア太平洋局長のシグールは、「done deal（決定済み案件）なのだから、引継ぎ事項にしてはならない」との意見。他方、マイケル・アマコスト（Michael Armacost, 1937-）次官は「これだけ重要な話だから暫定にして、決定は次期政権に委ねなければならない」との意見で、二つに分かれていたようです。結局アマコストの意見が勝って、それが分かれ目だった、とのちにアーミテージなどから聞きました。私としては、不愉快な交渉を繰りかえすのは勘弁してくれというのが正直なところでした。

国防省は「日本の気持ちはわかるが、国務省も含め思うように進まない」との趣旨のことを言っていました。

――加藤さんはレーガン時代の交渉にも参加していたのですか。

参加しています。ただ、交渉の主力は東京。外務省は北米局、防衛庁は西広整輝（一九三〇～一九九五年）防衛事務次官で色々やっていた。私は主にアメリカとのリエゾンの役割で、松永さんといっしょにアメリカの意見を吸いとって情報として東京に送りました。事実上の再交渉となってから、舞台の多くの部分がワシントンに移りました。

――交換公文と口頭了解を得るまでに松永大使と共に三回、ベーカー国務長官らと交渉したと思いますが、これらの文書を実質的に作成したのが加藤さんだったのですね。

いいえ、そういうことではありません。ただ、アメリカ政府との実務的やりとりはどうしてもワシントンが中心になりますから、否応なしに在米大使館はかなり主体的に動きました。

全体として日本はがんばったと思います。というのは交渉が整って発表された最終文書の内容は、レーガン時代の合意とほとんど変わっていないからです。それまで非公開になっていた細部の了解事項を公開の文書に変えただけとほぼ言ってよいのです。それだけのことに、much ado about nothing（空騒ぎ）ではないが、たいへんなプロセスがありました。

――交換公文を交わした後も、ワークシェアをアメリカ四〇パーセントとすることにアメリカで反対があったのですか。

ブッシュ政権との間でも、ワークシェアは四〇パーセントということでケリをつけたのですが、日米共にこれを不満とする勢力があったと思います。日本からすればもともと国産で行きたいところを日米の共同開発にされたうえ、日本のなけなしの技術はアメリカに吸いとられるのは不本意だという根強い不満がある。一方、当時のアメリカには五五〇億ドルにも及ぶ貿易黒字を享受している日本に、アメリカの技術までみすみす安値でくれてやるのかという感情的反発があった。そこはレーガン時代からあった懸念でしょう。

——公開したことによって日本側にも色々な反響があったのですね。

公開すると色々ハレーションが起きると心配していましたが、日本側ではそれほどのことにはならなかった気がする。日本側も、結局エンジンと高度の「火力制御装置」(Fire Control System)の機能を小ぶりな戦闘機に詰め込む「システム・インテグレーション」の技術はないのだから仕方がない、という全体的な思いはあったし、最後は「こんなことでアメリカともめていてはしょうがない。ただでさえ貿易摩擦が燃えさかっているのに」という雰囲気になったように思います。

——交換公文の交渉の過程で難しかった点は何だったでしょうか。

ブッシュ政権との合意の内容を概ね、レーガン政府との合意の枠内に収めるのが最大の仕事だったといえます。そのうえでどこまでを「政府間合意」、何を「事務レベルでの取り決め」、何を書簡とか「一方的意図表明」として書きわけるかというせめぎ合いですよ。これは色々思惑が錯綜するところなので、東京と相談しながらアメリカに日本の言い分を、アメリカの言い分を日本につないいでこね上げていく。

この交渉は松永大使が日米間で存在感が大きかったので、かなり松永大使の責任になっていて、大使館の仕事もそれだけ大きかった。チームヘッドとして事務的に整えるのが私の役割で、最高裁の判事にもなった政務班の林景一（一九五一年〜、駐英大使など歴任）君や、後半は竹内春久（一九五二年〜、駐シンガポール大使など歴任）君、三成《みなり》裕二（自衛艦隊司令部幕僚長など歴任）防衛班長などといっしょにやりました。本当に大事だというポイントはもちろんすべて松永さんにさばいてもらいました。

——仕分けに当たっては何を公開するか、ということが大事なのでしょうか。

交換公文は法的な約束で、破れば条約違反になる。了解覚書は実務的な覚書で法的拘束力は条約ほどではなく、破っても条約違反にまではならない。書簡は「単なる一方の意思表明」ということ。そうした法的拘束力の違いがあります。日本としては当然危なそうなところは結果が違っても法的責任にはならないようにもっていきたいわけです。

結果的には、レーガン時代に到達した合意の中身の九九パーセントがそのままブッシュ政権下での日米合意になっています。違ったところは、レーガン政権との合意パッケージのうち、いくつかは公表されない覚書や議事録だったのが、ブッシュ政権との合意では公表文書になったことだけでした。

ＦＳＸ問題は私個人としても時代の変わり目を肌で感じた案件でした。一九八〇年代後半には日

公使時代に下院議員らを自宅に招いて開いたパーティ。左端が筆者〔1989年5月〕

本の経済大国化が顕著で、アメリカのほうは万事世知辛くなってきます。貿易・経済摩擦が頻発しました。

私の不満は政務安全保障担当の公使として、軍事安保の世界に「商売」の視点が入ってきてしまったこと。商務省、USTRが浸入してきた。これを許したブッシュ四一代政権を恨めしく思いましたね。長年のよき慣行、「公序良俗」を破ったことへの不満でした。国防は国防の痛みを知っている人間がやるべきで、そこに商売人が入ってくるのは嫌だと思っていたし、今日でもそうです。しかし、あのときのアメリカに対してそれはとおりませんでした。

レーガン時代までの日米交渉は、安保防衛交渉と経済貿易交渉の世界とがはっきり分かれていました。安保防衛のほうは日本側が外務省、防衛庁、米側は国防省、国務省（ときにNSC）で、経済官庁の出席は原則としてありませんでした。逆もまた真で、安保防衛担当は経済貿易交渉に出席することはまずありませんでした。一九八九（平成元）年一月ブッシュ四一代政権が発足したとき、日本の対米貿易黒字は五五〇億ドルと言われていました。レーガン時代のシュルツ国務長官が典型的な大物政治家の風格の人だったのに対し、後任のジェームス・ベーカー（James Baker, 1930-）国務長官は、凄腕のディール・メーカー（deal maker= 交渉者）でした。卓越した能力の持ち主でしたが、日米関係、日米安保を見る目線は経済一本槍に見えました。レーガン時代は国防長官のワインバーガーやその側近を含めて、日本を見る目に「戦略観」があったと思います。しかし、ベーカー国務長官やその側近から受ける印象は「実利優先」ということでした。

ＦＳＸ交渉でベーカーは一歩も譲ろうとしませんでした。日本側が日本の立場を説いても歯牙にもかけずという感じで、「日本は五五〇億ドルもの黒字を謳歌しながら、それはおくびにも出さず、たかだか支援戦闘機の開発・生産という小さな話に拘泥して、対米関係全体に配慮しないのか」の一点張りでした。

米側チームはベーカーのほか、ディック・チェイニー（Dick Cheney, 1941-）国防長官、ロバート・モスバッカー（Robert Mosbacher, 1927-2010）商務長官、ブレント・スコウクロフト（Brent Scowcroft, 1925-2020）ＮＳＣ補佐官の四人体制でした。私はチェイニーが何か言ってくれないかと思ったのですが、一言も発言なしだったと記憶します。モスバッカーはときどき発言しましたが、内容のあるものはなかったと思います。スコウクロフトはホワイトハウス事務方代表という立場ですから、やはり口数は少なかった。結局ベーカーの独り舞台でした。

米側がこういう陣立てであるのに対し、日本は最後まで外務、防衛のチーム、最終段階で小沢一郎（一九四二年〜）官房副長官が乗りだしたという感じです。

ベーカー流のノー・ノンセンス、ビジネス交渉的な呼吸には暖かさがなく、日本側の西広防衛事務次官もかなり憤っていました。日本で長年、防衛力整備や米同盟強化のために苦労し続けてきた功労者に対する配慮めいたものはありませんでしたから。こういう米側対応が日本に伝わるにつれて、日本の「ナショナリスト」勢力も当然刺激を受けます。

松永大使はもちろんでしょうが、私も心のなかで常に自分は「愛国者」(patriot) だと思っています。ナショナリストたちの心情をかなり共有します。でも、「あなたたちだけが日本を強くしたいと思っている日本人だというのは思い上がりだよ」とも言いたくなるのです

そして現実は現実。問題はなるべく早く解決したほうがいい。そうでないとだんだん安保防衛問題が経済貿易問題化して、日米同盟の運営が複雑化する可能性がある。それはよくないと思って米側との妥協の余地がないか探る努力を続けました。決して愉快な気持ちではありません。むしろ不愉快極まる交渉をやっていたのです。

私は問題が解決するなら、米側の対日安保担当者にできるだけ花をもたせて、彼らが政権内で発言力を維持できるようにしたいとも考えていました。

しかし、そうした姿勢は日本のナショナリスト勢力の目には「国賊」のように映ったらしく、帰国出張の折、田沢吉郎（一九一八〜二〇〇一年）防衛庁長官から一対一で呼びだされて色々怒られた挙句、「松永とお前は実に怪《け》しからん。いずれ首だ！」と言われました。誰が仕組んだシナリオか

知りませんが、こうなるとかえって自分のしていることに自信をもちますよね。

——問題の根底には何があったのでしょうか。

ナショナリスト勢力の心情はわかっても、そもそもレーガン時代に交渉が始まったときの日本側の方針や理屈には拙劣なものがありました。まず、「純国産」で行きたいという本心がある。何より「スペック」からして既存のアメリカ戦闘機にはない性能を無理に組み合わせて、「だから日本の特性に合った「国産」でなくてはいけません」という具合にできている。そして、前述のように「ご心配なく。これは最新型の高級機ではなく、ハイ・ロー・ミックスのB級グルメの戦闘機です」ともいう。

アメリカは、「それなら日本の防衛予算は限られているのだから、比較的安価な多用途戦闘機F16（ファイティング・ファルコン）を買えばいいではないか」という。日本側は「ファルコンは単発エンジンで事故が起きたら終わりだから欲しくない」という。これには当時国防次官補だったアーミテージが、「アメリカはそんな危険な戦闘機に、空軍の貴重な人材を乗せていると言うのか」と交渉者に面と向かって本気で怒って日本側は発言を撤回する。最後はF16をベースにした日米共同開発・生産に落ち着きます。

繰りかえしになりますが「国産」といってもしょせん、日本にはエンジン製作技術がありません。戦前は三菱や中島飛行機があったのですが、戦後エンジン製作技術を根絶やしにされてもう作れないのです。エンジンがなくては、飛行機は飛べません。

「システム・インテグレーション」の技術でも、日本は決定的に遅れをとっていました。こういう基本を欠いた「国産」という発想はまがいものでしかない。勝負は闘う前からついていたのです。そこは潔く割り切って、今回はアメリカの既存戦闘機をベースにした支援戦闘機を作ることにして、積年の思いを果たすのは次の機種選定の機会に賭ける、というのが常識だと思いました。

それでも何とか粘って、ブッシュ政権との間で合意に漕ぎつけました。これも繰りかえしですが、中身はレーガン時代の合意と実質同じでした。不公表だった部分を公にして、アメリカ側は自分たちがいかにがんばって日本からとるべきものをとったかを議会に強調できる。日本側としては、アメリカに譲った部分が公開される不都合があり国内説明上いいことはないが、まあ受忍範囲内ということで収まりました。日本ではどのみち例のごとく、日本はアメリカにやられた式の報道になると思いました。

ベーカー長官があれほど日本にきつく当たったのも、それなりに正しい本能だったかと後日思ったのは、この合意の上院議会承認はわずか一票差、本当にすれすれの勝負だったからです。こういう経験をすると、普段アメリカ議会との間に人脈を築いておくことが、ものすごく大事だと改めて思わずにいられません。

――ナショナリズムからの批判のほうが強かったのですね。

普段いっしょに組んで左からの攻撃に対抗するナショナリスト勢力なのですが、FSXのときはそちらからの批判、不満が強かったということです。「左」からの支援などはハナから期待しません。

——ナショナリズムと並んで、日本人にアメリカと共に国際秩序を維持する、あるいは形成していく、といった意識がほとんどないことも問題ではないでしょうか。

東芝機械ココム違反事件では、何でアメリカがこの程度のことでそんなに怒るのだろう、というのが一般の受けとめ方だったかもしれませんが、アメリカ側で怒ったのは安保防衛筋の人で、経済筋ではありませんでした。アメリカが冷戦で競っている頃でしたから。「ソ連にはアフガニスタン介入の後遺症もあって疲労感もあるようだ。ここはじわじわ攻勢をかけよう」というときに、「敵に塩を送るとは何事か」という感覚だったのでしょう。

東芝機械がしたことも、無自覚よりもうちょっとたちが悪かったと思います。「マズイな」とわかりつつ輸出したようです。それでも、通産省の一部は当初は東芝を守って、「あんなことでアメリカが眦《まなじり》を決して怒るのは大人げない」とか言っていました。

——この件では、その後ノルウェーや西ドイツの企業もココム違反に当たる輸出を行っていたことが判明し、日本に対する攻撃も下火になった、という指摘もあります。

米政府、米軍のなかにも司々があります。東芝機械のケースは日本担当、太平洋方面担当の人たちがマイナスをこうむる案件だったのでしょう。彼らも最終的には自分のために仕事をしていると考えるべきです。

――ＦＳＸ問題も含め、日本の経済的台頭に対するアメリカの苛立ちが、事件の背景にあったと考えていいでしょうか。

東芝機械事件で、文句を言ってきたのは安保防衛筋の人たちだったとすでに申し上げました。例えば前に述べた海峡コントロールの問題。日本には宗谷、津軽、対馬と戦略的に重要な三つの海峡があって、ソ連にとって死活的に重要な海峡です。そこを艦船がとおれなくなると、オホーツク海から出た艦船も帰れなくなってしまう。外に出た潜水艦はソ連に帰れず、はるばるベトナムのカムラン湾まで行かなければ寄港先がない。すると、ソ連潜水艦のコースを捕捉しやすくなる。Ｐ３Ｃとか潜水艦を増強して索敵し、グアムにあるＢ52が出撃してミサイルを撃ち込んで無力化するという考え方でした。三海峡の海上優位、シーコントロールをもっているのが日米の基本的な戦略です。

繰りかえしますが、軍事戦略の根本から言えば海峡こそが肝なので、日本に不用意にそれに反する行動をとられては困る。つまり、日本が三海峡を中立な海峡にするのは安保条約違反になる。軍人の世界になると生きるか死ぬかの問題なので、日本はそこが甘いのではないか、という感じがあるわけです。その点は中曽根さんは実によくわかっていました。

しかし、ＦＳＸ問題は、安保防衛問題に商務省、ＵＳＴＲなどがなだれ込んできて、半分経済貿易摩擦問題のようになりました。

――当時、防衛庁と米国防省という国防当局者同士の協議にも、外務省が大きく関わったのですね。

日米安保条約の主務官庁は外務省です。防衛庁、自衛隊の担当は日本の国防です。日本の法令の建て方がそうなっています。ワシントンの公使時代、私は国務省よりも国防省に行った数のほうが多いかもしれません。

――まだ防衛庁の制服の人（自衛官）が前に出ることは、はばかられた時代ではないでしょうか。

制服の人たちから、自分たちの真意、言い分を政府上層部にうまく伝えてくださいと外務省に頼んでくるケースもありました。私は当時から総理に制服の秘書官をつけるべきだと主張していました。アメリカでは国防長官に国務省のシビリアンのアドバイザー、国務長官には軍人のアドバイザーがいる。大統領、副大統領はもとよりそうです。日本でも制服の人たちの政策的意見を聞くというよりも、政府首脳が常識を欠いて笑われることがないように、軍事関係のちょっとしたことでも気楽に聞けるような秘書官をつけるべきだと考えました。当時官邸で、防衛庁担当は警察庁からの秘書官がやっていました。警察と防衛というのは犬猿の仲でしたから気の毒な状態でした。

――色々な摩擦が生じた一方で、一九八〇年代は日米の防衛面での協力の深化が進んだ時代だと思います。

一九八〇年代前半にその萌芽はあったように思います。レーガン政権のもとで議論が進みました。日本側にもそうした期待に応える考えも出てきたが、中曽根政権になって、アメリカに対する武器技術禁輸を解除したのがきっかけとなりました。

一九六〇（昭和三五）年の新安保のもとでもしばらくは、日本がアメリカから輸入するものが圧倒的に多く、アメリカが日本から欲しいものはあまりなかった。そのうち、ミサイルの先端部分の部品とかのなかにアメリカの興味をそそるものが出てくるようになりました。しかし、一九八〇年代はまた数品でショッピングリストは短かったのです。

安保課長時代のところでお話ししましたが、実際に何かあったときの米軍と自衛隊との役割分担を決めるガイドラインの問題は、この頃から話が進み始めました。一九七八年に出来た初代のガイドラインでは、極東の平和の維持、いわゆる六条事態に関する記述は数行しかなかった。ここを抜本的に肉づけしなければいけない、という認識が年々強くなってきて、今日にまで至ります。

当初、役割分担を「負担の分担」（バーデン・シェアリング＝burden sharing）と言っていましたが、「負担」という言葉には嫌々というイメージがある。本来は負担の分担ではなくて「責任」の分担（レスポンシビリティー・シェアリング＝responsibility sharing）と言うべきだ。さらに、「役割と任務」（roles and missions）の分担という視点に立って、その実際の分担のあり方を決めるにあたっては、日米双方に情勢を含む基本認識（perception）の比較、調整、一致が不断に図られなくてはならない、というふうになっていきます。

――繰りかえしますが、日本も対米協調をつうじて世界の平和のために貢献するといった、より高次の意識をもてないものか、とも思います。

まったくそのとおりです。話は少し逸れますが、その点では、やはりドイツはなかなかのものだと思う。

昨今色々な文献を読んでいると、例えばサイバーに対してどう対応するかがアメリカの軍事安全保障の中心的課題になっていることがわかります。サイバーは武力攻撃以上にたちの悪いものになりうるから、サイバー攻撃に対して武力攻撃で対抗するという論理づけを考えるべきではないかという議論も出てくる。トランプ大統領の「ロシアゲート」問題の根っこには、アメリカ大統領選にロシアなどの外国がサイバーを使って干渉しようとしたことへの危機感があります。

そういった議論を主導しているのが、ワシントンにあるドイツの寄付をもとに設立されたシンクタンク「ドイツ・マーシャル財団」（ＧＭＦ＝German Marshal Fund）。アメリカは第二次世界大戦後、マーシャル・プランで一〇二億ドルをヨーロッパのために援助しました。ドイツは長期的な視野で見れば、そうしたアメリカの援助があったからこそ、一九九〇年に統一できた。その統一に対する謝意表明として、いわば「半返し」で、半額くらいの基金をアメリカに提供し、シンクタンクをプレゼントした。もちろん、ドイツは抜かりなく、ドイツ人を理事などのかたちで送り込んでいるのは間違いないのですが、アメリカ、ヨーロッパに共通する大問題の研究の中心がＧＭＦになっている。ドイツは日本と似て平和志向が強いと思っていましたが、なかなか戦略的だなと思う。日本として学ぶべきところがあると思います。

――主に松永大使と仕事をしたのですね。

松永さんと、後任の村田良平（一九二九～二〇一〇年）さんと仕事をしました。

松永さんは外務省きってのやり手、英才と言われた人で、抜群の行動力がありました。考え方も現実的で教条主義的なところはありませんでした。条約畑の雄とされていましたが、政治的な呼吸を十分にわきまえた人で、仕事の仕方などおおいに学ぶところがありました。村田さんは頭脳明晰、論理整然とした人でしたが、私が仕えたのは半年くらいでした。

――中曽根首相、栗原防衛庁長官の訪米時には準備でたいへんだったと想像します。

もちろんたいへんですが、それが仕事ですからね。そういうときは政務班長である私のもとに防衛庁内局から来ている書記官一名、「防衛班」の制服六名がついてくれて、雰囲気よく仕事ができました。

安全保障問題以外に、実務の面では日米の議員交流などに力を入れたつもりです。特に椎名素夫衆議院議員のやっている議員交流のお手伝いをしたことは今も印象深いものがあります。

椎名さんは日米議員交流の面でも、密やかにですが前例のないモデルを作りました。それは「カーメル会議」という、決して大袈裟なものではない一種の「サロン」です。椎名さんは一九八〇年代から既存の議員交流に飽き足らず、もっと小ぶりな、宣伝臭のない上質な「サロン」みたいなものができないかなと言っていました。

そこにたまたま現れたのがダニエル・オキモト（一九四二年～）スタンフォード教授で、オキモトさんがすぐ思い浮かべたのは、プリンストン大学時代、ルームメートだったビル・ブラッドリー

（Bill Bradrey, 1943-）上院議員だった。椎名さんとブラッドリー議員は会ってすぐに認識が一致し、実行に移そうとなったようです。

アメリカ側はオキモトさんの縁で、スタンフォード大学が事務局を務めました。後で聞いたところによると、ブラッドリーの親友で、コンサルタント会社「ブーズ・アレン」のジェームズ・アレン（James Allen, 1904-1992）最高経営責任者（CEO）がスポンサーになりました。アレンは文字どおり「カネだけ出して口は一切出さない」スポンサーだったらしい。

日本側は椎名さんが色々わたりをつけたのでしょう。ただ、事務局が手不足なので、と頼まれ、私がお手伝いすることになりました。外務省は事情を飲み込んで快諾してくれました。

肝心のメンバーですが、椎名、ブラッドリーがそれぞれ人選をするということになりました。ブラッドリーが選んだ米側のメンバーは、上院から共和党のリチャード・ルーガー（Richard Lugar, 1932-2019）、のナンシー・カッセバウム（Nancy Kassebaum, 1932-、の

ワシントンを訪れた椎名素夫（左から３人目）、中川昭一（同４人目）の両衆議院議員らと。左から５人目が松永信雄駐米大使、７人目が筆者〔1989 年〕

ちにハワード・ベーカー大使夫人）、民主党からジョン・D・ロックフェラー四世（John D. Rockefeller IV, 1937-）、ジェフ・ビンガマン（Jeff Bingaman, 1943-）。下院からは、史上初めて黒人の予算委員長になったビル・グレイ（William Gray, 1941-2013）などが参加しましたが、概して上院主導でした。超党派で中庸を行く人たちでした。

これだけのアメリカのパワー・グループを少数で長時間独占できるのは、日本にとってたいへんな贅沢だったと今でもつくづく思います。こうしたことは、これから先、できるでしょうか。対する日本は、海部俊樹（一九三一年生まれ）、羽田孜（一九三五～二〇一七年）、宮下創平（一九二七～二〇一三年、防衛庁長官など歴任）、それに冬柴鉄三（一九三六～二〇一一年、公明党幹事長など歴任）さんも参加したと記憶します。ただ、議論の最後は椎名対米側になってしまうところがありました。

議論を聞いていると、アメリカ側は安保防衛絡みであれ経済貿易絡みであれ、虚心坦懐、端的に質問してくる。勉強したい気持ちが溢れています。対する日本側は必要以上に、「本当は日本側が悪いのかもしれないが、国内事情があってやむをえない」といった弁解口調ないし、国会答弁的に硬い受け答えになってしまう。中国についても日本側はもっとあけすけに発言すればいいのにと思うことがしばしばありました。完全オフレコの会合でも、アメリカ側よりも日本側の身内の事情が気になるのでしょうか。

それでも毎回一つのテーマで二泊三日缶詰となると日本側もほぐれてきて、ちょっとした雑談部分もおもしろくなって気心がかよう雰囲気になります。裏話の類いも含めて珍しく相当本音の、曲がりなりにも「対話」が成りたつ場でした。

第一回会合は一九八九（平成元）年だったと思いますが、開催場所がカリフォルニアのカーメル（Carmel）だったことで、メンバーの間で「カーメル・グループ」と呼ばれ、十数年続きました。しかし、メンバーが現役を去り後継者がいなくなったので、二一世紀に入ってしだいに縮小せざるをえませんでした。

ＦＳＸ協定との関係でいうと一九九一年の上院承認はすでに言及したようにスレスレでした。松永大使とハワイ選出のスパーク・マツナガ（Spark Masayuki Matsunaga, 1916-1990）上院議員の信頼関係は厚く、投票の直前スパークさんから松永大使に電話が入り、「協定は自分が投じなくても賛成が一票多くなることが確認できたので、自分は安んじて反対票を投票できることになった。理解願いたい」と伝えてきたことは、心に残るエピソードとして後輩たちにも伝えられています。

この上院本会議投票でカーメル・グループのメンバーは皆賛成票を投じてくれたようです。これらを合わせてやっと一票上回りました。どれが欠けても危ない厳しいゲームでした。

一九七一（昭和四六）年沖縄返還のとき、協定への反対票はわずか数票でした。ＦＳＸでは僅差も僅差。それだけ日本が大きくなって対等の存在としてライバル視されるようになったのでしょう。それだけに同情票ではなく、事情を理解したうえでの賛成票が得られることが大事です。私は大使になってからもこの人たちとのつながりがあって助かりました。人間万事「縁」ですね。

冷戦崩壊のドラマを追いかける

――冷戦終結に向けて動く時期でしたが、世界情勢についての情報収集、分析はどのようなものでしたか。

印象に残るのは、戦略防衛構想（ＳＤＩ）です。日本では荒唐無稽なスターウォーズといった論評が多かったが、ＳＤＩには軍事技術的な側面と政治的なインパクトの両面がありました。ＳＤＩがついに、ソ連というラクダをつぶす最後の藁になった感じです。

私が日本に帰る前年、一九八九（平成元）年一一月九日に「ベルリンの壁」が崩れます。

こうした情勢の激変を追いかけて東京に電報を打ちました。一九八九年夏には東欧の人々が、ソ連による鉄のカーテンを突破して西側に逃げだしますが、あの頃から「もうソ連はダメだな」という印象が濃くなってきました。いきなりドカーンと来た、というよりも、「おやおや、ソ連は意外に脆いぞ」と見ているうちに、ある日テレビを点けたら、ベルリンの壁を東ドイツの人々が壊している映像が目に飛び込んできた、という感じでした。

正直なところ、ベルリンの壁があのタイミングで崩れるとは思っていませんでした。オプティミズムに立った防衛、安保政策はありえないと考えていましたし、考えるべきではありませんが、同時に本当に重大なことは思ったより早く起こるのだなと改めて思いました。

ワシントンで案外見おとされがちなのが、そこに来ている東欧人でした。アメリカはオープンだから逃げてきた人たちを多数受け入れています。ハンガリー、ポーランド、チェコスロバキアなどの人士に知人からわたりをつけてもらって、自宅の夕食に招いたりしながら話を聞きました。彼らの情報や土地鑑、ソ連についての話は、現実感も含めて「本場もの」はやはり違うなという感じがしました。

一九五〇年代にハンガリーの国連大使を務め、そのままアメリカに亡命したヤノシュ・ラドゥアニ（Janos Radvanyi, 1922-2016）さんという大学の先生になった人が集めてくれたなかに、のちのポーランド首相やハンガリー科学技術院総裁といったクラスの人たちがたくさんいました。ワシントンというのは情報の宝庫みたいなところがあります。

ラドゥアニさんはミシシッピ州立大学政治学部長になって亡くなりましたが、私が会った当時はまだ家族が母国に留めおかれていました。家族も辛かったと思いますが、冷戦が終わって無事アメリカでいっしょになることができました。そういう人たちから、ソ連のがさつで乱暴な拘束の仕方など、法の支配のない世界の迫真力のある話をずいぶん聞くことができました。

東欧の人はある種東洋的な笑顔、心情があって日本人にはなじみやすいと思います。ラドゥアニさんの亡命を助けてくれたのはディーン・ラスク（Dean Rusk, 1909-1994）国務長官ですが、ラドアニさんは「亡命してからも二、三度車でひかれそうになるなど怖いことが何度かあった」と話していました。彼は整形手術などはしていませんでしたが、「長い腕」が追いかけてくるのは実感でしょう。東欧諸国はソ連とは陸続きだし、切迫度が日本とは全然違うようでした。

――中東関係についても情報収集をしていましたか。

続けていました。英米はアラビストのレベルが高い。中東にはいい人材を張りつけています。エジプト在勤時につき合いのあった人がアメリカに帰ってきて、国務省の次官補代理になるといったことはしょっちゅうありました。それからイギリス人でもカイロ時代にいっしょだった人がアメリカに赴任してきたりしました。

米英と中東との間には、日本では考えられない人脈の深さがあるようです。私はのちにアメリカ大使として色々な人を公邸に招待しましたが、ネオコンといわれる政府高官（ユダヤ系）の夫人がパレスチナ人だったり、ガールフレンドがリビア人だったりすることが間々ありましたし、皆平気でした。

在米大使館時代は、ワシントンから中東を見て東京に情報を送ることは日毎の課題でした。あの頃のサダム・フセインの勢いはすごかったと思います。

繰りかえしになりますが、イラクというのは伝統的にアラブのなかの主流ではなく端っこの国です。アラブ村の中心はエジプトとサウジアラビア。しかし、イラクは端っこだけれどもだんだん羽振りがよくなってくる。サダム・フセインは開明的な独裁者だったから、優秀な人間をアメリカやヨーロッパに送って教育を受けさせています。世俗的なイスラムのリーダーとして近代化を進めて非同盟の世界のなかでのし上がってくる。それがサウジにはものすごく嫌でした。そこで隣村のペルシャ人のイランと、アラブ村の村外れのイラクが喧嘩を始めたので、両方ともいっしょに倒れてしまえばいいと願った。

最初はイランのほうが強そうだと見られていたが、アメリカはイラクにテコ入れしてイラクが辛勝。思惑どおりにイランは敗けたし、勝ったイラクも疲弊しました。双方共倒れに近いのでまずよかったと思っていたら、わずか数年後、フセインがクウェートに牙を剝いた。サウジはそれを自分に牙を剝いたに等しいと受けとるし、実際、フセインの意図は、サウジにとって代わることだったのかもしれません。

イラン・イラク戦争が始まった頃には想像がつかない展開でした。世俗的で近代化したフセインのレジームは、兵器体系も含めてイランより進んでいたのかもしれません。開明的なリーダーといってもフセインはクルド人に対して化学兵器を使ったりしたのだから極悪非道の暴君でした。

イラクによるクウェート侵攻（一九九〇年八月）があったときに、さてアメリカが腰を上げるかどうか見定めるべく情報収集を入れていた矢先に、東京へ帰ることになりました。フセインのクウェート侵攻は予想していませんでした。フセインの言動は乱暴、独善的で自分で自分を悪者にしていくように見えました。フセインが退く気配を見せない間にアメリカはだんだん戦争モードに入っていったと思います。ベーカー国務長官のラテンアメリカ諸国などから国連での票を集めるための「シャトル外交」が着々と進み、派兵態勢も整ったあたりで、もうここまで行ったらアメリカは引きかえせない、ポイント・オブ・ノーリターンを越えてしまったなと思いました。

日本のアラビストの多くは、「これはアラブ一流のやり方で、ぎりぎりまで行って最後は降りるのだ」と見ていました。しかし、フセインには出口が見えていなかったのではないでしょうか。

また、日本では例によって例のごとく「戦争が意味がないことは皆よく承知しているはずだから、戦争になるはずがない。今こそ対話を」といった主張も目立ちました。主張というより「お祈り」ですね。私は海兵師団があそこまで展開してしまうと、アメリカとしてももう戻れないと思いました。

戦争が始まるとの日本への最初の知らせは、クウェートとサウジが領有する中間地帯カフジの石油施設にいた日本人のエンジニアに対して、サウジ政府から「危ないから退去せよ」との緊急の指示があったときだったでしょう。それでもう間違いないと判断しました。サウジも律儀で、ちゃんとがんばって残っている日本人に対して仁義を切ったのでしょう。

アメリカはずっと戦争を続けてきた大国で、その軍隊は実務経験が豊富なだけに強い。技術革新を続けて最新コンセプトの兵器を作るし、ソ連が騙し討ち的に中距離弾道ミサイルSS20などをヨーロッパに配備して米欧のデカプリング（切り離し）を図ると、すぐにパーシング2とGLCMを配備するとして対抗しました。一方、軍縮もツー・トラックで進めて中距離核の「ゼロ・ゼロ・オプション」（全廃）にもっていく。「大国とはこういうものか」と思っていました。そのアメリカが湾岸戦争に打ってでました。

湾岸戦争での米国人の戦死者は一〇〇人超です。死者数が少ないのに驚きました。一番死者を出したのは南北戦争の六〇万人で、第二次世界大戦もその半分にいっていない。ベトナムで一六万人ですから、南北戦争の被害のすごさがよくわかる。人口が三〇〇〇万人もない頃の六〇万人ですから。

アメリカが軍事大国になったのは第二次世界大戦の前くらいから。その後何十年か超軍事大国。それから、世界の軍事予算の三分の一がアメリカという時代が続きましたが、このアメリカの軍事力の卓抜さが後日、二〇〇一年九月一一日の「同時多発テロ」を誘ったのかもしれません。

いずれにしても、アメリカは「理念の国」だと思いました。アメリカの理念は抽象的なものではない。神棚を毎朝拝んでチーンとやって、寝る前にもう一回チーンとやる、といったものではない。アメリカの理念というのは、覆されたらそれを元に戻すために武力を用いることも辞さない。こういう理念がないと一つにまとまらない国だと思います。

日本の野球の試合では、君が代を流さないところも多いし、観客が直立不動に必ずしもならないのですが、アメリカでは、毎試合必ず国歌斉唱があって、その時は選手も観客も直立不動で胸に手を当てている。アメリカは歴史の短い国だけれど、国民という意識は強固に共通してある。そういうところは日本と違うと思いました。

――米外交における理念、あるいは正義の重みを日本人はついにわからないのではないか、という気がします。

あんなちっぽけで利害関係も薄いクウェートのために、アメリカが戦争を起こすものかと思っていた人たちは、実際に戦争が起こると、「あれはサウジの石油を守るためにやった」とか言う。それも目的の一つだとは思うが、それ以前にやはり立ち上がる前提としての理念とか理想がある。何でも経済的動機とか陰謀説に結び付けるのは後付けの考え方だと思います。

そういうアメリカに戦争をしかけられないためには、政治的、経済的、文化的、そして何より軍事的に強くなければならない。アメリカの向こうを張るのはたいへんなことだと思いました。

――大統領選挙に関する情報収集や分析は、大使館にとって大きな仕事だと思います。

私はアメリカ在勤中に三回、現地で大統領選に遭遇しました。最初は一九六八(昭和四三)年のニクソン対ハンフリー。二回目は一九八八年のジョージ・H・W・ブッシュ(George H. W. Bush)対マイケル・デュカキス(Michael Dukakis, 1933-)、三回目は二〇〇四(平成一六)年のジョージ・W・ブッシュ(George W. Bush)対ジョン・ケリー(John Kerry, 1943-)でした。

六八年選挙についてはまとまった記憶をもっていません。ベトナム戦争の影響で荒れた選挙だったと思います。前も話しましたが、六八年には春に黒人運動指導者マルテイン・ルーサー・キングが暗殺され、五月にはロバート・ケネデイが暗殺されました。首都ワシントンで七月暴動が起きました。催涙弾の匂いが大使館まで漂って来ました。夜中に大使館の窓に銃弾が撃ち込まれました。そうしたなかで「法と秩序」の回復を訴えるニクソンが僅差でハンフリーに勝ちました。

八八年選挙は大使館政務班が選挙担当だったので、集中して見ていました。八七年中頃でしたか、あるアメリカ人の専門家から、最新の「ローリングストーンズ」(ポップカルチャー情報誌)の世論調査で、第二次世界大戦後初めてアメリカの若者の間で、「明日は今日より悪くなるだろう」が「明日は今日よりよくなるだろう」を上回ったことは重要だから注視すべきだ、と教えられました。一九八一年から二期続いたレーガン政権のもとでアメリカは元気になっていた印象だったので少々意外でしたが、その話をするとアメリカ人の多くが「そうかもしれない」という反応を示しました。

共和党の候補はブッシュ、アレクサンダー・ヘイグ(Alexander Haig, 1924-2010)、ジャック・ケンプ(Jack Kemp, 1935-2009)など、民主党の候補はゲリー・ハート(Gary Hart, 1936-)、デュカキス、ポール・サイモン(Paul Simon, 1928-2003)などでしたが、今思うと今日に続く、非難、中傷、罵詈雑言型の選挙合戦の始まりでした。

話の中身より一語で相手を刺す、「人格抹殺（人身攻撃）」（character assassination）のための「ワンフレーズ・ポリティックス」（one-phrase politics）や、「サウンドバイト」（sound-bite）、「ワンライナー」（one-liner）といった言葉が飛び交いました。「一語必殺」とでもいうのでしょうか。そういう分野の専門家、業師の類いが勢いを得て、何か風格が感じられない選挙戦でした。

大統領選の呼び物のひとつは候補同士のテレビ討論です。これはケネディ対ニクソンのときに始まりました。討論の内容は互角でしたが、テレビ映りの善し悪しが勝負を分けたと言われました。そのひとつがワイシャツの色で、ケネディのブルーのほうがニクソンの白よりずっとテレビ映えしたとの説がありました。その後しばらくアメリカでも日本でも、ブルーのワイシャツが流行った記憶があります。

このテレビ討論の商品価値は高いらしく、その後は一回が二回、三回に増え、これに副大統領候補の討論（一回）が加わりました。さらに配偶者の討論も加えようという意見も出ましたがさすがにそこまでは行ってないと思います。

私は一九八八年、ノース・カロライナ州のウエークフォレスト大学で行われたブッシュ対デュカキスの第一回討論を同僚の竹内春久君と一緒に視察しました。

討論の中身は互角だと思いました。ただ、瑣末なことながら、討論が終わった後デュカキスが足早に会場を去ったのに対し、ブッシュはステージに残って後片づけに入ったスタッフやボランティア一人ひとりに「サンキュー」を言って、握手してから去りました。それだけですが、どうやらブッシュという人は人柄がいい人のように思えました。これはやはり大きな要素だと思うようになりました。

経済評論家の木内信胤《きうちのぶたね》（一八九九～一九九三年）という人が、「選挙は結局政策ではなく性格で決まる」と書いています。本当のところ、人は「マニフェスト」を読んでそれを軸に投票しない、それより「人」ということでした。

会場を出て帰る途中、著名な政治評論家のチャーリー・クック（Charlie Cook, 1953-）氏とばったり会うと、「どう思ったか」と聞くのです。私は正直な印象を言った後、「部外者で素人の日本人の私に、なんでそんなことを聞くのか」と聞いたら、「いや、部外者で素人の日本人だからどう見えたか、つい興味を覚えて確かめてみただけさ」と彼は答えました。

後で聞いたら討論の準備に当たる双方の陣営はたいへんだったらしい。会場の左右のポディアム（演台）に候補者が立つのですが、ブッシュは長身（レーガンのほうがブッシュより背が高いと思っていたのですが逆です）、デュカキスは背が低い。そこでデュカキス側は演台の下に足台を置きさらにデュカキスに底上げの靴を履かせる。これがまた共和側との協議事項になるといった具合でした。

民主党はブッシュを育ちはいいが、うぶな「弱虫（wimp）」のイメージに仕立てようとしていました。一方共和党はデュカキスを軍事音痴の「スヌーピー」に仕立てる。ブッシュ陣営は、大戦中、日本の航空機に撃墜されたブッシュが、駆逐艦に泳ぎ着く場面の古いフィルムを見つけてきて、彼を「英雄」に変容させることに成功しました。後年ブッシュ四三代大統領が小泉純一郎（一九四二～）総理に「われわれの父の時代に日米は戦争をしたが、今は同盟関係にある」と強調したことはまだ記憶に新しいところです。

第五章　冷戦崩壊後の苦闘

湾岸戦争で人的貢献できず（大臣官房総務課長時代）

――アメリカから一九九〇（平成二）年八月に帰国して、大臣官房総務課長に異動します。この総務課長の仕事の内容はどのようなものでしょうか。

ワシントンは一九八七（昭和六二）年の二月一六日に赴任して、一九九〇年の八月一六日までのちょうど三年半。サダム・フセインが一九九〇年八月二日にクウェートに侵攻して二週間後に帰国して、翌年の一月一七日に湾岸戦争が始まりました。

総務課長は機構的には、各局にまたがる事務の調整など官房事項の担当ですが、湾岸戦争への対応は忙しかった。私自身は文句や注文の万《よろず》承り役だと思っていました。泊まり込みの職員の寝る毛布や、弁当の手配、といった仕事もしました。騒ぎが一段落してすぐ外務省の機構改革がもち上がりました。

――これくらいの地位になると、特定の政治家との関係が出来るのでしょうか。

そこは否応なしですね。当時自民党幹事長だった小沢一郎さんに、「湾岸戦争への外務省の対応がなってない」と怒られて、外務省の機構改革に手を染めることになります。

――怒られたのは外務省のどのような点だったのでしょうか。

情報収集能力もさることながら、仕事の仕方がなってないと。小沢さんが「湾岸戦争の進行状況や見とおしについてブリーフィングをせよ」というと、普通の省庁なら誰か一人局長がやって来るが、外務省は五、六人でやって来た。官房長、中近東アフリカ局長、北米局長、情報調査局長、領事移住部長、国連局長がいっしょに出てきた。「一人でまとめて説明のできない外務省の組織はどうなっているのだ。統括がとれていない」と叱られました。

当時の外務省の湾岸戦争に対する対応はずいぶん批判されました。本当に外務省の責任かどうかはわからないが、もたもたしていて自衛隊を出さなかった。戦争が終わった後に湾岸地域に掃海艇を出したが、当事国のクウェートが感謝を表明した三五カ国のなかに日本は入っていませんでした。

このときの総理は海部さん、橋本龍太郎（一九三七〜二〇〇六年）さんが大蔵大臣、中山太郎（一九二四年〜）さんが外務大臣の布陣で、要は政治の問題なのですが、こういうときに叩かれる役が外務省。確かに外務省も戦争になるかどうかの見とおしでは、全体として読みが甘かった。繰りかえしになりますが、アラビストの多くは、「フセインの行動はアラブ流。ぎりぎりまで駆け引きして、最後に軍を引き上げるなりして妥協するだろう。アラブ流の交渉術なのだから戦争にはならない」と言っていました。

しかし、私はアメリカの動きから判断して、海兵隊をはじめとする軍が作戦計画を組み、それが粛々と実施に移されはじめたら、ポイント・オブ・ノーリターンを越えてしまっているので、到底もとには戻らないと判断していました。会議でもそう言いました。

フセインはそれまでイラン・イラク戦争に勝ち、アラブ世界のみならず第三世界のスターになっていって、その挙句にクウェートに侵攻した。ちょっとやりすぎの面があったと思います。

ともあれひとつ言えるのは、戦争はないとの希望的観測に引っ張られて、楽観論に立った政策を組むのは間違いだということです。

——総務課長として湾岸戦争の際の色々な意思決定にどのように関わったのでしょうか。

名目的なものですが、当時、曲がりなりにも「政策調整室長」というポストに就いていたので、その資格で色々な会議に出席し、あるいは呼ばれて、検討に加わりました。現実の必要に迫られて、湾岸戦争のために何をすべきかを検討する三、四のタスクフォースが組まれました。

ひとつは「物資協力」。第二は「輸送協力」で、北米第一課長の岡本行夫君がリーダーになって非常な働きをしたと思います。トラックは戦闘にも使えるから「軍用」なので出せないと言われたりしましたが、苦労してようやくサウジアラビアに八〇〇台の四輪駆動車を輸出するなど、色々なことがありました。

それから「医療協力」を検討するチームでは、戦線で負傷した兵士を病院で手当てするための医者や薬を出すとか何らかの貢献ができないものか研究しました。

——日本としても色々な検討は進めたのですね。

軍事的な協力ができないなら何の協力ができるのか、という点から総ざらいしたわけです。

——外務省にはアラビストの分析を含めて多様な見方があったと思いますが、それをどのように集約して政治の側に伝えたのでしょうか。

外務省としての意見をとりまとめて首相に上げるのは事務次官の役割ですが、当時次官だった栗山尚一さんが珍しくぶれた印象です。栗山さんは、人格高潔で事務能力も抜群。沖縄返還、日中国交正常化でずっと中心的に活躍をしてきた人ですが、このときは私から見ると強いリーダーシップを発揮できなかったと思います。

湾岸危機のさなか、大使会議に出席した筆者（右）〔1990年9月、外務省〕

湾岸戦争に自衛隊を参加させることについて、私は「出すべきだ」という意見でした。若い人の多くは私に同調しますが、局長クラス以上は賛同する人が少なく、「自衛隊派遣はダメで、どうしてもと言うなら海上保安庁を出すべきだ。それが限度だ」といった意見もありました。その結果、官邸に上げるメッセージがふにゃふにゃな印象を与えたのだと思います。当時は自衛隊も含め国際貢献の積極派だった小沢さんは歯がゆかったでしょう。

後から振りかえると小切手外交、チェックブックディプロマシーの欠陥がもろに出ました。増税の法律までとおして一三〇億ドルの拠出です。しかし、なぜかちびちび小出しにするイメージになったために、クウェートの感謝表明の対象に日本は入っていませんでした。
大蔵省の交渉では、為替レートをどのレートにするか決めていなかったのも非常にまずかった。アメリカに有利なレートで押し切られて負担が増えました。当時、大蔵大臣の橋本さんはアンチ外務省で、財政の部分の交渉は大蔵省がやると言って外務省に関与させませんでしたが、事務方がちゃんと詰めていなかった。中山さんは橋本さんと議論すると負けて帰ってくる。橋本さんのほうが強かった印象ですね。

――調整役として具体的にどんな役割を果たしたのでしょうか。

政策決定は総理、外務大臣、次官です。ただ、総理、外務大臣が実務を細部まで知っているということはありませんから、外務次官、主管局長の判断、責任が大きかったと思います。
私がやったことといえば、例えば、「幹部は決断が遅い。こういう修羅場だというのに外務省幹部や政府首脳陣は臆病すぎるのではないか」、「旗を振って、こうやれという指示を早く出してほしい」という類いの若手の憤懣が省内で鬱積してきたときには、彼らの話をよく聞いて私なりに状況を率直に説明し彼らを宥《なだ》める一方、次官らには「若手の言うことにも一理あり」と私の意見を添えてつなぐというようなことです。

――「御前会議」と称する会議が続いたとか。

早朝に及んだ「午前会議」のほうが正確かもしれません。記録とりというか、局長レベルを補佐する課長、首席、事務官がいるのですが、日常が極端に忙しいところに加えて、幹部があぁでもないこうでもない、行ったり来たりの議論が続くので、さらにいらいらするし、疲れてしまいます。若い人には若い人の使命感があり、フラストレーションが高まってくるのがわかりました。モラール、士気を落としてはいけないと総務課長として強く思っていました。

正直なところ、局長同士もまとまらない。北米、中近東、国連各局長の言うことがばらばらだったので、次官もとりまとめ切れないでいるという感じもありました。

当時の雰囲気は今から考えても不思議です。若い人たちの意見を聞き、私が「傷病兵の世話、病院船派遣はいいではないか」と会議で発言すると、「病院船はすぐには建造できない」と言われる。それではどこかから借りてくるとか病院船として使える船を探したらどうか、と続けても、議論は進まない。

「それならば野戦病院を近くに建設し、そこに日本の医師団を派遣して傷病兵の手当をさせてはどうか」という案に対しては、「多国籍軍の兵士が元気になって出ていくと、また相手の兵士を殺すから武力行使になる」という懸念が表される。また、政治家も、マスメディアの一部もそうした議論を担ぎます。

高村正彦（一九四二年～、外務大臣など歴任）さんが、「そんなことを言えば、自衛隊員と結婚してその子供が将来軍人になるかもしれない。武力行使の可能性があるから自衛隊員は結婚してはならない、という極論に至る」と呆れていたこともあります。

当時の議論の多くは実感のこもらない、事なかれ主義の議論でした。感謝する三五カ国に日本が入らなかったのは、むべなるかな、というところもあります。栗山次官にすべての責めを帰するというのは公正さを欠くと思いますが、ともあれ外務省内に漂った倦怠感には深刻なものがありました。同時にこれを契機に若手にはこのままではいけないという健全な危機感が生まれたように思います。

――栗山次官にはある種の反軍思想があったと言われます。

旧軍に対する反発に発する「軍」への不信感は根っこにあったのではないでしょうか。栗山さんは真のジェントルマンですから、自衛官に対して敬意を払わないというようなことはありませんでしたが、軍に対する基盤的な猜疑心はあったかもしれませんね。栗山さんは湾岸戦争前は、「防衛政策、国防予算は主権にもとづくものであり、近隣国の承認を求めるのは筋違い、通報ならまだしも、国民の安全に関する根本的なところで外国の了解を求めることはない」と主張していたのですが、湾岸戦争でぐらつきました。「特使を送って近隣の国に了解を求めよう」と主張されたこともありました。

――栗山次官は「自衛隊はモンスターだ」と発言したこともあったとか。

私には言わなかったが、栗山さんの気持ちはそうだったのかもしれません。自衛隊そのものに対してというより軍一般ですね。自衛隊は今はそんなに強くはないが、モンスターになりうる芽は摘んでおかなくてはならない、という感じでしょうか。栗山さんは、「自衛隊を派遣するとしても、国連の青いヘルメットを被せて国連の旗のもとで出すべきだ」と最後まで主張しました。
そこを忖度して「自衛艦ではなく海上保安庁の船はどうか」という幹部もいました。それに対しては、「それは海上保安庁が音を上げます。そんな風な船にはなっていないのですから」と反論すると、「自衛艦を海上保安庁と同じ白いペンキで塗るのはどうか。戦争はしないことを示すために、大砲にビニールシートをかけて派遣したらどうか」という意見が出る。私はこれは姑息で無責任な素人論議だと思いましたが、それ以上は出すぎるなという雰囲気で、「色々あるが、本日はもうこの辺で……」と結論を得ないままお開きということが続きました。

――冷戦体制が長く、日本政治がそれまで軍事的な国際社会との関わりを考えていなかった面はあったと思いますが、湾岸戦争に自衛隊を参加させるとして、何かやりようがあったでしょうか。

戦闘行為への参加は無理でも、掃海艇派遣、対潜哨戒機Ｐ３Ｃを飛ばした情報収集、米軍を中心とする多国籍軍のための物資提供や医療協力などはありうると思いました。金《カネ》で済ますのか、人も出すのかという基本部分に議論は行きつきますが、知恵を出せばそれなりの貢献は可能だったと思いました。
その辺がはっきりしないというので、小沢さんが国連平和協力法案を作って、国連がお墨つきを与えた多国籍軍に対する協力に道を開こうとしたのですが、廃案（一九九〇年一一月）となりました。その後、それに代わって国際平和協力法（ＰＫＯ法）案が国会に提出され、成立（一九九二年六月）しました。繰りかえしますが、若手は元気よくて、何かやらないと日本は鼎の軽重を問われるぞ、という意見だったですね。

――それは世代的な違いから来るのでしょうか。

それもあるでしょうね。若手は上の言うことに忠実に従いながらも、これでいいのかと真剣に考えていたと思います。ただ、かなり上の世代でも、当時国連局長だった丹波實さんなどは、人的貢献の面で日本が何もできないことを非常に嘆いていて、「何かするべきだ」と主張しました。海部総理は丹波さんが煙たかったのではないでしょうか。日本は湾岸戦争の戦闘の段階が終わった後、掃海艇を出すことにしましたが、海部さんは掃海艇の出発を横須賀に見送りにいかないと言いました。

海部さんは官邸の会議で私のような後席の人間にも「言いたいことを言え」と水を向けてくれるのです。そこで言いたいことを言ったら考え込んでしまわれて、「いい人だなあ」と思ったのですが、「結局、問題は簡単じゃないんだよなあ」と苦笑まじりの反応があって会合は終わりになるのです。

――カンボジアの国連カンボジア暫定統治機構（UNTAC）特別代表だった明石康さんも、海部首相についてはかなり厳しい評価をされていました。世代の問題というよりも、政治家や官僚個々人の資質の問題と言えるでしょうか。

一概には言えないでしょうが、若手の間では、「日本は出処進退、けじめをはっきりさせるべきだ」という考えが強かったと思います。「社会党とかを気にするけれども、これまで重要な節目で社会党が正しかったためしなどないではないか。日本はアメリカの同盟国であり、国連の重要メンバーなのだから、できるだけの協力をするのが筋ではないか」と。

それまで私は、外務省は全体にパシフィスト的な傾向が強いかと思っていたのですが、若手が案外強固で、安心したというかびっくりしたというか。そういう思いがあります。

――フセインが湾岸戦争が始まる少し前に、日本人をはじめとする人質を解放しましたが、なぜそうしたのでしょうか。

あれは何だか私もよくわからないが、世界中が人質解放に向けて働きかけるなかで、アメリカは裏で、「人質を解放しないと攻撃するぞ」という脅しをかけていたのかもしれません。フセインが解放のアナウンスをしたときは私も驚きました。

私は当時アメリカの関係者から意見を求められたときには、「あまりやりすぎないほうがいい」という意見を言いました。アラブ世界は、従来から恨み辛みの強い地域だから、戦いは「国際社会対イラク」の構図にとどめて、「アメリカ対アラブ」の構図にしない、つまり、湾岸戦争で短期集中的にバーンとやっつけるところで打ち止めにして、イラク侵攻まではいかないほうがアメリカのためではないか、ということです。まだ総理になられる前でしたが、宮沢喜一さんから意見を求められたときもそう言いました。

それがよかったのかどうかはわかりません。あそこでイラク侵攻までいっていたほうが、その後のイラク戦争もなくてすんだのか、あるいは別の悪い展開になっていたかもしれません。

――結局、日本は人的貢献ができないまま、湾岸戦争は終わりました。

まあ、すべてテンポがずれて後追いになってしまいました。そこであまり間を置かずに外務省の機構改革に入ります。外務省の政策に総合性がなかったことが批判されてこの問題が一気に浮上しました。この問題に取り組んだのが総務課長時代の一番の思い出です。

国連局を改組して総合外交政策局に切り替え、総合外交政策や情報機能の強化を図ることが最大の眼目でした。この機構改革は今思ってもかなりの荒事でした。

機構改革に取り組む

――情報機能の強化についてはまだアレルギー的な反応も強かったのではないでしょうか。

世間は中央情報局(CIA)的な組織を連想するわけです。日本版CIAまではとても行きませんが、正面から情報に特化した組織がないと世界の情報屋の身内にはなれません。

――湾岸戦争がきっかけになったと思いますが、情報機能の強化は外務省の長年の懸案だったのではないでしょうか。

議論はずっとありました。戦後はとかく「反軍事」「反機密保護法」「反諜報」ばかりでしたから

「情報」の論議は不十分でした。そのなかで岡崎久彦（一九三〇〜二〇一四年、駐タイ大使など歴任）さんなどはずっと外務省の情報能力の強化を訴えてきたが、ようやく日の目を見る時代になりました。岡崎さんの永年の念願は情報担当の部門を「局」に格上げすることで、これは一九八四（昭和五九）年に実現しています。

ちなみに、私は情報能力の強化には全面的に賛成だが、それを日本の官僚機構としての「局」にすることには留保があったので、岡崎さんは不満だったかもしれません。情報のトップの役目というのは、機動的に外国に飛んでアメリカ中央情報局（ＣＩＡ）とかイギリスの秘密情報部（ＭＩ６）とか、場合によってはソ連などの情報担当の長とも接触する、裏に隠れた存在であるべきだと思っていました。

ところが、日本、特に外務省の場合には、「局長」という肩書きがつくとほぼ例外なく国会審議で「政府委員」に任命されて答弁を求められます。国会会期中は外国出張ができない。そのうえ国会というのは「平場」（公開の場）だから、情報の世界の人間が日夜公開の答弁を求められることになる。それだとＣＩＡなどの情報コミュニティから好まれないメンバーになってしまうと思ったのです。「情報監」的な国会からの呼びだしが原則かからない、ラインでない存在ならともかく、局長、局組織はいかがなものかと言ったのですが、岡崎さんは「局長」という国内的プレステージが重要という強い意見でした。

いずれにしてもこのときの機構改革の最重要のテーマは総合外交政策機能の強化でした。

当時、三菱化成社長の鈴木永二（一九一三〜一九九四年、日経連会長など歴任）さんの第三次臨時行政改革推進審議会（行革審）が審議を進めていました。行革審のもとに外交部会というのがあり、そこに京セラ創業者の稲盛和夫（一九三二年～）さんとか矢野暢（一九三六～一九九九年）京大教授とかがいて、外務省をずいぶん批判していました。その部会の場に外務省から松永信雄さんが出て応戦するのですが、多勢に無勢の状況。それを見て外務省のなかでは、「他人に改革されるのではなくて、自分で改革しなければいけない。イニシアチブをとって自らの改革案を鈴木行革審よりも先に作ったほうがよい」という意見が主流になっていきました。

つまり、「自浄能力」による「先制防御」ですが、色々議論があった末に瀬島龍三（一九一一～二〇〇七年）さんを座長とする委員会「外交強化懇談会」を作ろうということになりました。これは内閣法三条にもとづく法的基盤のある委員会ではなくて、外務大臣の非公式な諮問委員会です。瀬島さんを選ぶに当たっては省内で色々な議論になりました。外務省のなかには過去瀬島さんがソ連との関連でとった行動を問題視して、「何で瀬島を担ぐのだ」と反発する声も強くありました。

瀬島さんは土光敏夫（一八九六～一九八八年、経団連会長など歴任）さんのもとで行革審委員を務め、辣腕を振るって実質的な成果を出していました。行革審の先輩である瀬島さんが何か言えば、鈴木永二さんの行革審も無視しにくいだろうこともあって、結局、瀬島さんにお願いしました。

その下には瀬島さんの人選によって相当強力な委員会が出来たと思います。各界を代表する人、マスコミからは読売の島脩さん、産経の清原武彦（一九三七年～）さん、毎日の斎藤明（一九三三～二〇一三年）さん。朝日は白井健策さんをお誘いしたが、結局、辞退しますと回答がありました。評論家は飯島清（一九三〇～一九九六年）さん、屋山太郎（一九三二年～）さん、山崎正和（一九三四～

二〇二〇年）さん。学者では加藤寛（一九二六〜二〇一三年）さん。女性では岩男《いわお》寿美子（一九三五〜二〇一八年）さんにも入ってもらいました。当時行政管理庁がありましたが、その次官を長年やった山本貞雄（一九三四年〜）さんが行革の大ベテランで、法的側面も含めて色々アドバイスしてくれました。財界代表では今井敬（一九二九年〜）さん。瀬島色が相当出ていましたが、錚々たるメンバー、強力な委員会でした。外務省からはここでも松永さんに出馬してもらって、私は事務局を務めました。

瀬島さんは当時、キャピトル東急ホテル（千代田区永田町）にオフィスをもっていました。まず信頼を得なければならないので、頻繁に訪れ瀬島さんの指示を仰ぎました。意見をもちかえって、松永さん、柳谷謙介次官、小和田恒外務審議官、それから佐藤嘉恭官房長ら幹部に諮って決めていきました。

瀬島さんは、「委員会は短期決戦で勝負しなくてはいかん」という方針で、多いときには連続して週に二、三回のペースで委員会を開きました。湾岸戦争後すぐに始まり、数カ月で報告書を出しました。

その報告書に、国連局を発展解消させて総合外交政策局にすると入っています。瀬島さんは、自分の参謀の経験からでしょうが、政策調整は非常に大事との考えで、総合外交政策にたいへんご執心でした。戦前外務省にあった「政務総局」が強く念頭にあるようでした。

――岡崎久彦さんは瀬島さんに対して強い警戒心をもっていましたが、実際に身近に接してどのような印象をもたれましたか。

私は瀬島さんにやってもらって正解だったと思っています。瀬島さんの現実の課題解決能力は傑出していました。瀬島さんの実際上の補佐官になって何カ月か過ごしたようなものですが、周りから反発は結構ありました。

——瀬島さんに頼もうというのはどなたの考えだったのですか。

最初は、総務庁行政監察局長で瀬島行革の事務方を務めた田中一昭（一九三六年〜）さんでした。そのアイデアを私が紹介したら、行革審の先輩、鈴木永二さんへの抑止効果がある、政治家に顔が利く、端倪《たんげい》すべからざる実務能力がある、ということで、瀬島さんを「活用」しようとなっていったという感じでした。

——それまで外務省と瀬島さんとの間には特段の関係はなかったように思いますが。

私は虚心に瀬島さんに仕えて、外務省とつなげるよう努力したつもりです。瀬島さんも自分の過去は気にしていました。自分が実際にしたことはかくかくしかじかという主旨のことを私にぽつぽつと語りました。

そのひとつの証として外務省を強くしてみせようと、瀬島さんは本気で考えていたと思います。外務省を世論の流れでいじるような改革ではダメで、外務省を強くする改革しかやらないと、私に言っていました。

――瀬島さんとおつき合いをして信頼に足る人物だという印象を受けたのですね。

瀬島さんほどの古強者、古狸を私ごときが評価できませんが、そんなに瀬島さんについて文句を言うなら、日本国はなぜ瀬島さんに勲一等の勲章を出したのか、と思いました。勲一等を出したのは、国として瀬島さんの功績を認めたことだから、形式的に言えば白黒ついている。そう割り切って、瀬島さんを活用しようという気持ちでやらないとダメなのでは、と私は言いました。

当時外務省は橋本龍太郎さんが苦手だったのですが、橋本さんと瀬島さんは信頼関係で結ばれていたようです。「龍《たつ》の会」という龍の字の名前の有力者の集まりの縁もあったようです。橋本さんと小沢さん両方に親しく信頼されていたのが有馬龍夫さんでした。橋本さんに非常に近かったのは佐藤行雄さん。小沢さんに信頼されていたのは丹波實さん。そういうつながりは大事です。

私は国連中心主義は現実論としておかしいと思っていたので、躊躇はなかったのですが、社会党筋も含めて「なんで国連局を潰すのだ」という声は大きかった。

実質論からいくと、廃止の理由は次のようなことです。

北米局はアメリカとカナダ、アジア局は中国と朝鮮半島、中近東局はアラブ、イスラエル、欧亜局は欧州、ソ連を見る。中南米局はメキシコ、ブラジルを含めて中南米を見る。地域局とは別の切り口で経済協力局は政府開発援助（ＯＤＡ）、経済局は国際経済を見る。みんな「選挙区」がある。ところが国連局はいわばフォーラム局で、国連で議論する問題・課題の実質は、地に足のついた他局の地域局、機能局の問題になります。

国連局が何をするかというと、国連の分担金を出すとか、国連ファミリーである国連教育・科学・文化機関（ユネスコ）、国連難民高等弁務官事務所（UNHCR）、国連開発計画（UNDP）などの予算の手当てを見るとか、技術的なことになってしまう。

そして、例えば国連安保理常任理事国入りという大問題になると、国連局ではさばけない、すぐれて全外務省的な問題になります。色々な面で国連局は時代の趨勢に合わない。総合外交政策局をもつことによって、むしろ国連政策を強化することができるという考え方でした。

総合外交政策局は瀬島さんの意見がとおったのですが、まず「総務課」、そして「企画課」「安全保障政策課」「国連政策課」を置く。総務課は総政局長のために省内の政策関連の実務を全部とりまとめる。瀬島さんは若かったらこの総務課長をやりたいと言っていて、ここに一番できる人間をもってくるべきだと言っていました。

企画課は大蔵省の主計局をモデルにしたところがあります。主計局主査は筆頭課長補佐クラスの優秀なのを集め、実質的に重要な役割を果たしていますが、外務省でも優秀な若手の「年増」クラス、筆頭課長補佐クラスを集めて、外務大臣とか総理の演説をドラフトする。それから政策企画協議を所管する機能をもたせるという発想でした。

安全保障政策課は、外務省はたまたま北米局安保課が日米安保所管なので目立つが、世界の安保全体、例えば北大西洋条約機構（NATO）ですら所掌に入らない。安全保障は、今で言えばサイバーですが、当時からすでに情報戦はあったし、戦略防衛構想（SDI）もあった。そうした問題は日米安保をはるかに超えます。汎世界的安保問題を統括する課が必要だろうと考えられたのです。最後の国連政策課は、国連関連の事務のなかで、常任理事国入りなどの大リーグ級の問題や基本的な対国連政策を担当する課として置く。ユネスコ、ＵＮＨＣＲ、ＵＮＤＰなどの細々した実務は、下に国際協力部を作ってさばかせるという構想でした。

そのなかで企画課は瀬島さんや私が当初想定していた、総理や外務大臣のスピーチライターにはならず、趣が変わってきた。長年のうちに先進七カ国（Ｇ７）首脳会議（サミット）の事務局になっていきます。Ｇ７のなかの政務関係の事務が多くなってきて、現実が先行した感じです。

――機構改革は成功と評価できますか。

私が公正に評価できる立場にあるとは思いませんが、かなり客観的に言って全体としてその前よりはよくなったと思います。国連局を維持しているよりよかったと思う。「外務省は焼け太りした」との認識がその後生まれたことは、やはりうまくいった印だったのではないか。

国連局だと同局の課長の一部を除き、社会党などの目にどう映るか別にして、超一流の職員はなかなか行かないという雰囲気がありました。総合外交政策局になると、そこの課長ポストは出世コースになります。国連局長は官邸との接点はあまりありませんでした。総政局長になると官邸との接点も外務大臣との直接の接点も出来やすい。事務次官は政務も官房も一人で決めるには忙しすぎる。事務次官の業務秘書みたいな補佐官が本来必要です。その役割を務めるのが総政局、特に総務課長という考え方でした。

——情報機関として内閣調査室がありますが、そことの兼ね合いなどが議論されたと思いますが。

内調という組織は国内が対象で、海外といえばせいぜい北朝鮮でした。国際社会の情報には足掛かりがない。例えばアラビア語を話せる人は一人もいなかったと思います。国の情報組織の全体像がどうあるべきかは別にして、現実論として外務省の情報能力を強化することに当時あまり異論はなかったと思います。情報収集の絶対量が不足しているから増やさなければいけない時代でした。

——のちの時代になりますが、国家安全保障会議（ＮＳＣ）との兼ね合いはどうでしょう。

外務省が総政局をもつというと、総政局が「外交」全体を仕切るのではないかと各省庁が懸念する。そこから強い反発がありました。それ以来、通産省とか運輸省などで、通産審議官とか運輸審議官とか、省内筆頭格の高いポストを設けるようになりました。外務省が総政局長を決めたことによって起きた現象ではないでしょうか。

ただ、あの頃はまだ外務省がとりまとめできるという幻想がある時代でした。いつの頃からか、佐々淳行（一九三〇〜二〇一八年、内閣安全保障室長など歴任）さんなどが主張するようになったのですが、イギリス、アメリカのように、やはり首相府やホワイトハウスが外交を指揮するのが筋ではないか、外務省は「ワン・オブ・ゼム」であるという議論が強まりました。

私はそれでも構わないと思いましたが、現実には日本全体の「人的資源」が手薄でした。例えば、外政審議室、内政審議室には自前の事務局がないわけです。人は出ているが実体は各省庁からの寄せ集めで、だいたいが年季が明けると親元に帰る「往復切符」の事務官クラスです。色んな国際問題が起こると外政審議室の事務局は外務省主体になってしまう。

そういう時代を経ての、大きな変化のきっかけは田中真紀子（一九四四年〜）外務大臣の登場でした。外交が機能しなくなりました。そのときにハワード・ベーカー（Howard Baker, 1925-2014）駐日米大使は、福田康夫（一九三六年〜）官房長官とのルートに切り替えた。重大な問題は外務大臣の頭越しに、駐日大使と官房長官、すなわち首相、官邸が結びつくようになっていきました。

もっとも、その体制のほうが国際的には標準型かもしれません。もとには戻らず、定着度を高めていくのではないかという予感もありました。NSCの初代のトップが谷内正太郎（一九四四年〜）前外務次官で政治家ではなかったことは大事なポイントでした。政治家だと政権が変わると交代するし、政治家の副長官のような人が就くのはよくないと思っていました。NSCのなかに自衛隊制服組がいるのはたいへん結構なことだと思います。

機構が先か人事が先かは永遠の問題でしょうが、日本の国柄を考えたらしばらくの間は外務省出身者がNSCのトップとして適性があると思います。外交というのは喧嘩ではないですから、外務省の勢いがよくて「右」の人からやたらに褒められるのであれば、日本国はおかしくなると思います。そういう意味でのスターになったら逆にたいへんです。

湾岸戦争の頃までの日本は、まだ国際社会のメジャープレイヤーではありませんでした。日本がメジャーリーグ級になるまでは、外国の話というと外務省が総括できたわけです。

大きくなると外交のフィールドが広がります。法律の基本に照らせば、外交は外務省の独占物ではなくて、内閣、つまり総理の専権。だから財務省、経産省、国土交通省、農水省も外交事務はやる。そうしたなかで安全保障の分野についていえば、ＮＳＣの設置は妥当な発想だと思います。防衛庁も省になったことはたいへんよかったと思います。

――民間外交も無視できないと思います。

非営利組織（ＮＰＯ）、民間活動団体（ＮＧＯ）の類いも含めて、それはそのとおりでしょう。他方、戦後しばしば「経済外交」とか「文化外交」とか言われてきたが、松永大使も常々言っていたように、「外交」は「内政」に対応する幅広いものです。「経済」も「文化」も「外交」のなかの経済、文化であって、逆ではありません。

――まだ通産省の時代だったと思いますが、通産省キャリアのなかには、これからは経済外交の時代と公言して、鼻息が荒い時期がありました。

外務省のなかでも「経済局であらざれば人にあらず」といった時代がありました。でもそうはならなかった。民間が強くなってくると、むしろ経産省の存在意義は何なのか問われるようにもなる。文化も同じです。外交の分野において、時代の流れで目立つ分野は色々出てくるでしょうが、「外交」は「内政」と対をなすものです。そのプレイヤーは様々でしょう。

――外交とは総合的なもので、経済だけうまくいけばよい、とはならないでしょう。

そのとおりで、外交は内政全般に対応すべきもの。「外交」のプレイヤーが外務省以外にも多々あることは当然で、外交はプレイヤーのなかの「長男」みたいなものです。

――一般国民の外交官の世界に対するルサンチマン（怨恨）は、どうしてもあるように思います。

上流婦人というのがいて、お花、お茶とかをたしなみ、位の高い方とおつき合いがあって、などという世界に対しての「庶民感覚」からの反発でしょう。そう言われても仕方のない外交官もいます。何に詳しいかというと、外交儀礼（プロトコル）だけという人間がたまにはいることは確かです。ただ、先進国になればなるほど、一般国民と外交官とのギャップは小さくなると思います。アメリカの国務省員が崇められているかどうか。自分の娘をお嫁にやりたい存在なのでしょうか。むしろアメリカでは軍人のほうがリスペクトされている。イギリスでは外務省はそれなりに尊敬されているが、英語ができるからということではないですよね。イギリス外務省は情報官庁に徹していると思うことがあります。

――橋本首相も、どこか外務省に対する屈折した思いがあったのではないでしょうか。

橋本さんの場合、アジア局長になるまで私は面識がなく、アジア局長になりたての頃はやや苦労しました。実際には霞が関のなかに私の足を引っ張ろうとする勢力がいて、橋本さんに色々吹き込んだ。橋本さんの信頼を得るまで少しばかり時間がかかりました。しかし、いったん信頼するとすごく大切にしてくれる人です。

思うに橋本さんは外務大臣をやりたかったのではないか。やりたかったものをやれなかった、俺だったら誰よりもいい外務大臣になったのに、と思っていたのではないか。いつか佐藤行雄さんと二人で橋本さんと雑談しているときに、佐藤さんが、「外務大臣をやったらいいじゃないですか」と言ったら「もうオセー（遅い）よ」とか言っていました。総理の座に近かった頃の話です。悪ガキぶる、子供っぽい感じもある人でしたが、本当は、外務省、外交に愛着があったと思います。

小渕恵三（一九三七〜二〇〇〇年）さんも外交に愛着がある。ただ表し方は橋本さんとは違いましたが。森喜朗（一九三七年〜）さんも外交が好きでした。今でもお好きだと思います。外交はもともと内閣の長たる総理の専権事項ですが、総理になると必然的に外交が好きにならざるをえないのでしょう。

運輸省と共に航空交渉（北米局審議官時代）

――次のポストは北米局審議官ですが、審議官の仕事を説明していただけますか。

総務課長時代は湾岸戦争と機構改革という二つの課題に取り組み、十分疲れたな、と考えていた頃、一九九二（平成四）年七月に北米局審議官に異動になりました。

審議官というポストは、局長に次ぐナンバー・ツーですが、役人の世界でいう「中二階」です。「ライン」のポストではありません。局長とか課長とか「長」の字がつくのは、決裁権限をもつポスト。審議官の「官」は補佐役、「スタッフ」のことで、決裁権はありません。もちろん、実務が忙しい局では局長の仕事を一時、一部代理することはあります。

審議官時代はあまり大きな仕事をしたという実感はありません。北米局長の佐藤行雄さんは類い稀な能力をもつ親しい先輩で、アメリカとの人脈も広範、多彩でした。その下に私がいて、対米シフトとしては悪くない態勢だったと思います。

一九九三年一月は、ブッシュからクリントン（Bill Clinton, 1946-）に、つまり、久しぶりに共和党から民主党政権に代わるときでした。それまで計算してみるとクリントンの前、ニクソン、フォードからレーガン、ブッシュ合わせて二〇年間共和党で、その前のカーター民主党政権は四年間。私の場合、どうしても共和党政権とのつき合いが長い。クリントンのまわりを固めた人のなかには、佐藤さんが親しい人が何人もいて、日米関係をスムーズにするうえで力があったと思います。


——日本政府は共和党に人脈が偏っている、と言われます。


これははっきり言って、ごく一部のアメリカ人が言っていることです。彼らは外務省、というか日本は、共和党ばかり大切にすると言います。それは、ひとつには表向きのつき合いは政府だから過去四半世紀を振りかえると共和党政権とのつき合いが長いからです。日本は保守が好きだと言いふらすアメリカ人がいるが、それは自分があまり登用されなかったことへの恨み辛みではないかと思っています。

一九六八（昭和四三）～七六年、ニクソン、フォードで八年共和党。一九七六～八〇年のカーターは民主党ですが、一九八〇～八八年のレーガン八年、四一代のブッシュ四年が共和党。一九九二年から八年がクリントンで民主党という具合で、この間にアメリカに関わる職にあった者が共和党とのつき合いが多くなるのは自然なことだと思います。

ただ、外交政策に関していうと、アメリカのなかでは日本で考えるほど民主党と共和党は区別されていません。例えば歴代の駐日アメリカ大使は、ライシャワーから始まって主力はほとんど民主党。U・アレクシス・ジョンソン（Alexis Johnson, 1908-1997）からマンスフィールド、ウォルター・モンデール（Walter Mondale, 1928-2021）、トーマス・フォーリー（Thomas Foley, 1929-2013）、ジョン・シーファー（John Schieffer, 1947-）、ジョン・ルース（John Roos, 1955-）、キャロライン・ケネディ（Caroline Kennedy, 1957-）など、民主党がずっと多い。

スコウクロフトは共和党政権で働いたが、共和党か民主党かわからない中間の人でした。ペリーは民主党の政権で働いたが、安保理論は超党派。両党から尊敬される存在でした。最近ではロバート・ゲーツ（Robert Gates, 1943-）なんかも両党から推され国防長官になりました。

共和党も民主党も両極端は違いますが、真んなかに位置する人は、どちらの党でもあまり違和感がない。アーミテージは共和党です。いかつい風体だが中身は中庸の人です。ジム・ケリーもそう。ネオコンが流行ったが、彼らの根っこの部分は民主党です。コリン・パウエル（Colin Powell, 1937-）も共和党といわれても面映いかもしれない。だから真んなかの帯は相互乗り入れです。それがまたアメリカを支えてもきたと思う。

恐慌や戦争を乗り切らなければならない有事の時代のルーズヴェルト民主党政権（一九三三〜一九四五年）で、重要ポストである海軍長官と陸軍長官は共和党でした。アイゼンハワーは共和党が担いだ大統領であることは間違いないですが、大統領になるまで選挙に行ったことがなかった。彼が共和党か民主党かは、今もわからない。軍人ですから、安全保障の感覚はきちんとしていましたが、国内でやったことはインターステートハイウェイの建設などで、前任のトルーマン以上に脱軍です。

アメリカの保守には安全保障の保守と、財政の保守と、社会価値の保守と三つある。この三つを一人の人間が全部備えているというケースは多くない。ちなみに日本でも、安倍晋三首相の経済政策は民主党の経済政策と言えるでしょう。

私がもっとも頼りにし信頼もしてもらったダニエル・イノウエ（Daniel Inouye, 1924-2012）上院議員は民主党でした。

——北米局審議官としてのもっとも重要な仕事は何だったのでしょうか。

私が時間をかけたのは、当時の運輸省といっしょにやった航空交渉。二年弱の間に一六回、アメリカを往復していますが、それはすべて航空交渉のためでした。

局長つきの職員が作る日程は、佐藤局長の日程と加藤審議官の日程と二つあるのですが、佐藤さんのほうは分刻みで埋まっています。私のほうは空白。佐藤さんは私が遊んでいると思っていて、「会議は俺がやるから記者会見のほうは君がやれ」などと言って、私に仕事を下ろしてくる。私のほうは対抗策をとります。一〇時香港財界人来訪、昼はロシア政策についての意見交換、一八時日米文化交流とか書いてだしておきました。

香港財界人来訪とは香港テーラーが洋服の代金をとりにくる、ロシアに関する意見交換は後輩のロシア課長と昼飯を食べにいく、日米文化交流というのは東京ドームの野球を見にいくというのが実態で、トリックを使っていました。やはりたまには充電の期間も必要ですよ。佐藤さんは、その辺のところを全部飲み込んでいてくれたと思います。

――充電できるような職にあてる配慮があったということでしょうか。

そこはわかりません。言わず語らずということもある。でも、実は卑下して言っているところもあって、「中二階」は決して暇なポストではありません。局全体がそれだけ忙しいのです。

アジア局などは二人審議官がいても二人とも手一杯です。中国、朝鮮半島、アセアン、南西アジア、最近は大洋州まで入っている。広大な地域で一つ一つの国際的存在感は大きい。アジア局長は職掌上、それを全部見ることになっていますから、国会答弁はたいへんです。実質は審議官が実務を見ていて詳しいからと局長の代わりに審議官を出すと、「国会をなめている」と怒られますしね。

外務省は鼻持ちならないと思われる一方、たいへんな人は実にたいへんだと思います。時間が自分の思うようには到底なりません。国会の委員会審議といっても、他省庁の委員会審議には「仲よしクラブ」的なものが多く、質疑応答もいたって和やかですが、外務省や防衛省の場合は大抵「対決委員会」でなかなか円滑にいかず、ずいぶん苦労をします。

航空交渉に話を戻すと、交渉は難航続きでした。業務の内容は当時の運輸省マターですが、外務省の北米局審議官と運輸省の航空局審議官が日本側共同議長を務めます。運輸省はもちろんアメリカ以外も見ていますが、アメリカは大事です。そのアメリカの部分について、土井勝二審議官らといっしょに仕事しました。

「路線権」の供与の問題や「以遠権」の問題は技術的な問題ですが、日本の飛行機でどこに、その先どこまで飛べるかは、日本人にとって結構切実な問題です。

――こうした問題にも外務省は絡まねばならないのですね。

そうです。戦後しばらくはずっとそうでした。漁業交渉も同じです。運輸省はどちらかというと外務省の関与を嫌がっていました。私はなるべく嫌がられないように努めたつもりです。

佐藤栄作さんは沖縄が返還されるまで「戦後」は終わらないと言いましたが、漁業、航空その他経済の多くの分野でアメリカ優位の時代が続きました。

航空の分野などは極端にそうで、一九五二（昭和二七）年の日米航空協定は不平等条約の最たるものでした。アメリカの大手航空企業は日本のなかのどこでも好きなところに好きなだけ乗り入れる権利をもつ。対する日本の国際線運航は当初、日本航空（ＪＡＬ）一社。これが何とかニューヨークとハワイ、西海岸に飛んでいた。基礎体力の差は一目瞭然で、ＪＡＬ用の空港のゲートもロビーも一番端っこにある「端パイ」でした。沖縄返還まではアメリカの航空会社だけが那覇に乗り入れていました。

こういう背景があるから、運輸省の担当者がナショナリスティックになるのは当然です。一般に外務省はそこを丸く収める役回りですから、運輸省から見れば歯がゆく、ときには反発したくもなる。

安保の世界にも「不平等論」はあります。しかしこの世界には国の体制を懸けて日米が協力して闘うべき相手がある。そのための役割分担という発想が必要になる。そこは日米の「ゼロサムゲーム」ではありません。航空交渉は基本的に日米のゼロサムゲームの世界でした。

日本側は運輸省の力が強い。一方アメリカ側は企業の力が強く、運輸省の交渉担当者は申し訳ないが企業の使い走りみたいに見えました。アメリカとはそういう国なのです。

脱線ついでに申し上げれば、後日、教育交流の世界でも日米の基本的な国柄の違いを実感しました。アメリカ連邦政府には日本の文科省（旧文部省）のカウンターパートはありません。「連邦教育省」は存在しますが、これの実態は統計業務などが中心の省です。教育政策策定の権限はありません。そもそも憲法制定当時から「教育だけは国に任せるな」というのがアメリカの強烈な民意だと、有名な政治思想家のアレクシ・ド・トクヴィル（Alexis de Tocqueville, 1805-1859）が書いています。

航空交渉を担当して、アメリカの運輸省は航空企業の手先であり、航空企業はもっぱら利益を追求するだけの商売人だと思いましたので、これはアメリカに強く当たっても構わないなと思いました。安保の世界で亀裂が走ったら誰が止めてくれるのか。そこは後のない世界だが、航空交渉はこじれても、誰かが何とかしてくれて、収まるところに収まる世界。勝手ですがそう思いました。

ですから交渉では強く出ました。運輸省の人たちととてもいい共闘態勢が組めました。それでも現実論としてなかなか難しいのが航空問題でした。

一九八〇年代まででしょうか、日本の航空業界の夢は「シカゴ乗り入れ」でした。これだけのことにアメリカはなかなか首を縦に振りませんでした。

ただ、それは今や昔のことになっていたのでしょう。私が北米局審議官だった頃、アメリカとの間でもめたのは「以遠権」（beyond right）でした。具体的にはアメリカの飛行機が日本に来て、日本で改めて客を「積みとって」、つまり、例えば新婚旅行で日本からオーストラリア、中国、東南アジアに行きたい客を乗せて運ぶ権利です。もちろん日本からアメリカに行く便がアメリカでカリブ海、中南米に行く新婚さんを「積みとる」ことも可能になるわけですが、現実論として日本の企業の体力に合わないらしい。以遠権をアメリカの企業に広範に認めたら日本の企業は困る。これに対してアメリカの企業は、日本が消費者を大事にしない典型例だというのです。オーストラリアに新婚旅行に行くのにアメリカンやユナイテッドは格安運賃を提供しようというのになぜダメか、となる。

それなら徹底した「空の自由化」がいいかというと、それも難しい。主要国が「国のエアライナー」を維持し続けるのには理由がある。日本も例外ではありません。いざというときに何かと無理が効く「国のエアライナー」をもつ意味は巨大だと思います。

「自由化」は多くの場合いいことに違いないが、航空の世界には「カボタージュ」（cabotage）の原則があります。国内輸送は排他的にその国のものという原則です。日本の国内は日本企業のもので、外国の航空会社が例えば、東京—大阪路線を運航することは許されない。

私はアメリカとの数多くの往復で日航、全日本空輸（ＡＮＡ）の世話になりました。ワシントンから西海岸のロサンゼルスやサンフランシスコに向かうとき、ここでも日本の飛行機に乗れたらなあと思ったものです。しかし、それはダメです。アメリカ国内はアメリカの航空会社の飛行機しか使えません。

アメリカは日本国内での運航にはこだわりません。たかが知れていますから。しかし、日本から第三地点、つまりアジアやオセアニアへの路線確保の野望は強い。

アメリカは日本も同じでいいという。アメリカから第三地点、ラテンアメリカなどへの以遠権はオーケーですよという。ただ、あの広いアメリカ国内、ハワイ、アラスカから東海岸、中西部、南部、西海岸への国内輸送への参画は絶対許さない。ここに根本的な日米の不均衡があると思いました。

日本の航空機でアメリカに行って旅行し、そこからまた日本の航空機でヨーロッパに行けたら嬉しいでしょうが無理です。そうした条件のもと、日本も善戦してきたと思います。

航空企業利益の交渉は外務省の本分だとは思いませんが、アメリカと言いたいことを言って争うことが国益になるという、私にとっては楽な世界でした。それだけに外務省の関与がそもそも必要なのか、という意見もありうるだろうと思いました。

――細川護熙（一九三八年〜）政権の発足など、内政は揺れた時期でしたが、何か影響はあったのでしょうか。

外交に関して言えば、大きな変動なしに乗り切ったと思う。佐藤行雄北米局長は人脈の広い人で、細川さんが熊本県知事の頃から仲がよかった。佐藤さんはそういう意味では全方位の人です。アメリカでは民主党を押さえている。私は共和党人脈が多いのですが、佐藤さんは民主党プラス共和党です。佐藤さんは若い頃からそういうスター性があった。クリントン政権に切り替わったアメリカとの関係を巡航状態に制御した功績者の一人でしょう。

――外務審議官の頃、毎年ドイツ・ミュンヘンで開かれる安全保障会議に出席されたと聞きました。

一九九八（平成一〇）年でしたか、佐藤行雄さんが会議事務局に働きかけて、同会議の日程に初めてアジア・セッションを設けてもらった。日本からは私が行って、鹿取克章《よしのり》（一九五〇年～、駐インドネシア大使など歴任）君がミュンヘン総領事で私に同行してくれました。同会議では初めてアジア太平洋の安保問題を論じ、中国からは経済畑の人間が来た。韓国はどういう人だったか忘れてしまいましたが。

シーレーン防衛についての日本の考え方を説明し、「中東石油に対する依存度が高い日本としては、シーレーンは生命線でアメリカが協力してくれないと困るが、同時に中東のことなど考えればこれはアメリカにとっても極めて重要な点だ」というようなことを言ったら、出席していたアメリカ上院議員のなかで、ジョゼフ・リーバーマン（Joseph Lieberman, 1942-）とチャック・ヘーゲル（Chuck Hagel, 1946-）が、「今の話は十分理解する。アメリカは自分自身のためにも日本のことを絶対に守る」と言ってくれました。

お昼ご飯は自由席ですから、バルト三国とか普段顔を合わせる機会のない国々の閣僚がずらっとそろっている。すごい動員力だと思いました。あそこに顔を出せるか出せないかは威信に関わると思います。日本やアジア、太平洋、インド洋がテーマでないものでも、重要な討議には安保防衛の議論ができる日本の政策担当者を送り込むことも必要です。単に聴衆に潜り込ませるだけだと、えてして日本はもっぱら聞くだけに終わりがちですから。

ほかの国との対比でも、識見の高い政治家のこれという人が毎回、少なくとも複数回出席できたらいいと思います。

翌一九九九年も出席しようと思っていたのですが、総理の外国訪問か何かあって出られなくなりました。役人はそういうことが起こります。政治家も国会審議がハンディキャップになっている。閉じられた日本語空間の国会やマスメディア次元の論議ばかりやっていては、ミュンヘン安保会議などに出ても気勢が上がりませんね。英語能力が問題といっても、相当乱暴な英語をしゃべる人は世界にいっぱいいる。それこそボディーランゲージを交えても迫力のある主張は伝わります。日本の国会論議はイギリスの議会と違って「ディベート」がない。政権側の忍耐力は養成されても、国際的な場での「攻撃力」のある議論の力が養われない。

例えばシンガポール人はよく発言しますが、シンガポールはいわばシンクタンク国家。何人も優秀なのがいます。シンガポールは国費で若手を何年間か留学させる。その代わり帰ってきて三年は政府で勤めるという条件がついた奨学金があって、国際会議での「顔」になれるような人材を育てています。

日系人と両陛下御訪米（サンフランシスコ総領事時代）

――サンフランシスコ総領事としての仕事はどのようなものだったでしょうか。

サンフランシスコ時代は極く短かかった。一九九四（平成六）年二月から一年五カ月と二〇日。天国みたいなところに来たと思ったら、すぐに帰れと言われました。任期のうち三カ月半は天皇皇后両陛下の御訪米に費やされました。両陛下が訪問されたコロラド州もサンフランシスコ総領事館が兼轄していたので、両州を見ることになりました。

天皇皇后両陛下の御訪問は、もちろん政治外交案件ではないのですが、外交儀礼（プロトコル）から始まって、全精力を使います。天皇皇后に来ていただけるとなると、相手がいたく喜ぶわけです。アメリカには日系人の間だけではなく、全体に日本の皇室に対する羨ましさ、憧れがあると思います。

もうひとつの思い出は日系人とのパイプでした。外務省時代を通じて、日系人とのおつき合いはずっとあるのですが、特に一世、二世の人は第二次世界大戦で非常な迷惑をこうむって、ある日急に強制キャンプ（収容所）に送られたり、山崎豊子の小説『二つの祖国』にあるような股裂き状態になった人が多いわけです。ノーマン・ミネタ（Norman Mineta, 1931-、米運輸長官など歴任）さんもその一人です。

日系人にとってかつて日本は自分の「ルーツ」である面と、現在の国籍国アメリカの「敵」だという アンビバレントな面があった。この二つのなかで一世、二世の人たちはアメリカ国民であるこ

天皇皇后両陛下の訪米。サンフランシスコ総領事時代〔1994 年〕

とを選択して戦後を迎えるわけです。一世、二世の人たちにとっては、自分の出自のある日本がだんだん立派になるのはひとしお喜ばしいことだったと思います。

アメリカにおける日系人の総人数は少ない。戦後一貫して一〇〇万人くらいで推移していると思います。その間、中国、韓国、ベトナム、フィリピン、台湾出身者が日系人を追いぬいていきました。中国系は今、四〇〇～五〇〇万、韓国系も三〇〇～四〇〇万くらいになっていると思う。アメリカの総人口のなかで日系人は一貫して〇・三パーセントくらい。ちなみにユダヤ人は二パーセントくらいです。

日系人は単に増えないのではなく、概して資質が高いのでコケージアン（Caucasian＝白人）と結婚して同化（Assimilation）する人も多い。だからアメリカの上部構造に吸収されていくので、純粋の日系は相対的に減るという側面があります。

連邦、州双方において議員とか、公務員、医者、弁護士、教育者、実業家などになって、日系人は社会のトップクラスに行く。犯罪率は低いし、アメリカのマイノリティのなかで一番行儀のよい市民、国民だと思われているのではないでしょうか。

こうして見ると、「世界における日本」と「アメリカにおける日系人」は似たところがある。強大な政治力、腕力は別にして、信頼性、勤勉さ、倫理性などで総合評価されているのでしょう。

アメリカには一〇〇人の上院議員（Senator）がいるが、そのうちヒスパニック、ユダヤも入れて、現在、マイノリティは九人しかいない。そのうちの一人は日系人のメイジー・ヒロノ（Mazie Hirono, 1947-）です。その昔はスパーク・マツナガ、ダニエル・イノウエ、そのさらに前にはサミュエル・ハヤカワ（Samuel Hayakawa, 1906-1992）など結構いた。

下院議員は四三五人のうちマイノリティは九二人で二二パーセント。そのうち日系人は数人います。かつては、パッツイー・タケモト・ミンク（Patsy Takemoto Mink, 1927-2002）、ノーマン・ミネタ、ロバート・マツイ（Robert Matsui, 1941-2005）とか錚々たる下院議員がいました。上院議員のなかにはまだ中国、韓国系はいないし、下院議員も日系人より少ないと思います。

それから全米知事五〇名のうちマイノリティの知事は数名。そのなかの一人は日系人でハワイのデービッド・イゲ（David Ige, 1957-）。中国、韓国系はいない。市長は二万人くらいだがマイノリティは少ない。五〇大都市を選ぶと市長一二人はユダヤ系らしいですが、日系の市長もいるはずです。中国、韓国系より多い。アメリカの人口動態に変化が起こっているので今後のことはわからないが、

ナンシー・ペロシ下院議員（右）と〔1995年、サンフランシスコ総領事公邸〕

日系人は分母の割に相対的によくやっています。

人口としてはマイノリティの一番はヒスパニックで一六パーセントに近い。その次が黒人で一五パーセント弱。中国、韓国系がそれぞれ三パーセントくらい。アメリカは、将来その比率が減っていくと言われているがまだ白人の国です。そういう分布図になっているのですが、世界地図のなかの日本と、アメリカの地図のなかの日系人には、相似性があるように思います。

――先ほどの白人と日本人の間の子供も、議員などで活躍しているのでしょうか。

議会については知りませんが、軍では代表的な例として、ハリー・ハリス（Harry Harris, 1956-、前太平洋軍司令官）在韓国大使の母親は日本人です。

こうした日系人の力を引きださない手はない、日系人と日本を相互に結びつけなければいけないと思いました。私がいる間の一九九五年に阪神淡路大震災が起こって、地元の日系人がいち早く救援を申し出てくれました。日系人がいるコロラド、ユタ州なども、すぐに支援の申し出をしてくれてありがたかった記憶があります。いいモメンタムが生まれていたと思います。

――ダニエル・イノウエさんとの交際が始まったのは、いつからでしょうか。

イノウエさんとの関係は、ワシントンに大使で行ってからです。アメリカの政務班長をやっていたときにも名前は知っていたが、全然面識はありませんでした。

私の日系人との関係は、天皇皇后両陛下の御訪米のきっかけがあってずいぶん進みました。日系人たちを、基本は「忠誠をアメリカ合衆国に誓ったアメリカ国民」と受け止めて、おつき合いして来ました。顔貌が日本人に似ているからといって「日本人の気持ちがわかるでしょう」というのは誤解のもとです。

もちろん、「血のつながり」がありますから「以心伝心」はあるでしょうが、「アメリカのなかの日本人支部」と勘違いして甘えるのは間違いだと思います。「日系アメリカ人」と「在留邦人」はカリフォルニアでも一心同体に見えることはありますが、厳然と違う。在留邦人は日本国民、日系アメリカ人はアメリカのなかの「一級国民」です。日本の「代理人」と思うのではなく、日本の心を解する優れたアメリカ人だと思って「アドバイス」を求める相手ではないでしょうか。

私が外務省に入って間もない頃、日本では日系米人二世に対して複雑な感情があったと思います。二世は日本では出の悪い人間だ。日本が戦争に負けたら威張りだしてけしからんという感覚。でも相手はもっと過酷な選択を迫られて苦悩した人たちです。四四二部隊に代表されるように、アメリカの英雄という評価を勝ちとった自負も能力もある人たちです。

私は日本の経済成長のすごさを目の当たりにした世代です。世界史上に残る奇跡かもしれません。

でも、この経済成長はソニーでもトヨタでも、カリフォルニアのトーランスとかロタンダ・ビーチへの投資から始まったのであり、ひとえに日系二世たちの支援、後押しがあってできたことを忘れるべきではありません。

――日本人は中国、韓国のようなコミュニティ作りはしないような気がします。

もともとは日系人も中国人などと同じようなコミュニティ作りをしたと思います。そうせざるをえなかったでしょう。それでも戦後になって日系人はアメリカのなかに入り込んでいって、マイノリティのコミュニティを超えるアメリカの「心臓部」の一部になった。最大の例はダニエル・イノウエさんでしょう。

――いわゆる従軍慰安婦像の建設では、中国、韓国系はまとまって運動をするのだが、日系人はまとまって反対することが少ないような印象があります。

中国、韓国はアメリカに舞台を借りた「本国の代理戦争」をやりがちです。日系人はそこは超えている。

日系人の立場から見れば、慰安婦の問題は、思想信条の根本に迫り琴線に触れる大問題では決してない。「大の虫を生かして小の虫を殺す」ということわざがあります。自分たちがアメリカのなかで力を伸ばしていくためには、アメリカの内政の課題をうまくこなすのが第一。アメリカのなかではマイナーな慰安婦問題に日本の代理人みたいにのめり込んで、ほかのマイノリティとの関係をあえて荒立てるインセンティブはあまりないでしょう。むしろ、ナントカ祭りとか地域ベースの大規模イベントをやるには、ほかのマイノリティの協力を得ながらお互いうまくやるしかないという気持ちでしょう。

日本から見た「歴史問題」で勝負するなら、ワシントンの連邦政府、連邦議会しかないと思いますが、そこでの問題意識ははっきり言って弱いです。日本人拉致問題についての関心が比較的高いのは、これが長く世界に共通する人道人権問題のひとつととらえられているからです。日本の「歴史問題」を、日本側の問題意識を明確に理解したうえで、ワシントンで実際に力になってくれたのは、ダニエル・イノウエさんだけだったというのが私の印象です。

——天皇皇后両陛下の御訪米は、一九九四（平成六）年六月一〇日～二六日の日程でした。御訪米は成功と評価していいのでしょうね。

最初は東海岸の南、サウスカロライナから入って、ジョージアを抜け、本丸の東海岸を抜けてセントルイス、カンザス、コロラド、ロサンゼルス、サンフランシスコ、ホノルルと一六日間の御行程でしたが、効果はとても大きかったと思います。

——天皇皇后がいらした際のエピソードは何かあるでしょうか。

御訪米はもちろんサンフランシスコ在勤中の最大のイベントでした。私は白人、マイノリティも含め人種を問わず、全アメリカ国民の歓迎を盛り上げたい、という気持ちでした。

天皇皇后両陛下の歓迎晩餐会で、ウィリー・メイズ（左端）、ジョー・ディマジオ（右端）の両氏と〔1994年6月〕

天皇皇后両陛下は博学ですが、ナチュラルヒストリーもお好きで、ロッキーマウンテン国立公園に近い普通の民家に泊まられるように手配することになりました。ジム・プラットさんという地元の実業家の方に、両陛下が泊まられる間は家を空けてもらって、まるごと借りました。高名な日系人ジャーナリストのビル・ホソカワ（Bill Hosokawa, 1915-2007）さんの計らいでした。ホソカワさんは、かつて人種偏見のためにピューリッツァー賞を最後の最後に授与されなかったというのが定説です。

両陛下はそこでロッキーの麓、湖畔を歩かれたのですが、事前に事務方から「両陛下は動物がお好きなので動物に出てほしい」と言われた。

「これは難題だ、動物を意のままにするノウハウも権限もない」と、とりあえず答えて、ホソカワさんと相談しました。「いざとなって出そうになかったら、総領事館の館員にふとっちょがいるので、熊のぬいぐるみでも着せて走らせようか。遠くを走らせればわからないだろう」と、半ば冗談、半ば本気で話したりしました。結果として、夕食のときに窓の向こうに立派な鹿が現われ、両陛下にお喜びいただけてホッとしました。

両陛下が訪問された場所では、今でも地元の人が御訪問をとても誇りに思っているとのことです。

第六章　アジア外交に挑む

対中、対韓外交に腐心（アジア局長時代）

――一九九五（平成七）年八月、東京に帰って本省のアジア局長になりますが、局長に昇進するのはキャリアの公務員にとっては大きなことなのでしょうね。本省の局長になるのは同期入省のうちで何人くらいでしょうか。

私の同期は二〇人、局長ポストに就いたのは一〇人まではいかなかったでしょうか。私の時代までは局長になれば一人前みたいなことが言われていましたね。

私の場合はいつも成りゆき任せです。サンフランシスコで帰朝命令を受けたときは、ちょっと早すぎる、もう少し総領事をやりたいと心底から思いました。そしてアジア局長をやれと言われたときは、正直なところ自信がありませんでした。それまで本省でアジア担当だったこともないし、在外経験もアメリカ、オーストラリア、エジプトだけでしたから。

アメリカを少しはかじった人間がアジアを担当するのがいいのだ、と上から言われましたが、人脈が弱いのは不安です。まあ、初心に帰って世界を広めるつもりでやりましたが、局長ポストというのはやはり楽ではありません。

アジア局長はものすごく多忙で、緊張がとぎれることのないポストでした。中国、韓国で七、八割、残りの二、三割が東南アジア諸国連合（ASEAN）とかインドです。当時まだオーストラリアは欧亜局のなかにあった。南アジアはアジア局の審議官に分担してもらう、という状況でした。

大事なことは、局長としての原則的な考え方がまずきちんとあることで、そこがはっきりしないと下もついてきにくいでしょう。同時に自分が今何の目的で、誰のために、どういう役回りを務めるのかという、実践的というか相対的というか、そんな現実感覚がものすごく重要ですね。

省内、政府内の政策決定もそうなのですが、一番「地」が現れるのは国会答弁でした。入省以来、湾岸戦争を経て私が局長になる時代までは、各官庁の局長は「政府委員」として答弁の「登板機会」がかなり多かった。外務省の条約局長、北米局長の答弁数は非常なものだったと思います。

外務省の局長答弁が少しでもとちったり、いわんや、立ち往生したりすると碌《ろく》なことになりません。「野党は喜び庭駆けめぐる。与党は怒りで青くなる」という感じです。答弁の内容の本質的なよし悪しではありません。国会議場の雰囲気を見ながら、かわすところを「蛙の面に水」でかわし続け、共産党のようにちょっと強めに反撃しても、与党もほかの野党も気にしない相手には、ときに「向うズネを蹴る」くらいのことはやります。「こいつはうまくやってくれる」と閣僚、与党席を安心させることができれば、後はだいぶ楽になります。そこは「丁か半か」で、あまり学校の成績の世界ではないかもしれません。運も縁もあるでしょう。

アジア局長時代、国会答弁の機会が結構ありましたが、すでに北米一課の事務官、安保課長、条約課長のときに、国会をもう一生見なくてもいい、と思うくらい見てきています。度胸というほどのものではありませんが、多少勝手がわかっていたので助かりました。

国内勤務時代、国会にとられた時間にはおびただしいものがあります。他国の外務省にはこういう制約はありません。

ただ、幹部の国会拘束時間が長く、重要な国会答弁の責任を負わされていることは、その分、日本における外務省の国内での「重み」というか「権威」を示す指標でもあります。諸外国に日本外務省に一目置かせる助けにもなる面はありました。

国会質疑というのは質問者から答弁者に対する質問が一〇〇パーセントで、答弁する側に「反問権」はありません。多分世界にあまり例のない政府・与党側「専守防衛」の世界です。攻めるのと守るのとでは、一〇〇対一で攻めるほうが有利だと思います。国会で相手をやり込めて悦に入る野党質問の場面は、いやというほど見てきました。自分が来年は閣僚席に座っているかもしれないと思ったら到底できない類いの質問をする。一種の「刹那主義」だと思いましたが、虚しい光景ですね。

でも「専守防衛」の事務方答弁責任者は、一〇〇対一のハンデを抱えて自分のところの大臣、さらには総理を守ろうと必死にがんばります。これが続くと胃や心臓も悪くしますよ。私の時代について言えば、一方で上の人もよくわかっていて、がんばっている人間を最後守ってくれることが多かったです。安保防衛の世界では特にそうでした。

まったくの余談ですが、質疑時間の表現は衆議院と参議院とで違います。

例えば、衆議院で質疑時間六〇分というと、質問と答弁を併せた時間ですから、質問に対して長い答弁をやるとどんどん時間が経過するので相手の質問をさえぎる効果がある。一方、参議院では同じ六〇分でも質問だけの真水の六〇分なので、答弁をだらだら長引かせても質問者はちっとも困らない。ちょっとしたテクニックの使い分けが要ります。ここを知らずに長答弁して怒られている人もいました。

――主にどのような問題に携わったのでしょうか。

それは断然、時間をとられるのは中韓です。アジア局長時代はたかだか二年でしたが、多くのことを経験できてありがたかったです。いつも何かしら問題がありました。ひとつだけとりだせ、と言われても困る感じです。

その頃、中国はまだ国際会議馴れしていませんでした。「マルチ」(multilateral)の会合を嫌がりました。話があるなら「バイ」(bilateral)、つまり二国間で個別ばらばらにけりをつけようとするのです。マルチの会議の議長役などとんでもない、という感じでした。

私のカウンターパートは王毅(一九五三年〜、中国外交部長＝外相など歴任)でしたが、彼はアジア部長をやったのち、アメリカのジョージタウン大学に半年ほど英語の研修に出ました。あの頃から中国の方針が変わってきたのかもしれません。いったんそうとなったら英語の使い手も増えるし、国際会議馴れも早かったですね。中国人は日本人と違ってあまり「気後れ」しませんから。

海洋法条約発効を控えた時期で、排他的経済水域(EEZ)の線引きについて中国、韓国と交渉を重ねていました。

中国の条約系の人を相手にした交渉は毛色が違っておもしろかった。日本国内での議論やアメリカとの協定交渉には少しは「土地鑑」もあったのですが、中国の発言には想像以上にユニークなものがありました。例えば、日中間の「中間線」をどこに引くかという議論で、「単にある場所とある場所の中間というのはダメだ。その昔中国大陸は巨大で日本はそこから少しずつ切り離されて島になったのだから、その太古の姿が線引きに反映さるべきだ」とか、「日中の境界線は日中それぞれの人口に比例して引かれるべきだ」とか、本当に真面目に言っていました。これは「宇宙人」だと思いました。

日本の反米感情は直接的には敗戦に由来するところが大きいと思うし、親中というなかには同じアジアという心情があるのでしょう。日中韓とくるとき、そこには文化の近似性という要素があり、その核のひとつは漢字だと思っていたのですが、そうでもないような気がします。

何といっても日本は漢字を大切にします。一方中国はそうではない。自分たちは漸次漢字から脱却するのが基本方針だ、と述べた政府首脳もいたそうです。ベクトルが日本と違う気がする。漢字を軸にして日中韓の間に「親和性」(affinity)を見出す試みは成りたたないな、と思いました。

対韓外交は対中外交と違います。対韓は小型・中型船で揺られての船酔い、対中は大型船・巨大船に揺られての船酔いでしょうか。

アジア局長になるまで、私は韓国との関係でそんなに難しい思いをした経験はありませんでした。外国に出ると「同病相憐れむ」というか、日韓の外交官同士は結構仲よくしていました。カイロにいたときは孔魯明さんにたいへんかわいがってもらいました。

私がアジア局長になったのは一九九五(平成七)年ですが、韓国が本当の意味で国際社会の「フルメンバー」になったのは一九九二年前後です。その頃韓国はやっと国連に加盟し、初めて中国、ロシアと国交を結んだ。やがてOECDにも入る。

ある意味で若い国で、半島国家です。中国のような大陸型国家を目指すのか、日本のような海洋

アジア局長時代、孔魯明韓国外相（右）と会談〔1996年、ソウル〕

型国家を目指すのか、これから自分で決めていくのでしょう。日本から見れば海洋型国家になってくれるほうがいいかな、と考えていました。

それでも日本に対する敵愾心が強いことはわかっていたし、それが原因の問題だらけでした。当時日韓双方の専門家から「韓国の対日敵対感情は、韓国が日本より大きくて強い国になるまで変わらないよ」と聞かされていました。ただ、当時は日中であれ、日韓であれ、関係者同士の間にまだそこそこユーモアが成りたっていた気がします。

六代目円生の落語にある「蔑《さげす》み笑い」という「よくない笑い」はいつの世にもあるでしょうが、ここでいうのは陰湿さや鬱陶しさがなく、自分自身や国のこともネタにして笑いを誘うユーモアで、ある程度余裕がないと出てこないのでしょう。

中国の武大偉（一九四六年〜、駐日大使など歴任）さんは、飄々《ひょうひょう》としてたいへんユーモアのある人でした。韓国のカウンターパートだった金夏中《キムハジュン》（駐中国大使、青瓦台首席補佐官など歴任）さんも独特のユーモアがありました。下ネタも堂に入っていた。

当時は中国でも韓国でも、日本担当の人が偉くなりました。国が強いということは相手がそこにいい人材をもってくることにつながるから、大事なことです。逆にこっちも相手のなかの優秀な親日、知日派を見出して、本国で出世してもらうという発想は必要ではないか。日本はここぞというところに、今も相変わらず一級の人材を送り込んでいるのに対し、どうも相手が呼応していない感じがあるようです。

ともかく、竹島、歴史問題など、日韓間にはいつも火種がありました。竹島の領有権の問題では常にぎくしゃくしましたが、領土問題は国の存立の基盤的問題ですから、安易な妥協はありえません。

一九九六年二月、竹島で韓国が船舶接岸用の埠頭《ふとう》建設計画を進めていることに、池田行彦（一九三七～二〇〇四年）外務大臣が「竹島は日本の領土」と抗議しましたが、これに対して韓国では反日デモが起こりました。

自民党のタカ派の国会議員からは、「中韓に弱腰だ」と責められました。外交部会などに呼ばれると塩川正十郎（一九二一～二〇一五年、財務相など歴任）さんからは、「韓国はけしからんが、外務省も海洋法条約でどんどん譲っているのではないか」と怒られる。

ある偉い先生からは、「韓国に行ったら竹島もちゃんと出すのだろうな」、「ビシッと言え、ビシッと。竹島の「た」の字も出さなかったら、ただではおかんぞ」なんて言われるわけです。

しかし、言われるまでもなく竹島に関しては、韓国に対して毅然と対応したつもりです。日本固有の領土であることを歴史的な経緯を含めて全部展開しました。後で相手から「加藤局長が竹島を日本の領土とした線引きを正面から主張し始めたとき、私たちは頭が真っ白になりました」と恨み言を言われました。

協議の翌日、ソウルでデモが起きました。池田外務大臣と私の藁人形が燃やされたそうです。もっとも、池田大臣は大きな藁人形で、私は残念ながら小さな藁人形。在ソウルの大使館員が何とか私の名前を判読したらしいです。私が小物という意味か、経費節約かはわかりませんが。そのときは自民党内右派からもお叱りはなかったですし、右翼の街宣車もほめていたと誰かから聞きました。

私自身はソ連の北方四島の占拠が長く続いてしまうと、いつかこの不法占拠が「実効的支配」に変わってしまう危険があるので、いわば「時効の中断」としての抗議などをきちんと行っておくべきだと思っていました。そして、日本は実際そうしてきています。

竹島についても同じで、間違っても韓国の「実効的支配」が成立しないように、「時効の中断」をきちんとやって今日に至っています。この点について近年になって国連の国際法規化が進んで、領土問題については「時効」はないことになりました。これは歓迎すべき国際法の発展だと思います。

中国との間では現実に尖閣諸島をめぐる問題があります。日本はこれまで尖閣諸島は日本固有の領土であることが明白であり、領土問題はそもそも存在しないとの立場で一貫しています。日本は尖閣諸島は、「現に日本が実効的に支配している」と言い続けています。

アジア局長時代も同じ答弁が繰りかえされましたが、ときに「実効的に支配しており」のところを「有効に支配しており」と言うこともありました。当時官房長官だった村岡兼造（一九三二〜二〇一九年）さんから、「『有効に』というのは柔道のルールで言えば「一本」どころか「技あり」にも届かない緩い支配ということか」と言われました。確かに柔道のルールは当時、「一本」「技あり」「有効」「効果」でした。もとより、そういうごまかしのつもりは一切ありませんでしたが、政治家の感覚はなかなか鋭敏だと思いました。

「実効的支配」の英語はeffective controlで、単なる「事実上の占拠」(de facto occupation)と区別されます。effectiveを「有効」と訳すのは間違いではないが、確かに「実効的」のほうが間違いないでしょう。以後は答弁でも「有効に」という表現は避けるようにしました。

ただ、いずれにしても尖閣諸島を日本が実効的に支配していることは、単に言葉のうえではなく、実際に法令の適用などで都道府県と同じ扱い（尖閣諸島所在地は沖縄県石垣市）ということですから、その実態を確保し続けるのは日本政府の責任です。

――韓国は日韓とは関係のない諸外国でも、しきりに宣伝活動をしています。

韓国はちょっと則を超えている気がする。日本と近い人たちと思う感覚は捨てねばならないかもしれません。見た目は近いが中身はずいぶん違うことは理解しないといけないですね。日本はよく自制していると思うが、日本も「切れたら」よくない。それでも北朝鮮の核がどうにも止められなくて、韓国、中国が日本を真剣に受けとめず、しかもアメリカが日本防衛の基本部分での役割を請け負えないとなったとき、自分でやらねばならないことが当然増します。その場合に備えて、突然

「切れる」ことのないように備えをしておくことが必要です。

よく言われることですが、韓国は戦争に勝った実績がないのです。多くの国に戦争を記念する博物館がありますが、だいたいこれらは「戦勝記念館」です。韓国にはそれが出来る素地がありません。したがって、誇れるものは竹島と、かつての李承晩ラインくらいしかない。そしてこの二つとも、韓国の主張の法的根拠は強固とは言えません。ですから色々国際的に動くのでしょう。

日本には「国際司法裁判所（ＩＣＪ）で白黒をつけよう」と言う選択肢があります。韓国はこれに応ずる自信はないでしょう。ＩＣＪのルールは応訴管轄ですから、相手が応じないと裁判手続きに入れません。しかし、日本の提訴に応じられないのは韓国に弱みがあるから、というのが国際社会一般の受けとり方になるでしょう。

ただし、注意すべき点があります。国連システムの権威ある司法機関と位置づけられるＩＣＪですが、その本当の中身はどういうものか。ナイーブに、世界の主要国から第一級の法律専門家が集まった裁判所と思っていいのか。

私個人の限られた印象ですが、日本、アメリカなどは文字どおり第一級の法律の権威というべき判事を出しています。しかし、ロシアなどいくつかの国の判事は優れた法律専門家か、というと疑問が残ります。法律より政治性の強い人がいると思う。ＩＣＪ判事は母国の代表ではないという建てつけになっているわけですが、国際情勢いかんで、融通無碍の判断を下すことはないか。ＩＣＪの信頼性を、日本は常に冷静に計算しておく必要があると思います。

もうひとつ、世界各国が「国際法優位論」、つまり、何かあった場合、国際法が国内法に優先するという立場をとっているわけではありません。中国が南シナ海の島の領有権をめぐり、国際仲裁裁判所の判決を「紙切れ」と言ったことは記憶に新しい。

それでも、現実に一番権威がありそうなＩＣＪという場を、国際法の優等生である日本は最大限活用するべきでしょう。

――慰安婦問題や、その解決策としてのアジア女性基金について、どのような役割を果たしたのでしょうか。

韓国との間の慰安婦問題で、アジア女性基金が出来たのが一九九五（平成七）年七月で、私がアジア局長になりたての頃でした。慰安婦問題は、政府拠出の基金にするのか、国民が自分で作った基金にするのか。日本もすまなかったという気持ちを表す方途としてどちらがいいか、など色々な議論が当然あったようです。私がアジア局長になったときには枠組みは出来ていました。

慰安婦の問題というのは厳密に法的な建前からいくと外務省所管ではありません。これは国内問題、戦後処理問題の一環だということで、内閣（外政審議室）に事務局を作り、アジア女性基金の主導を原文兵衛（一九一三～一九九九年、参院議長など歴任）さんにお願いしました。原さんの存在感は大きく、それでできたという気がします。ただ、事務局ではかなり外務省のウエイトが大きくならざるをえませんでした。

日本として外交的に決着しているという立場を崩すわけにはいきません。韓国との関係では請求権の問題は、一九六五（昭和四〇）年の日韓正常化交渉で相互に請求権を放棄するということで解決済みですから、その後の蒸しかえしは法的にはありえない。この立場は外務省がきちんと言わないといけません。所管は外務省ではないにしても、外国との折衝は外務省が関与せずには済みません。

戦後処理は基本的に三つ。戦争状態の終結、領土の確定、請求権の処理です。現在までそれを実現できていないのは、ロシアと北朝鮮だけです。私が心がけていたのは、韓国との関係では日本統治時代をめぐる問題は外交的に決着しているとの立場を堅持することです。これは基本中の基本です。

日本の戦後処理がドイツに比べて不十分という議論がありますが、日本は極めて正統的な処理をしています。分裂国家のドイツにはそうしたくてもできなかったのです。ドイツの場合は罪はドイツそのものではなくナチスによるものだと整理したうえで、ホロコーストについては個々人に補償するという形で、ナチスの民族浄化という「原罪」というべき蛮行に対する謝罪の表明を徹底して行いました。それは立派だと思います。リヒャルト・フォン・ヴァイツゼッカー（Richard von Weizsäcker, 1920-2015、ドイツ大統領など歴任）の演説はよく考えられたもので、現在の若いドイツ人には「罪はないが責務はある」と説いてそこから未来志向に結びつけています。しかし、ドイツの対応は真摯であるが、日本の謝罪は十分でないというのは飛躍です。それをわきまえずに「謝罪、謝罪」と言っていることに意味があるとは思えない。

謝罪は一人でできるものでなく、相手が受け入れないと完結しないプロセスです。オバマ米大統領が広島を訪問できたのも、日米には日米同盟、日米安保という形で示されるように、すでに長きにわたって和解ができているからです。日韓とは次元が違う。相手に謝罪を受け入れる気持ちがないなかでいくら謝罪しても無理です。

――当時の韓国は、話し合って解決しようとする姿勢がまだあったように思えますが。

人間の感情は簡単には変わりません。感情には喜び、悲しみ、怒りなど色々ありますが、概して怒り、喜びの感情は激しいが半減期の比較的短い感情だとすれば、恨み、妬みは半減期が非常に長い感情だと思います。加害者のメモリーは短くても被害者のメモリーは長い。恨みの念が消えるには一〇〇年あっても足りないでしょう。

しかし一般の人間にとっては現在と将来のほうが過去より大事ですから、いつまでも過去を引きずっていくわけにはいきません。

そこで、繰りかえしますが、戦後の「捌《さば》き」として、講和条約を結ぶことにより戦争状態を終結させ、領土・領域を確定し、色々な恨み辛みを含めた請求権の問題に、国対国レベルで公式の決着をつける。国際法上そういう手順が確立されています。

今サンフランシスコ講和条約を改訂しようという国はありますか。韓国との間では第二次世界大戦時は日本の一部だったので特別なケースですが、一九六五（昭和四〇）年の基本条約でサンフランシスコ講和条約の精神に準拠した戦後処理をしました。

国対国のレベルでは、慰安婦、徴用工の問題は国際標準で「解決済み」です。これはまっとうな議論です。この基本を動かすことの重大な意味を理解して議論しなくてはなりません。講和条約や日韓基本条約の枠組みを、今一方的に変えようというのは無謀です。国内でも国際でも「法治」「法の支配」(rule of law) は重要です。「合意は拘束する」「約束は守られなくてはならない」(pacta sunt servanda) です。これが破られたら、国際関係の安定のよすががなくなってしまいます。そのうえで、基本の枠組みは変えないが、応用問題として、被害者の感情も考慮した何か特別な措置はとれないか。これを日本は追求してきたわけです。

一九六五年の基本条約の改定とか特例ではなく、条約の世界とは別途の、日本国、日本国民の善意を表わす行為として特別の基金を設け、それを韓国が受けることによって慰安婦問題を最終的に解決しようということです。最終的解決と言っても、恨み辛みの感情を消し去るのではありません。それはできません。しかし、日韓首脳会談が行われるたびに慰安婦の問題が真っ先に議題に上る非生産的な状態は変えて、毎回の首脳会談の議題にはしない。歴史問題は両国の歴史家の検討、検証に委ねる。つまり「政治」と「歴史」の分離です。ドイツとフランスの間での歴史問題の処理は、この考え方で行われたと思います。

アジア局長になった後、話を聞いた限り、当時韓国側にもそのことを理解する人たちはいたようです。非公式な場で私に「そもそも慰安婦問題は、どだい国として表の世界で声高に議論する話ではない。恥ずかしい話だから、韓国政府が韓国の国内問題として内輪で処理する話だ。日本のほうからは「すまなかった」と高いレベルで明確に一言、言ってもらえればいいのだ」と率直に言う人がいました。その頃は単なる少数意見との感じは受けませんでした。

しかし、結果は期待したようにはならなかった。慰安婦の話は「日本発」のところがあると当時から言われていました。火をつけたのは日本側で韓国がこれに乗ったということです。北朝鮮まで絡んだ厄介な話のようですが、一九九五（平成七）年から日本は誠心誠意やってきたと思います。それなのに相手は蒸しかえす。外務省の仲間の多くも、アジア女性基金に進んで寄付をしたことを知っています。

私は正直、韓国側の不誠実をなじりたい気持ちになることがあった。「何度同じことを言うのだ。韓国は健忘症なのか」と。ところが日本側も要人が健忘症なのに驚いたことがあります。私が駐米大使を辞めて少し経った頃ですから二〇〇九年だったと思いますが、日韓の会議で韓国に行った日本メディアの幹部が、韓国側から「慰安婦はどんどん亡くなって減っていく。もう少ない数しか残っていない。この人たちが亡くなる前に日本総理から「済まなかった」と一言謝ってもらえれば問題は解決します」と内々にささやかれた、と重大情報のように言うのです。

アジア女性基金のことは念頭にないようでした。これは衝撃的でした。何のための基金だったのか。アジア女性基金の話の前にもまったく同じことを相手は言っていたのです。

アメリカではアジア女性基金が知られておらず、日本はドイツに比べて謝り方が足りない、という勉強不十分な発言に出くわすことが多く、残念な思いをしていました。しかし、日本のマスメディアもこんな状態なのでは、アメリカの不勉強を責められないと思いました。

日韓の歴史問題は、一九九八年の小渕・金大中《キムデジュン》（一九二五〜二〇〇九年）首脳会談で、「政治」と「歴史」を切り分ける独仏モデルに似た解決がついに達成できたと思った人も多かったと思います。私もそう期待した一人です。

前に述べたように、歴史問題は、片方がいくら謝罪を重ねても、「阿吽の呼吸」というか「タンゴは一人じゃ踊れない」というか、相手に受け入れる意思がなければ解決しません。結局、小渕・金合意も後年反故にされてしまいます。独仏のようにはいきませんでした。

historyというのはstoryと語源が同じですから、実は一〇〇通りの歴史があり、欽定版はありえません。金大中の前に、とにかく研究するというのはいいことだから、日韓の両方の歴史家に討議、議論させようという企てをやったことがあります。しかし、そこでもやはり喧嘩になって収まりが着きませんでした。

――日朝交渉や拉致問題に関してはどのような仕事をされたのでしょうか。

私がアジア局長になって間もなく、拉致問題がクローズアップされてきました。横田めぐみ（一九六四年～）さんは新潟の海岸から北朝鮮に拉致されたらしいと言われだした。横田家はご両親をはじめ日本国民として非の打ちどころのない立派なご家族で、娘さんが拉致されなければならない理由はまったく考えられなかった。どうやら北朝鮮による拉致らしいとなったときに、日本が受けた衝撃は大きくて重かったと思います。

そこまで来るのになぜか時間がかかっています。もしこれが拉致なら深刻なことになる。金大中事件だって拉致で、韓国による日本の主権侵害事案だったのですから。

そう思っていた矢先に、横田さん夫妻を筆頭とする被害者家族の方たちから、私への面会要請がありました。当時北東アジア課長をしていたのは、現在宮内庁の侍従長を務める別所浩郎《こうろう》（一九五三年〜、国連大使など歴任）君で、「どうも拉致問題の雲ゆきは怪しい。根本的な大問題になるのではないか。これまで拉致被害者家族の面会要請に外務省は応じていないが、加藤局長は丁重に局長室にお招きして話をうかがうべきです」と言うのです。私はそのとおりだと思いました。別所君は「お会いする以上、外務省として心ならずもこれまで行きとどかなかったという気持ちを少しでもかたちで表わすように、エレベーターの前でご一行を出迎えて局長室にご案内しませんか」という。私はまったく同感だったのでそうしました。

ここから拉致問題に正当な関心が払われる時代に入るのですが、当時北東アジア課で別所君の優秀な首席事務官を務めていた市川とみ子さんは、横田めぐみさんと同年生まれでした。めぐみさんも拉致がなかったらこういう具合にどこかで立派にやっていたのだろうな、と考えたものです。

私の印象として、私の局長時代の総理は橋本さんと小渕さんでしたが、二人とも拉致のことはずいぶん心配していたように思います。それは色々なことでわかりました。

むしろ、私が思ったのは、日本の野党がなぜこの問題でリーダーシップを発揮しなかったのかということです。アメリカだったら野党が民主党でも共和党でも、絶対声を上げて超党派で対応する「基本的人権問題」です。

政府は精一杯にやる。しかし、それでは生ぬるいと野党が政府にプレッシャーをかけるべきケースだと思いました。今もそう思っています。この問題で静かにしている野党の存在意義（raison d'etre）はどこにあるのでしょう。本来典型的な「野党アジェンダ」ではないかと思いました。

小さなことですが、当時野党系列で私に協力を申し出てくれたのは、兵本達吉（一九三八年〜）さんという共産党を除名された人でした。その人とは、私の外務省の親しい同期のひとりが高校の同級生ということでつながったのですが、横田めぐみさんの消息をたどる件で色々具体案まで出してくれました。何しろ元共産党の人ですから、私は直接池田外務大臣に「あてはありませんが、ちょっとつき合って様子見していいですか」とうかがったところ、「やってみろや」と言っていただけたので、別所君と語らって「物は試し」で兵本氏のプランに応じてみたことがあります。

結局、最後の瞬間、北朝鮮側が乗ってこなかった、つまり無駄足だったのですが、当時はあらゆる可能性は追及してみたいという気持ちでした。

要はほかの野党には存在感がまったくなかったということの裏返しです。拉致問題に関する日本の野党の無反応は今も理解しがたいです。与党のなかも多分一枚岩ではないだろうと思いました。

横田夫妻の占める比重は圧倒的でした。

めぐみさんの拉致は日本人すべてが怒りを覚えるケースです。拉致問題の本質に即して考えれば、これは北朝鮮の国家元首が後年認めたように、国家元首自らが指示して行われた「国家犯罪」（state crime）です。

アメリカは拉致の問題については日本にたいへん理解、共感がある。慰安婦とは逆のベクトルだと言っていいと思います。ブッシュ四三代大統領もこの問題については深い思い入れをもっていた。二〇〇六年、横田夫人が訪米したときのホワイトハウスにおける接遇には極めて厚いものがありました。オーヴァル・オフィスで、ブッシュ大統領はめぐみさんの肖像写真を自分のすぐとなりに置いて「今ここにめぐみがわれわれと共にいると思って話をしよう」と言っていました。パーフォーマンスでは全然なく、ヒューマニスト・ブッシュが一〇〇パーセント出た瞬間でした。

ただ、そのときでもめぐみさんの拉致は、世界中にある拉致のなかのもっともひどいケースで、同じような被害者は世界に多くいるという問題意識だったと思います。その席には脱北者の夫婦と小さい娘さんも呼ばれていました。ブッシュのメッセージは日本にだけ向けたメッセージではないのです。だから、思い入れの強さはすごくても「日本人の拉致」限定の話ではありません。

今後拉致問題の対処をめぐっては、こういうことも考えなくてはならないと思います。横田夫妻の次の時代になっても、同じ激しさをもって拉致問題を追及する自信というか、決意を皆もっているのか。これは日本人自身に対する厳しいテストになると思います。

アメリカなどとの「価値の共有」が本物であるならば、拉致問題についておざなりな対応は許されない。やがてグズグズになることを見越しているかのごとき勢力が、日本には案外たくさんいるのではないかと気になります。北朝鮮による拉致は、繰りかえしますが、そもそも拉致が人道に反する重い罪であることに加えて、国家元首が自ら認めた「国家犯罪」であることを忘れるべきではありません。

――一九九六（平成八）年三月に中国が台湾海峡でミサイル演習を行い、台湾海峡危機が勃発します。この危機にはどう関わったのでしょうか。

日本があまり関わることもなく事態が進みました。与那国島の鼻先二五キロぐらいのところに中国のミサイルが発射されましたが、アメリカが空母二隻を派遣したら中国はすぐ退きました。力の差を悟ったからでしょうが、このことは中国にとってたいへんな屈辱だったと思います。これ以降、長期にわたる著しい軍拡が始まります。

クリントン政権は一九九三年一月から二期八年続きましたが、日本との関係では一年目のクリントンと、二期目の後半、特に日本が小渕総理になった頃からのクリントンは相当違ったと思います。当初のクリントン政権は中国への傾斜が目立って「ジャパン・パッシング」と評されたりした。しかし日本側からの働きかけによる学習効果もあって、一九九八〜九九年のクリントン政権は、日本の重要性についての認識をずいぶん変えたと思います。

――一九九六（平成八）年九月、モンデール駐日大使が尖閣諸島問題に関し、「米軍は日米安保条約によって介入を強制されない」と発言したと報じられごたごたしたときに、加藤さんが親米派、竹内行夫（一九四三年〜、外務次官など歴任）さん、田中均（一九四七年〜、外務審議官など歴任）さんが国益重視派として対立があったとの指摘もあります。

モンデール発言をめぐって竹内君や田中君との意見対立があった記憶はないですね。それは後日の「アジア・コミュニティ構想」についての省内の論議のことではないですか。

モンデール発言については皆懸念をもったと思います。アメリカの事務方から色々釈明があったと聞いていますが、日本側には釈然としない思いが残りました。

ブッシュ四三代政権になってアーミテージ国務副長官が尖閣は安保五条の適用範囲ということを明確にして落ち着いたと思います。

アメリカ政府は北方四島については一貫して日本の立場を支持しています。竹島については韓国の主張に同意するとは言っていません。一方、日本の主張が明らかに正当だと思われる尖閣諸島については、時折アメリカの態度が煮え切らないことがあるという印象を日本側は受けてきたと思います。

アジア・コミュニティについては、私は一度も幻想を抱いたことはありません。

第二次世界大戦以後の状況を見ると西欧、つまり大西洋正面と、アジア、つまり太平洋正面では大きな違いがある。一言でいえば、西欧では域内諸国の間に「相互依存」(interdependence)と文化、宗教などから来る「親和性」(affinity)の双方があったのに対し、アジア太平洋では「相互依存」はあったが「親和性」は乏しかった。したがって共通の脅威認識もありませんでした。

西欧にはソ連という地続きの脅威があってそれが実感されていた。アジア太平洋ではソ連の脅威は日本とかごく一部の国しか感じていなかった。

インドネシアにとって長年の脅威のナンバー・ワンは、一九六四(昭和三九)年に核実験し共産主義を輸出しようとしていた中国でした。アジアがソ連の脅威を感じえた機会はベトナム戦争だったとアメリカも思っていたようですが、ベトナム戦争は現実には「局地化」され、アジア全体にソ連の脅威が行きわたるどころか、周辺国などを経済的に潤す機会となって終わりました。

相互依存について見ると、中国、韓国は国作りを日本の経済力に依存せざるをえなかった。そしてそのこと自体が癪のタネであり憤懣の素でした。今日に至るまでそういうところが感じられます。

日本は多額の、質のいい、経済・技術協力を提供し、とても感謝されているが、日本が一朝有事の事態になったとき、東南アジアを含む援助先の国々が日本防衛のために、武力の行使を厭わず助けにくることは期待できないでしょう。そういう客観情勢のなかで「アジア・コミュニティ」なるものが意味を成すのでしょうか。アジア太平洋でＮＡＴＯができるでしょうか。昔、東南アジア条約機構（ＳＥＡＴＯ）が構想されましたが、結局雲散霧消しました。

ＮＡＴＯはソ連に向けられたものでした。ソ連に相当するアジアの国はどこかといえば中国でしょうが、ＡＳＥＡＮの国が中国に牙を剝くことは考えられません。

それでは、中国を中に入れたアジア・コミュニティを作ることの日本にとってのメリットは何かあるでしょうか。まかり間違って共通の防衛戦略みたいなものが出来たらどういうことになるか。日米安保が二国間条約として日米で柔軟に仕切れる現状を敢えて変更して、日米安保の運用に中国が「拒否権」を発動できるような仕組みを作ったらどうなるのでしょう。私は悪夢だと思います。

要するにＮＡＴＯのアジア太平洋版を作ることは現実的にありえないのです。欧州連合（ＥＵ）のアジア太平洋版を作るというのも疑問です。

こういう構想が出てくるということは結局、日本のなかに一貫してある反米感情と希望的観測にもとづく平和主義との所産ではないか。アジア太平洋では信頼醸成、災害対処、気候変動、疫病対処など、危機管理的観点から地道に協力の枠組みを構築していくしかないと思っています。

――日本は文明史的に見て、アジアに位置しながらアジアではないという宿命があるのではないでしょうか。

そういう「アジア」の実態は何なのでしょうか。「反米欧」の塊ということでしょうか。私は日本は島国の海洋国家だという前提で、敵を作ることは避けながら、やはり海洋国家であるアメリカと組んで軍事、経済、科学技術、文化の諸面で力の強い国になるしかないと思います。

――普天間基地の返還問題とか日米安保共同宣言も出されましたが、日米安保絡みの問題でアジア局長は何か役割を果たしたのでしょうか。

これは北米局の担当で、私は特に役割を果たしていません。アジア局長にはそういうところまで首を突っ込む時間がそもそもありません。

――アジアがだんだん難しくなってくる時期だったと思います。

そうですね。中国について言うと、私がアジア局長の頃、まだ中国は国際舞台に出るのが嫌で嫌でしょうがない国でした。かえって、中国を国際舞台に引きずりだすのがたいへんでした。それが一九九〇年代の後半から急速に変わっていきました。

――中国はもっと強大になるのか、あるいは様々な内部矛盾で発展に限界があるのか。どちらの未来像を描いていたでしょうか。

両方ありました。いずれにしても、中国はソ連ほどの「巨悪」にはならないと当然のように思っていました。アジア局長の頃の中国は、武力で見ても騒ぐほどたいしたことはない。アメリカと対

吉田書店

図書目録

2021

since 2011

〒102-0072
東京都千代田区飯田橋 2-9-6　東西館ビル本館 32
電話：03-6272-9172　　FAX：03-6272-9173
info@yoshidapublishing.com
http://www.yoshidapublishing.com

むのでもなく、許すのでもなく ― ユダヤ人一斉検挙の夜 ―
ボリス・シリュルニク 著　林昌宏 訳　2300円　2014刊

のレジリエンス ― 物語としての告白 ―
ボリス・シリュルニク 著　林昌宏 訳　1500円　2014刊

社　会】

籍の境界を考える【増補版】― 日本人、日系人、在日外国人を隔てる法と社会の壁 ―
丹野清人 著　2900円　2020刊

国人の人権」の社会学 ― 外国人へのまなざしと偽装査証、少年非行、LGBT、そしてヘイト ―
丹野清人 著　3500円　2018刊

導者（リーダー）はこうして育つ ― フランスの高等教育：グラン・ゼコール ―
柏倉康夫 著　1900円　2011刊

島エコツーリズムの社会学 ― 隠岐・西表・小笠原・南大東の日常生活から ―
古村学 著　2500円　2015刊

張は何を語るか ― 炭鉱の歴史と人々の暮らし ―　田巻松雄 編　2400円　2013刊

文　芸】

RIHL（グリール） 文学の使い方をめぐる日仏の対話
文芸事象の歴史研究会 編　6000円　2017刊

ーベル文学賞【増補新装版】―「文芸共和国」をめざして ―　柏倉康夫 著　2300円　2016刊

園の五人の子どもたち ― アントワーヌ・ド・サン＝テグジュペリとその家族のふるさと ―
シモーヌ・ド・サン=テグジュペリ 著　谷合裕香子 訳　2400円　2012刊

坂洋次郎「若い人」をよむ ― 怪しの娘・江波恵子 ―　柏倉康夫 著　1800円　2012刊

る少年H ― わが「失われた時を求めて」―　石崎晴己 著　1800円　2019刊

等に対抗するといった意識は感じられませんでした。

そして中華思想はあっも国際社会、国際相互依存という観念が希薄な中国。ただ、巨大な人口を擁する中国がソ連のような存在になっていくのは避けるべきだ。そのためには、中国に対し国際的相互依存がいかなる国にとっても必要で、中国が「国際社会」を認めてその一部になるのが中国のためでもあると認識させることが重要との考え方です。ソ連的独裁制は強そうで案外もろく、民主制のほうが弱そうでも結局は強靱であるとの共通理解にもっていく。

独裁体制の一番の弱点は、国民の意思によって選ばれてその地位にあるという政治的な正統性(legitimacy) がリーダーに欠如していることです。そのレジティマシーの欠如は、リーダーを臆病にします。

国民の民意によってその地位にあるリーダーは、ダメの烙印を押されて不人気になればその地位を去って終わりです。民意によってそこにいるのではない独裁体制のリーダーの場合はそうはいかない。辞めたら殺されるか、追放されるか。夜寝るときも、ダモクレスの剣が上にかかったベッドで寝ているようなものでしょう。

非民主的リーダーは政治的正統性の根拠を七〇年にわたってマルクス・レーニン主義というイデオロギーに求めてきた。ソ連の崩壊、冷戦の終結によって共産主義のイデオロギーの正統性が崩れた。イデオロギーに代わる正統性の根拠として、最初はナショナリズムや愛国主義 (patriotism) が使われた。

これには即効性があります。例えば「反日」で拳を振り上げれば国がひとつにまとまる効果はあります。しかし、これには副作用がある。中国が日本を必要としないのであればともかく、日本に依存せざるをえない実体がある限り、どこかで「撃ち方止め」にする必要がある。しかしいったん反日に向かって結集した勢いにブレーキをかけると、民衆の怒りのエネルギーは反転して「弱腰の」自国政府に向かいかねない。振り上げた拳の降ろしどころがありません。これらは危険な副作用のあるカンフル剤です。

そこで鄧小平（一九〇四〜一九九七年）が得た解は、「右肩上がりの経済成長」だった。国民に「今日は昨日よりよく、明日は今日よりよくなる」という思いを植えつける。これを政権の正統性の基礎にしました。私もそういう中国は、引きこもって軍事拡張に走る中国よりずっといい中国だろうと思いました。

不断の経済成長を求める中国はすなわち、国際的相互依存の必要性を認める中国で、伝統的な「唯我独尊」性を弱めざるをえないだろう。漢民族も元来商売っ気に長けた民族だから、国際システムの内側に入ってくるようになるだろう。そして豊かになるにつれて中産階級が増えれば、中国は趨勢として民主化の方向に行くのではないか。したがって日本は対中ＯＤＡを続けるのがいいし、世界貿易機関（ＷＴＯ）に引きいれるのが得策だと思いました。

この民主主義と中産階級の関係については、先に述べたように、一九九〇（平成二）〜九一年に二回ほどニクソン元米大統領から雑談風に聞く機会がありました。彼は中産階級とは複数の選択肢を求め、一枚岩的イデオロギーに甘んじない存在だと言いました。ちょうど冷戦が終わる時期に話を聞いたわけですが、あのニクソンも言うのだからそうなのだろうと思いました。

それで中国を国際社会に「エンゲージ」(engage) するという「エンゲージメント・ポリシー」(関与政策) の考え方が広く行きわたって今日にまで至るのですが、今、率直に言って私はこの考え方が成功したとは思えません。ほかにどういう政策がありえたかもよくわかりませんが、ともかく中国は多くの国や人が思ったより、複雑で根強い国であり民族ではあります。

エンゲージメントというのは、「ハードパワー」による「強制」のプロセスを通じてではなく、「ソフトパワー」による「説得」のプロセスを通じて中国を国際社会に引きいれるという発想で、知的な響きもあるし日本でも受けがいいのですが、私はこの関与政策は果たして政策の名に値するか疑問に思っています。

いい行動に対しては「インセンティブ」(具体的利益、褒章) を与えるが、悪い行動に対しては「ディスインセンティブ」(具体的不利益、懲罰) を与えるという、メリハリの効いた「実施、執行」(enforcement) の手だてを欠いたエンゲージメントには、あまり意味がないと思うのです。結局、妥協、融和、黙認に終わるケースばかりが増えないでしょうか。

ソ連は一丸となって当たりやすい相手でしたが、中国はちょっと勝手が違う相手です。そこへもってきて、中国が大きくなるにつれて、冷戦で勝った側をはじめあちこちに自由民主主義からの逆行現象が起きてきています。

自由というものは案外使いにくい、疲れるものだと思います。社会倫理学者エーリッヒ・フロム (Erich Fromm, 1900-1980) の『自由からの逃走』という本にもあったとおりです。でも失ってみると「とりかえしのつかないことをしてしまった」と気づくのです。

――アジア経済危機（一九九七年七月）に関しては、どのような仕事をされたのでしょうか。

危機が起こったのは私が一九九七（平成九）年八月にアジア局から総合外交政策局に移る頃でした。私はほとんど関与していません。外務省内では経済局の所管ですし、政府全体としては財務省中心だったのではないでしょうか。現在日銀総裁を務める黒田東彦《はるひこ》（一九四四年～）財務官ががんばっていたと思います。アジア局はプロパーの事務で本当に手一杯なのです。

――政府に都合の悪いテレビ放送があれば画面がすぐ真っ暗になってしまう中国のような国とは、日本人は本質的に相容れないものがあると思います。日本人は自由闊達な議論を好む国民ではないでしょうか。

基本的にはおっしゃるとおりだと思います。そもそも論ですが、それだけに教育の問題が極めて重要だと思います。

「中国が攻めてきて日本の国をとったらどうするのだ」と聞かれた高校生が、「とられてもいいじゃないですか。私は中国人になります」と答えたと聞いて、私の友人がびっくりしていました。「アメリカの五一番目の州になるのはどうか」と聞いたらどう答えるのでしょうか。

ある新聞社の結構高い地位にいる女性が、「日本はもう少し軍事力を強めなければならない」という議論になったときに「私は反対です。だって私は日本人を信じないから」と言ったことがあるとも仲間から聞きました。

――アジア局長の仕事を総括するとどうなりますか。

繰りかえしになりますが、忙しくて気の抜けないポストでした。アジアを初めて担当したわけですが、滅多にない勉強、経験の機会になりました。ありがたかったです。

基本的には駅伝走者の呼吸です。前任から襷を受けて与えられた区間を全力で走るのですが、区間記録はあまり気にしない。平坦なコース、そうでないコース、悪天、晴天、追い風、向かい風が毎日違うので、その条件のなかでいい位置につけるように走って、後任に襷を渡すという感じ。それでチームの総合成績が上がればいい。国内、省内の誰かと競争するわけではありませんから。

アジア局長の実務は、日本にとって世界全体のなかで比重の大きいアセアン諸国や南アジアには、正直なところ十分手が回りません。そこは代理の審議官や参事官に見てもらわねばならない。アジア局の審議官、参事官は代々優秀な人が来るポストで能力的にはまったく問題がないのですが、かたちと言いますか、相手の国からするとどうしても局長より格下の人間に相手されているという不満が残ります。

今はアジア局はアジア大洋州局になって、オーストラリア、ニュージーランドなども所管することになり、審議官より格が上の、局長相当の部長が所管する体制になって、ひとつよくなりました。

アジア、特に中国を担当していて思うのは、いわゆる中国スクールにとどまらず中国と関わる省員の多くに共通するある種の「つっぱった」感情ですね。「アメリカ何するものぞ」という気概で、これはこれで結構なことだと思います。実際日本のほうがアメリカより土地鑑がある地域、国々もありますし。日本なりに健全な競争意識をもつのは当然でしょう。

ただ、こういう競争関係を伸ばすためにも、アジア、特に中国、朝鮮半島を見る人間はアメリカのまっとうな人間ともよく接触したほうがいいと思います。実際そういう認識の人間も決して少なくありません。

一方、日本全体としては、表にどれだけ出るかどうかは別にして、反米の空気があると思います。アメリカに自力では反抗できないので、中国にアメリカと張り合ってもらい、それで溜飲を下げるという、少々歪んだ発想もあるように見える。この反米は、得てして「反親米」「反知米」ということも話しました。いわば内政問題ですね。

これから先は色々の分野で、日本がアメリカと中国の間で選択を迫られるという人が多い。私は日本は選択を誤らないと思っていますが、いずれにしても日本のアメリカ担当と中国担当は相互乗り入れというか、自分の「本拠」に閉じ込もらず、本拠を囲い込まずの気持ちでやったらいいと思います。これは外交官の世界に限らないでしょう。

ペリー・プロセスと国連改革（総合外交政策局長時代）

——一九九七（平成九）年八月に総合外交政策局長になるわけですが、このポストは外交全般を扱うのですね。

そういうつもりで国連局の代わりに作られました。ただ、日本がもっている情報とか人脈とかがそれだけで自動的に広がるわけはないので、まずは既存のリソースのなかで存在意義を示すことかから始めるしかありません。総理なり大臣なりに、「これはどういうことだ」と聞かれたときに、かいつまんでわかりやすく、ポンチ絵的にでも物事を説明できる人とポストは当時から必要でした。精緻な詰めも重要ですが、航空写真みたいな視点もリーダーには絶対必要ですから。

――総政局長時代も次々と色々なことが起こり、対応に追われたと思います。

まず思いだすのは北朝鮮の核問題です。ウィリアム・ペリー（William Perry, 1927-、国防長官など歴任）が就任して「ペリー・プロセス」とか、三国協議体制（TCOG）と当時言われたものが始まりました。

――総政局が主導して北朝鮮の核問題に当たるという感じでしょうか。

これが難しい。外務省のなかも民主主義だから、一人の局長が突出することは、ほかの局長は必ずしも喜ばない。自分たちは同じ局長なのに、選挙区もない総政局長が何を言うか、という雰囲気がある。総政局長がどれくらい実働できるかは、総理官邸、外務大臣、政党の主要レベルからどれくらい信頼を得るか、という属人的な面にかかっていると思います。

総政局長は全国区というか、よくわからないポストで、外務省設置法の条文から見ても、その権限は何なのかよくわからない。人事、予算権もないし、徒手空拳です。北米局長、アジア局長は外務省のなかのもっとも多忙な局長です。北朝鮮の核問題は日米と日中韓に関わる問題です。そこで総政局長が関与することになりました。

ペリー報告書の協議に参加した日米韓の人たち。後列左から5人目が筆者、7人目がペリー氏〔1998年〕

ペリー・プロセスは日韓米三カ国の協議の場ということですが、クリントン大統領がペリーを指名したのは国務省代表ということではなく、自分の直属スタッフをその任にあてたということです。韓国はこれに倣って、林東源《イムドンウォン》青瓦台安保補佐官（途中で統一相）を指名しました。日本には当初、野中広務（一九二五〜二〇一八年）官房長官を、と言ってきたそうです。要するにトップ直属の者の間の協議にするという発想だったのでしょう。

しかし日本は体制が違う。官房長官の野中さんはこういう協議に出るには多忙すぎるし、役回りが違う。当時は国家安全保障会議もありません。米韓のような対応は日本には難しいので、官邸から外務省の誰かを出せということになった。外務省でも次官、外務審議官は通常業務でたいへんだから総政局長でどうだ、となったようです。

私にお鉢が回ってきたわけですが、私は一介の局長です。ペリーさんは大物だし、林東源さんも閣僚級らしい。私で納得するかはなはだ心許なかったのですが、米韓ともＯＫでした。会議でもアメリカの「随員」が、アシュトン・カーター（Ashton Carter, 1954-、国防長官など歴任）、ウェンディ・シャーマン（Wendy Sherman, 1949-、国務次官など歴任）、カート・キャンベル（Kurt Campbell, 1957-、国務次官補など歴任）などハイランクなので、正直なところ日本代表の私は面映かったですね。

でも、決まった以上は割り切って、やるべきことはやろうと思い、思う存分発言しました。ペリーさんは本当に立派な人で、私がいささかでも気後れすることがないよう同格として扱ってくれました。私の補佐に佐々江賢一郎（一九五一年〜、駐米大使など歴任）君と別所君がいてくれたのも心強かった。

それまでの日韓米の北朝鮮政策はどうもうまく行っていなかった。当時有名だった米朝の「枠組み合意」も結果につながらなかった。北朝鮮への圧力を強めなくてはならないが、日米韓がバラバラな対応をとると、足元を見られて北に乗ぜられてしまうので、日韓米の共通認識と連携が必要との認識が強まりました。それでペリー・プロセスが始まり、インパクトのある報告書を出そう、となりました。

北が喉から手が出るほど欲しいものはまず、「米朝二国間平和条約締結によるレジームの安全保障のとりつけ」、次いで「日本との国交正常化の結果得られる金《カネ》」だろう。北がこれらを得るためには前提条件がある。前提条件の第一は、北による核開発の完全放棄。そして当時の日本政府が最重視したポイントは、「拉致」と「テポドン」が、日米韓三国間の総意としてその前提条件に含まれることでした。

これは容易ではなかったですが、拉致は人間の尊厳という基本価値を踏みにじる行為だし、テポドンは日本だけではなく、アメリカに対する脅威にもなりうることを、私はいくどか強調しました。結局、ペリーさんはもとより、林東源さんも日本の主張を認めてくれました。

そうして出来たペリー報告書の案文について、米韓のトップからはすぐOKがとれたのですが、日本は国会開会中で小渕総理の時間がとれません。結局、国会内で審議休憩中の一五分だけ時間がもらえることになって、国会議事堂に行きました。ペリーさんとフォーリー大使以下アメリカ勢と、林東源さんと韓国大使以下韓国勢が控室でいっしょに詰めているなかで、ペリー報告書の案文をもって小渕さんのところへ飛び込んでできることは、「十分ご説明する時間がありませんが、この案文に総理が絶対入れろと仰っている点はきちんと入れたつもりです。よろしくご決裁を」と手短かに言うことだけです。小渕さんは国会審議で疲れているようでしたが、快く「わかった、任せるよ」と言ってくれました。秘書官の人たちが好意的な雰囲気をあらかじめ作ってくれていたので助かりました。

Vサインのジェスチャーなどまだなかった頃の話です。「総理のOKをもらった」と控室に戻って言ったときには、米韓双方ともたいへん喜んでくれました。

今から思えばそうなって当たり前だったのかもしれませんが、当事者としては切羽詰まった状況です。「大勝利」のような気持ちはゼロで、ともかく最小限日本の言い分は入った、恥をかかずに済んだ、という安堵感です。後になってずいぶん危ない橋を渡ったのだなと思って、冷や汗が出ました。純情だったのですね。

「木を見て森を見ず」になるといけないので、もうちょっと敷衍して話します。

ペリー・プロセスの由来ですが、一九九〇年代初めの日韓米の北朝鮮認識は、概して今より甘かった。日米の多くの識者が、北朝鮮は一〇年のうちに崩壊し、消滅しうる国だと思っていました。北が自暴自棄の武力攻撃を韓国に仕かけた挙句に崩壊したら、アメリカは血を流す覚悟で軍を派遣しなくてはならない。韓国には南北統一を成し遂げても、国を支える経済的体力がない。日本には大量の難民が押しよせる。中国にとって見れば北朝鮮という緩衝地帯（バッファー・ゾーン）がなくなって、鴨緑江の対岸まで米軍が張りだしてくることは耐えられない。こういったそれぞれ別の思惑があって、日米韓中いずれも「現状維持」志向が強かった。極端な言い方をすれば、北朝鮮は「生かさぬように、殺さぬように」という雰囲気です。

そういうなかで、北は核兵器の開発に取り組みだしました。

一九九三（平成五）年一月に発足したクリントン政権も北に対する認識は甘かった。北の核兵器といってもアメリカの安全に対する直接の脅威ではない。アメリカにとっての主な懸念は、北朝鮮が金《カネ》欲しさに核兵器や技術を怪しげな国に売って外貨を稼ぐ、つまり、「核拡散」のほうでした。

クリントン政権はロバート・ガルーチ（Robert Galluci, 1946-）を起用し、北朝鮮との間に、「北は核兵器開発を諦めるが、北にとって焦眉の急のエネルギー不足に対応するため、米日韓が核兵器転用の恐れがない原子力発電の軽水炉を提供する」ことを骨子とする交渉をもちかけます。ガルーチという人とは面識がありませんが、非常に優れた知性と善意をもった、民主党らしい人と推察します。

交渉の成果として一九九四年一〇月に出来たのが、「米朝枠組み合意」です。正式の英文は「合意された枠組み」です。見る人が見ればそこに微妙な違いがあったのです。

それはともかく、結果としてこの構想はうまく行きませんでした。この「枠組み合意」に対する米議会の反発も強かったし、北朝鮮が別途、核兵器開発を進めていたことが判明したからです。今、アメリカとイランの交渉を見ていて思いを新たにするところがあります。

北朝鮮は一九九八年に弾道ミサイル「テポドン」を発射します。これが日本列島を超えて太平洋に着水します。折から拉致問題が明らかになりました。日米双方とも北朝鮮に対する甘い政策を見直すべきではないかという機運が高まっていきました。

そしてクリントン政権はペリーを「北朝鮮政策調整官」に指名します。「調整官」(coordinator)の意味は、北朝鮮との間の「交渉責任者」(negotiator)ではなく、日韓と協議のうえ、日米韓三国の北朝鮮政策を調整するアメリカ側責任者だと、ペリーさんははっきり言っていました。

ペリーさんは三国間協議の成果としての報告書を作成し、議会などに提示する意向でした。そしてその報告書はアメリカ一国の文書ではなく「日韓米三国の共同文書」にしたいということでした。

肝心の中身ですが、ペリー主導の三者会合の結果、北朝鮮に対しこれまで「飴」と「鞭」の政策を併用してきたが、これからは鞭の要素を多くしなくてはならない、というのが三国の共通認識でした。

そして、北の最優先課題は今の自分の「レジーム」の安全確保だろう。北朝鮮から見れば、およそ世界のなかで北を一撃で潰す力をもつのはアメリカだけ。日中韓など余計な夾雑物を入れず、米朝だけの二国間交渉に漕ぎつけて「米朝平和条約」を締結すれば、ほかの国は自ずと追随するしかないという、ある意味で透徹した認識があります。

それでも、米朝平和条約でレジームの安全の保証をとりつけても、国の運営には金《カネ》がいる。それを出せるのは日本しかない。一九六五（昭和四〇）年、日韓国交正常化条約で日本が韓国に払ったのは五億ドルくらいだったから、これと同じ程度を現在値に引き直して日本からとりつけるのが二番目に重要だろう。

したがって、アメリカも日本も、それぞれのカードを絶対安易に切ってはならない。米朝、日朝交渉が開始されるのは、北朝鮮がこちら側が要求する一定の前提条件を満たした後のこと。それが何であるかを日米間三国間で具体的に詰めるのが今回の協議の核心でした。

繰りかえしになりますが、最大の前提条件は核兵器開発の完全放棄だが、「核」のなかには核弾頭だけでなく、テポドンのような弾道ミサイル開発も含むこと、拉致問題解決も前提条件とするのが、日本にとって内政的にも至上課題でした。その点は幸い報告書に三国の共通認識として盛り込まれました。

ペリー・プロセスに至るまでの間、日米韓は各々対話と圧力、飴と鞭の組み合わせで北に対応してきたが、なかなか成果が上がらない。どうも対話に流れがちでした。

北が何かいいことを実際にやったら飴、つまりインセンティブを考えてもいいが、今後は北が逆行する動きしか見せないなら、経済制裁を含めて具体的な圧力を講ずることにする。その圧力を日米韓が足並みを乱さないように加えていくことが重要でした。

アメリカ側が当初示した圧力のなかには、北に対する先制武力攻撃もオプションとして入っていたと思います。少なくともペリーさん自身が、このオプションを考えていました。

報告書の採択後、ペリーさんがこの報告書をもって訪朝すべきだということも、三国の総意となりました。ペリーさんは北との「ネゴシエーター」ではないので、交渉ではなく北側に報告書を直接届けるメッセンジャーの役回りという建てつけです。

後日、北への訪問を終えたペリーさんは、「北のトップとは会えなかったが、首相級のそれなりの人間に会って報告書を手渡した。相手が受けとらない可能性もあると思ったが、コメントすることなくそのまま受けとった」と話しました。その際、次の趣旨のことを伝えたということです。

「私は交渉するために来たのではない。一種のセールスマンだと思ってもらえばいい。私には航空写真のようにあなたたちに見えないものが見える。あなたたちのこれから進む道は三つある。コース一は断崖絶壁に行き当たる。コース二は荒れ地になって住みにくそうだ。コース三は人もいて商店もあり、ショッピング・リストも豊富です。名刺を置いていきますから、もしご関心があるなら私に連絡いただければとり次ぎます」

私はペリーさんに「お疲れ様でした」と言うと共に、この後中国に行ってもらうのはどうか、と話しました。韓国側もそうすべきだという意見でした。中国を日韓米の三国の枠組みに加えるかどうかは別にして、経過を説明しておくことは大事と思ったからです。

ペリー訪中は実現しましたが、その内容は記憶していません。私はロシアにもついでに行くのはどうかとも言いました。ペリーさんは時間があればという感じで、これは結局実現しなかったと思います。

ペリー報告の現在の位置づけは知りません。しかし基本の部分はずいぶん意味のあるプロセスだったと思います。

私は総政局長から外務審議官に変わって、このペリー主導のTCOGから離れました。ペリーさんもアメリカ代表の座をウェンディ・シャーマンに譲ります。三カ国協議体制はやがて「六カ国協議」になりますが、その後の政策決定に私はあまり関与していません。今日まで色々あったわけですが、結局、北は核兵器開発を進めてすでに核弾頭を所有し、運搬手段としての弾道ミサイルも実験段階を超えたところに来てしまったようです。

核の「完全で検証可能で不可逆的な廃棄」（CVID）といっても、「実際の検証は、言うは易く行うは難い」とペリーさんから聞いていました。彼はもともと核物理学のエンジニアです。

しかし、北朝鮮にとっての至上の課題は、アメリカからレジームの安全の保証をとりつけることであり、次いで国を成りたたせていくために必要な金《カネ》の出どころは日本しかない、という現実は変わっていないのではないか。

日本としてはアメリカに対して、軽々に米朝二国間交渉開始に応ずるな、CVIDの基本を譲るなと言い、本格的な金《カネ》は、長距離ミサイルのみならず核搭載可能で日本を射程内に納める中距離ミサイルの廃棄と、拉致問題の解決がない限り出さない、という基本を守り、落ち着いて対処すべきだと思います。そして北の核兵器保有国化がこのまま進むなら、核政策を含む日本の国防政策をタブーなしに再検討せざるをえない。そのことを覚悟すべきだと思います。

——もうひとつの重要な仕事は国連改革だったと思います。

国連改革は総政局長の所管で、事務局は国連政策課でした。

国連改革は一貫して課題です。つまり、いつまでも進展しないということです。国連は今の時代の要請に応えていないと私も思っています。国連で一番大事なのは安全保障理事会ですが、国連創立以来、所期の機能を十分果たしてきたとはとても言えない。

余談から始めますが、国連の構造は案外アメリカ合衆国に似ているのです。アメリカ憲法の前文と国連憲章の前文を見るとおもしろい類似があるし、双方の建てつけを比較するのは一興だと思います。

機構についての一般論ですが、大きすぎる組織は概して機能しません。安保理の常任・非常任合わせて一五カ国というのはいい規模感だと思います。常任理事国五、非常任理事国一〇という構成もあながちダメではない。

ただ、世界最重要の責任を負う常任理事国五カ国が、毛色というか主義、体制をまったく異にするグループに分かれている。最初は米、英、仏、ソ、中（中華民国）。今は米、英、仏、露、中（中華人民共和国）。そして常任理事国には絶対の「拒否権」が与えられている。これではいざ危急の際、安保理が能動的に動くことはまず期待できない。それに常任理事国の顔ぶれですが、米、英、仏、露、中の誰がふさわしいのでしょうか。中露は国際法違反が多い。英、いやそれより仏は世界代表たるにふさわしい国ですか。多くの人が疑問を覚えて久しいと思います。

少なくとも日独印などのほうが有資格者ではないか、というのは胸に落ちます。冷戦が終わると安保理が時代の要請に合わない感じが一段と強くなった。しかし拒否権の壁は実感としてものすごく高く、厚い。この拒否権は終身、究極の「ステータス・シンボル」で、誰もがしがみついて手放さない。

一九九〇年代中盤、ロシアだけでなく中国もサミット（G7）に参加させたらどうかという意見がそこここに出て、中国の意向を打診したことがありました。返事はにべもない感じでした。中国は国連安保理の常任理事国であることで十分であり、単なる非公式な金持ちクラブに入る実益はないということです。

後になって、冷戦終了後間もなく、ということはソ連が崩壊してロシアが弱く、中国もまだそれほど力をつけていない間に、日本とドイツ二カ国だけを急遽安保理の常任理事国にしようという動きがあったと聞きました。言い方は悪いですがどさくさに紛れた「応急措置」（quick fix）で、憲章改正もとおる見通しもありました。

日本にも打診が来た。時の日本政府は部内で色々議論のうえ、「今の日本にとっては安保理常任理事国になるメリットより、そのことによって被るデメリットのほうが大きい。軍事的貢献のできない日本には荷が重い」という結論に達して、結局申し出を断ったとのことです。

いずれにしても私が総政局長になったときにはもはや「覆水盆に帰らず」で、クイック・フィックスに戻ることは不可能な情勢でした。なお、記憶は不確かですが、もう一方のドイツも、安保理七カ国中ヨーロッパが三カ国ということになると、ただでさえ欧州の過剰代表（overrepresentation）

はおかしいと言われていた安保理ですから、とてもとおらないということで、遠慮したようです。

私が総政局長だったとき、小和田恒さんは次官で、次いで国連大使になりました。国連改革にもたいへん熱心かつプロアクテイブに取り組み、八面六臂の活躍でした。小和田さんの構想はクイック・フィックスがもはや無理としても、日本と米、英、仏がスクラムを組んで「日独プラス二、三カ国」を常任理事国に加える改革の具体案を早急に固めて、打ってでるべきである。すなわち、米英仏が中露を説得してG5案が成立すればものごとが動きだす。ドイツは必ず乗ってくるだろうし、将来を考えればそのほうが米英仏のためにもやりやすい安保理になるのではないか。

来日したプーチン大統領と握手する筆者〔2000 年〕

そして具体案の中身は、①安保理一五カ国の総数は動かさない。②ただし、常任理事国五に新たに「準常任理事国」五を加える。③残り五は従来どおり非常任理事国とし、二年ごとの選挙で選ぶ——でした。
準常任理事国という言葉を小和田さん自身が使ったわけではありません。当初は日独を含め追加五カ国は、これまでの常任理事国とまったく同じ権限をもつべきだと切りだしたのですが、拒否権を従来の五カ国以上に拡大することや、拒否権を廃止する案については、米英仏ともまったく乗ってきませんでした。

　そこで準常任理事国という考え方に切り替えるのですが、候補となる五カ国は日、独のほかはアジア・インド太平洋、中南米、アフリカ三地域の代表それぞれ一カ国とし、日独以外の三地域代表の選定は当該地域に委ねる。これら準常任理事国は、拒否権はもたないが任期を一〇年とするという内容でした。

　例えて言えば、これまで「ファースト」と「エコノミー」しかなかった航空機の座席に「ビジネス」を加えるようなものです。この案は米、英、仏にもかなり真剣に受け止められました。難点は日独以外の三人の「ビジネスクラス」の乗客をどうするかでした。

　アジアではインドというのが常識的なように思えます。アフリカではナイジェリア、南アフリカのいずれか。中南米ではブラジル、メキシコのいずれか。

　しかし、ここから先が実際はたいへん厄介で、容易に決着がつきそうにない。例えばインドについては大方の国の賛意があっても、パキスタンはインドだけはダメだと死に物狂いで足を引っ張る。ブラジルについては、メキシコはともかくアルゼンチンが絶対に阻止しようとする。アフリカではケニアやエジプトも黙っていないだろう。

　どうするか考えているうちにこのビジネスクラス案がリークされて大騒ぎになり、結局進まなくなりました。リークしたのは間違いなくフランスと見られていました。この案に米英、特に英は前向きでしたが、フランスは利害得失を検討した結果、失うもののほうが大きいと判断して潰しにかかったのでしょう。

今考えると最初から難しい案だったと言われるでしょうが、当時は手応えもあってなかなかいいところまで行った印象でした。のちにコフィ・アナン（Kofi Annan, 1938-2018）事務総長の改革案が別途、示されるのですが、細部を除けばこのビジネスクラス案にそっくりでした。そして同じ理由により日の目を見ませんでした。結局、改革のモメンタムは強いようで十分ではなかったということでしょう。

――Ｇ４（日本、ドイツ、インド、ブラジル）がまとまって安保理改革を推進しようとしたのは、加藤さんの後でしょうか。

そうです。小和田さんの後、佐藤行雄さんが国連大使になりました。佐藤さんは路線を転換して大票田であるアフリカを身内に引き入れようとしました。これもひとつの考え方だと思います。

Ｇ４案は私が駐米大使になってからのことですが、私は最初から無理だと思っていました。モメンタムはすでに去り、主要プレイヤーの改革への熱意が落ちていたと思います。

地域ごとの足の引っ張り合いを矯正できる案は容易に考えられるものではないし、あちこちの地域の言い分に流されると、結局あっちも増やし、こっちも増やしとなって機動的な安保理から遠ざかるばかりでしょう。

ちなみに、安保理改革は国連総会の決定事項で安保理決定事項ではありません。しかし、憲章上「安保理常任理事国を含む」総会の三分の二の国の賛成が必要と明記されていますから、実質は常任理事国はここでも拒否権をもっているわけです。今は中国の力が当時より大幅に増しています。
中国はアメリカの同盟国である日本の常任理事国化にはますます反対し、邪魔するでしょう。安保理改革はもう一回出直しですが、今度動くならアメリカとの協調は絶対必要でしょう。アメリカ抜きに改革案がとおる可能性はゼロだと思います。安保理改革にかまけて日米同盟に水を差すのは愚策でしょうね。

――北方領土交渉ついては何かイニシアティブをとられたのでしょうか。

特にありません。実務的に対応しただけです。総理、外務大臣などへの状況の説明役はやりました。総政局長から見ると北米局、アジア局、それにロシア関連はいわば「自力救済」ができますが、比較的所帯が小さい中近東になると、総政局が援けるべき場面も多くなります。当時イラク情勢もきな臭くなっていました。
複数の局や課にまたがることについて、総理、官邸、外務大臣、与党幹部に総政局長が出向いて説明したり、国会答弁をする機会はかなり多いのです。総政局長は先に申し上げたとおり、要人との関係がことのほか重要で、かなり「属人的」なポストだと言えます。要路との間にプロフェッショナルとしての信頼関係が出来れば省内での発言力も増すが、ダメだとその逆です。それでも総務課長の頃、その創設に関わった身としては、国連局長より総政局長をもったほうがはるかに省益に資すると思っています。

首相を支える（外務審議官時代）

――一九九九（平成一一）年八月に外務審議官に就きますが、外務審議官は総政局長からの仕事の延長のような感じでしょうか。

延長ということではないですね。前にも話しましたが、「長」の字がつく人は最高責任者（権限者）の大臣、事務次官の真下について決裁権限をもつ「ライン」の人です。外務審議官（外審）とか局の審議官、参事官は補佐役で決裁権限をもちません。「スタッフ」といわれる役回りです。

総政局長はライン、外審はスタッフです。実質的には総政局長も外審も外交政策全般に関わるポジションですから、関心をもつ対象は結構共通しているでしょう。政務担当外審の要務のひとつは先進国首脳会議（G7サミット。当時はG8）での総理の補佐と、G7（G8）外相会合での外務大臣の補佐ですが、助けてくれる事務局は総政局企画課ということもある。

実質的な違いは、外審は出張で国を空けることが多い。私も一年の三分の一以上は海外だったと思います。総理の外国訪問にはたいてい随行し、外務大臣にも主要なものは随行します。そのほか自分自身のレベルの外国との協議もあります。

総政局長のときの外務大臣は小渕さんでした。僭越ですが、たいへんやりがいを感ずる大臣でした。そのまま総理になられたのでとてもありがたく感じました。こちらをやる気にする総理でした。といって「優しい」という表現がいいのかどうかはわかりません。大声で怒鳴ることは私の知る限り皆無でしたが、仕事が惰性に陥っていて、総理の立場への配慮がないことが度を越していると、それに対する不満げな表情やコメントには、静かなだけにかえって迫力がありました。急に黒雲が湧き上がってきて周りが暗くなる感じ、とでもいうのでしょうか。

しかし今から思うとたいへん疲れていらしたのですね。ニューヨーク訪問中にギリギリのところで、「次の行事への出席を今からキャンセルしたらまずいか」と、ちょろっと聞かれたとき、私はとっさに主催者への影響とか、急な欠席が生むあらぬ憶測とかを考えて、「冒頭だけちょっと顔を出していただいたほうが……」と答えてしまったのですが、よほど大儀だったのでしょう。その後は表面的には比較的お元気だったので、「ああよかった」と思ったのですが、全体的に考えると総理に過大な負担をかけるのは避けるべきだと思います。

小渕総理（左奥）らとラオスの踊りを楽しむ〔2000年、ヴィエンチャン〕

小渕さんが急に亡くなられたのは大きな衝撃でした。二〇〇〇年の沖縄サミットにはずいぶん思い入れもあったでしょうし。

小渕さんの後は森喜朗総理となりました。森さんはずいぶん気配りをされる方でした。小渕さんの遺志を継いで沖縄サミットを成功させなければと、あと半年ちょっとというタイミングで、全参加国首脳への事前の挨拶回りをすることになりました。日米は二〇〇〇年二月に顔合わせが別途済んでいたし、日露はプーチン大統領のほうが森さんより新顔なので、後回しだったと思います。とりあえず英仏独とカナダには仁義を切っておきたいということで、急遽強行軍の日程が組まれました。

シラク大統領がサミットの大御所ということで、まずフランスに行ってシラクさんとの会談と昼食会。翌朝、朝食をパリでとって、昼はベルリンでシュレーダー独首相とのワーキング・ランチ。ロンドンに行ってブレア英首相とのワーキング・ディナー。そのままカナダに飛んでようやく夜寝て翌日、日加首脳会談という具合でした。

森さんはサミットが終わった後、演説のために国連総会に行ったのですが、総会会場での座席は加盟国のアルファベット順で決まっていて、日本の前列がハイチです。

一同着席の後、森さんはやおら席を立って、ハイチの代表団のところに行って話し始めた。先方は不意を衝かれたと見えて、全員起立していたく恐縮して喜んでいるのです。席に戻った森さんに私は「何をされたのですか」と聞いたら、「なに、ご近所づき合いというのが昔からあるんだよ」と言うのです。私ごときには到底思いつかない政治家の感覚でしょう。とても印象に残っています。

仕事のスタイルは総理ごとに変わります。外国要人との会談の場で変化球の質問があったりしたときどう補佐するか、メモをさっと入れるべきかも重要です。

橋本さんは事前のブリーフィングを念入りにやった後、会談の場でメモを出されることは徹底的に嫌っていました。

小渕さんは自然体というか、必要ならば後ろを振りかえって「何かあるか」と聞く。気を利かせ

外務審議官時代に出席した日米首脳会談。左列手前から３人目は森喜朗首相、奥から３人目が筆者〔2001年３月、ホワイトハウス〕

たつもりでこちらが出すメモは使うときもあれば、無視のときもある。

森さんはメモを嫌わない。必要なときにメモ、耳打ちの類いがないと「補佐が悪い」とご不満でした。会談がスムーズに流れることがまずもって大事という感じでした。メモをたくさん入れすぎたら怒って、二、三枚面前で投げかえされたことがあります。

小泉さんはどのみちマイウエイ。事前ブリーフィングですら聞きたいことしか聞いていない。会談もマイペース。わからない質問があれば質問のほうが悪いという感じで、全部さばいていました。もっとも、さすがに首脳会談になると、日本の国会質問のようなあまりに細かいものはありませんが。

アジア局長、総政局長、外審時代は総理に直接ブリーフィングする機会が多かったと思います。国会答弁やブリーフィングは、いくらやってもそのつど緊張します。毎回真剣勝負だったと今も思います。

サミットの「首脳宣言」や「政治声明」作成はホスト国の責任なので、沖縄サミットでは日本の担当になりました。私が関わったのは、サミットそのものの前日に開かれる首脳夕食会後に発表される「政治声明」でした。実際、広範な問題にわたって英文でドラフトを作るのは簡単ではないし、時間の余裕もあまりありません。効率的に動く必要があります。

それまでの経験によると、G8のなかでアメリカは案外恬淡としていました。アメリカの政府高官は国務次官で私の友人でしたが、「サミットは無駄な議論が多い。時間ばかりかかって出来上がるものは概して常識的なものだ。俺にはもっと忙しい仕事がある」と不満を言っていました。

議論での主役は主に英仏でした。それで私は声明案文を作成する前から、この二国をできるだけ立てようと思っていました。イギリスには文案を作る段階から内緒で日本チームに入ってもらって、作業してもらいました。イギリス人のドラフト能力は、英語が母国語だからというだけにとどまらない格段のものがあります。この際、イギリス人の英語は「国際公共財」だと割り切って活用すべきです。

英仏はそれぞれ特に個別に食事に招待して相手と腹合わせをしておきました。アメリカの支持はもともと当てにできる関係にありました。

会議の席上、実は日英共作ですが、日本作成のドラフトを配って討議を始める。フランスがあれこれコメントする。独伊加からも注文が出ます。イギリスは自分が書いた案文に、これはちょっと表現がおかしいとか注文をつけていました。議論をしだすと止まらなくなるのはいつものことで、時間の節約にはあまりなりませんでしたが、何しろ最初からイギリスの手が多く加わったドラフトは基礎がしっかりしていました。議論が紛糾してコントロールが効かなくなることもなく採択されました。

日本としては「拉致」と「テポドン」を入れるのが内政的にも使命でした。正直なところ、アメリカとイギリス以外にはあまりピンと来ない話だったようですが、いい機会なので、いかにこれらがサミットのメンバーにも関わる本質的で危険な問題であるかを説明し、ホスト国の特権も生かして声明文に盛り込んだわけです。

私は一九八〇年くらいからサミットは肥大化、お祭り化していると思っていました。特にアメリカは別格としても、日本の代表団の規模が目立って過大で、経費的にも無駄が多いと思いました。このままでは形骸化していくのではないか、と身内の人にこぼした記憶があります。

それでもサミットの会議そのものの「外側」で行われる二国間同士のやりとりには意味がある。特に日欧の対話は細りがちなので、こういう機会に英仏独伊などと個別にお互いの抱える問題について認識を共有し、すり合わせを行うのは貴重と思っています。日本にはほかにそういう場がありませんから。

――森総理が退陣し、外務省の報償費スキャンダルが起き、小泉内閣になって田中真紀子事件が起きます。

そういう展開になってしまいました。官僚のスキャンダルは通産省、大蔵省と続いて、次は外務省が挙げられる番だよという話が出まわっていました。

――外務省のスキャンダルにはどのように対応したのでしょうか。

機密費については調べる立場でも、調べられる立場でもなかったですね。

スキャンダルは事務次官と官房が対応しました。「機密費」というのは「報償費」のことですが、国内でも在外でも、客の接待とか情報収集のときに使わせてもらっていました。報償費の管理そのものは官房の仕事です。私は調べる側に回った経験はない、外審時代まで調べられた経験もありません。

――二〇〇一（平成一三）年四月に田中真紀子さんが外務大臣になって、日本の外交が滅茶苦茶になった印象があります。

ドタバタの連続でしたね。世間ではスキャンダルをめぐって外務省叩きが激しかった。外務省はお高くとまっている印象がある分、怨嗟の的になりやすい。田中さんは外務省は「伏魔殿」だと言って、解体する意気込みで乗り込んできたのでしょう。ただ、闇雲に外務省を殴り続け、痛めつけても、外交の実務は国としてストップさせるわけにはいきません。

――加藤さんは次官候補に挙がっていたと思います。

それまでの流れはそういう方向だったかもしれません。当時、川島裕（一九四二年～）事務次官からそういう前提で色々話が来たりもしました。

最初の動きは即刻川島次官に替えて私を後任にすることだったのでしょうが、これは乗るべき話だとも思わなかった。変な政治の思惑が回りまわって、次官と次期次官との間に溝が出来るような印象を与えるだけでも、省内が疑心暗鬼になり士気が下がります。川島次官との間で、絶対一枚岩で行こうと打ち合わせていました。このときの外務省の状況は、ときどき他省内にあった「派閥争い」とは全然次元が違うものだからです。川島次官と私の間が揺らいだことは一度もありませんでした。


――田中さんは加藤さんを次官にする考えをもっていたが、巻き込まれないようにとの配慮で駐米大使になったと、当時の報道にあります。


私は逃げだすつもりはまったくありませんが、しばらくゴタゴタが続きそうな状況で次官になるよりも、できれば駐米大使にしてもらったほうが少しはお役に立つのではないかと思ったし、川島次官ともこの辺は話していました。

さらに九月にはニューヨークで同時多発テロが起きます。未曾有の事態です。よりによって日米関係にとって重大な局面で外務省の中枢機能が働かないのは、見るに忍びないものがありました。

私は前述のように、一九九一（平成三）年の湾岸戦争の後、厳しい外務省批判が起こったときに大規模な機構改革に携わりました。これでしばらく外務省は「巡航飛行」の時代に入ったかと思っていたのですが、今度はスキャンダルが発端となって大波に飲み込まれた。いずれにしても、川島次官以下、内外数名の信頼できる同僚が私のことをずいぶん考えて希望を入れてくれたので、今でも感謝しています。

——大使としてのアグレマン（相手国からの承認）は、アメリカから順調にとりつけられましたか。

アメリカにアグレマンの申請をしてから電光石火でオーケーが来たと聞きました。ブッシュ四三代政権には何人か友人もいましたし、「歓迎するから早く赴任してこい」というメッセージかなと思って少し気が楽になりました。

第七章　日本を背負って

大使としてアメリカに赴く

——二〇〇一（平成一三）年八月に加藤さんが駐米大使、野上義二（一九四二年〜）さんが外務次官で決着と新聞記事にはあります。

大使の発令は八月でしたが、天皇陛下による認証式は九月一二日でした。アメリカへの実際の赴任は一〇月二六日でした。九月一一日に米同時多発テロが起き、翌日が認証式、その翌日一三日が私の誕生日だったので忘れがたいですね。

私の米大使時代は二〇〇八年五月二六日に帰任するまで、実働ベースで六年七カ月。それはブッシュ四三代大統領の八年にすぽっと入る。日本は小泉さんがほとんどで、安倍晋三（第一次）さん、福田康夫さんの時代まで行きました。

——混乱した状況で、駐米大使はどのような役割が期待されましたか。加藤さん自身が特に念頭に置かれたことはありますか。

日本国政府のアメリカ総局長みたいなものでしょうか。先輩の諸大使と同じです。赴任の時期としては外務本省が報償費スキャンダルや田中外務大臣問題で揺れ、アメリカが九・一一で未曾有の緊急時という状況で、万事浮足立って慌ただしい雰囲気でした。

このポストが外務省の最終ポストのはずですから「完全燃焼」するつもりでいました。ただ、私の場合性格的に「眦《まなじり》を決して」人目に立つ「獅子奮迅の大活躍」は似合わないので、「できるだけのことはやって悔いを残さないように」という気持ちでした。

外務次官と違って、駐米大使は日米同盟の維持・強化に注力できるし専心すべき立場です。相手のアメリカが二〇〇一（平成一三）年一月以来、アーミテージをはじめとして、昔からの友人が何人か要職に就いているブッシュ政権だったので心強かったです。

駐米大使時代、ブッシュ大統領夫妻と写真に収まる筆者夫妻

在米大使館を本省のシンクタンクにするという考えももっていました。当時の東京はドタバタの状況で、要路の人間が外交の実務に神経を集中するのが難しかった。

だから在米大使館は常にも増して東京の意を汲んで、ときには本省の意向を先どりするくらいの感じで仕事すべきだろうと思い、着任早々、館員にもそのことを言いました。「日本との一三〜一四時間の時差を有効に活かすべきだ。本省の担当部局とは間断なく電話でも何でも使って意思疎通に間違いがないようにしてもらいたい」と言いました。

駐米大使の実質六年七カ月の間、本当にやりたかったのは、アメリカとの関係にもっと肉づけをすることでした。太平洋は大西洋に比べて、つまり日米関係は米欧関係に比べてまだ筋肉が弱い。そこに頼りになる筋肉をつけたい。イラク、アフガニスタン、ＢＳＥ（牛海綿状脳症、狂牛病）も、たまたまではありますが、筋肉をつけるための素材として利用したい、と思いました。

空念仏のように唱えているのではなく、大西洋思考のアメリカ、ヒスパニックが多くなるアメリカとの間で、日米のエレメントをより強くするためには、本質的に大事な部分で日本人の魅力、日本国の魅力をアメリカに伝えないとだめです。悪いことをしない日本、漫画やアニメで進んだ日本だけでは足りない。それらは本質的筋肉ではない。体幹がまだ弱い。もっと背筋力とか根源的な筋肉が強くなければダメと思っていました。それを私一代でできるとは思わないが、代々の駐米大使はそういう努力をしてきたし、今後もそうすべきだと思いました。


——ワシントンはその時間的余裕があるような環境でしたか。


時間的余裕があるかないかの問題とはちょっと違う。合理的な仕事の仕方というものはいつでもどこでも、どういうときにでもあります。

大使の仕事のスタイルは人それぞれでしょうが、私は大使は大使でなければ代替が効かない仕事に重点を置いて、あとは配下の人に委ねるスタイルでした。それをあえて選んだということではなく、多分、私の持ち味はそれしかないのです。そしてそういうスタイルが可能な環境でした。

第一の理由は、東京そのほかから送られてくる人が俊秀ぞろいであることです。ちなみに、私の大使時代の次席公使だけでも、安藤裕康（一九四四年〜、駐イタリア大使、国際交流基金理事長など歴任）、小松一郎（一九五一〜二〇一四年、駐仏大使、内閣法制局長官など歴任）、塩尻孝二郎（一九四九年〜、駐インドネシア大使など歴任）、斎木昭隆（一九五二年〜、外務事務次官など歴任）の各君で、一騎当千の人ばかりでした。各省からのアタッシェ、自衛隊の制服組も精鋭ぞろい、各班班長以下も超一級、贅沢な体制でした。私の仕事のひとつは、こういう人たちの仕事の邪魔をしないことでした。

第二の理由は、口幅ったいようですが後輩の育成です。大使として赴任する前、東京で大河原大使に言われたことがあります。大河原さんは外務省で私の二三期先輩ですが、仕事柄色々ご縁のあった方でした。

大河原さんは、「駐米大使はアメリカ政府の次官補（局長級）やホワイトハウスのアジア部長クラスをカウンターパートにしてはいけない。各省の次官以上、ホワイトハウスの安全保障担当大統領副補佐官以上にすべきだ。東京では国務次官補クラスでも、総理や与党最高レベルへの表敬が許されることがあるが、ワシントンではない。次官補やアジア部長は日本にとって枢要な人たちであることが多いが、そのカウンターパートは次席公使、政務班長となるべきだ。彼らに重責を担わせることで将来の日本外交が大きくなる。次官補、アジア部長は大使公邸での接宴にはできる限り招待し歓待したらいい」と言われました。大使在任中、そうしたつもりです。

もっとも、この辺はアメリカしだいのところがあり、相手の次官補とかアジア部長が大使でなければ相手にしないこともあります。幸い私のときは相手も心の広い人間が多かったです。

一九七七（昭和五二）年から一九八八年まで一一年以上駐日大使を務めたマンスフィールド氏は、大使就任以前に民主党上院院内総務を長年務め、歴史的な公民権法案をとおした超大物なのですが、本当の紳士だと思いました。

当時の館員に聞くと、マンスフィールド大使はエレベーターの前で掃除のおばさんと一緒になると、彼女に先を譲ると言っていました。威張るということはまず辞書にないような人で、「自分は年齢も年齢だから、日米間の「大リーグ」級の問題に集中するだけで精一杯だ。しかし本来問題に大小はない。諸君を信頼するからよろしく頼む」というスタイルだったそうです。

中曽根政権の頃は駐日大使がマンスフィールドさん、駐米大使が大河原さんという時期が長かったこともあり、大物の印象が残っています。

——大使が公使以下に授権すると、大使が担う仕事とは何でしょうか。

実際はやろうとすれば大使がやるべきことはワシントンでは無限にあります。個人の能力ではなく格の問題として、否応なしに大使でなければならないことは非常に多かった。アメリカ相手の仕事だけでなく、日本からの一定の範囲の要人の来訪時は、大使が空港で出迎えなければいけません。ワシントンはこういう要人の訪問が多かったですね。

私は愚痴を言ったことはありませんが、大使に出る数年前、小沢一郎さんには、「空港送迎とか意味のない虚礼に時間を使っているから外務省はダメになる。俺が行くときは大使の出迎え無用だ」と言われました。ただ、ワシントンのダレス空港から中心部までは四〇~五〇分かかりますが、その間日本からの要人と「箱乗り」で直に話をうかがい、こっちもさりげなく現地事情のさわりを、早手回しに手っとり早く説明する貴重な機会でもあります。

新任大使の挨拶回りの先はたくさんあります。政府、議会、そう多くはないが司法関係などです。政府関係は何といってもアーミテージが国務副長官で、そのすぐ下にジム・ケリー（James Kelly,

1936-）次官補、ホワイトハウスにはトーケル・パターソン（Torkel Patterson）アジア部長とか、まだ若かったマイケル・グリーン（Michael Green, 1961-）アジア担当次長がいたので、実にスムーズに挨拶回りができました。

日本大使は現地に着任しても、天皇陛下からの信任状を大統領に捧呈するまでは、外回りの仕事はできないのが外交慣例です。ただ、アメリカは正式の信任状の捧呈前に、その写しを国務長官に受けとってもらえれば、対米政府の仕事は開始してよいことになっています。立法府、司法府、あるいは外交団の公式行事への出席はダメですが、政府相手の仕事には制約がなくなるのは非常に助かります。

おそらくアーミテージの計らいだったのでしょうが、私の場合、一〇月二六日金曜日にワシントンに着いて、週明け二九日午後にはコリン・パウエル国務長官に信任状の写しを提出できました。政府相手の仕事が遠慮なく始められたわけです。大統領への正式の信任状捧呈は一一月八日になりましたが、これも前例に照らすとかなり早いタイミングだと言われました。

ホワイトハウスの事務方はとても親切で、今でも感謝の

駐米大使時代、アーミテージ氏（右）と

念で一杯です。

「儀典」(protocol)というと「外交」そのものという響きがありますが、ホワイトハウスには独自の儀典長、儀典次長に当たるポストはありません。国務省の儀典オフィスがそのまま大統領の儀典オフィスになっています。

当時の儀典長はドナルド・エンスナット大使、次長はジェフ・ユーバンクという人でした。二人とも実に日本に温かかったです。

ユーバンクさんはもともとオクラホマ出身の弁護士で、ブッシュさんに気に入られて、ブッシュさんがテキサス州知事時代に州の儀典長を務めた人です。白根正子さんという、亡くなられた後もテキサスで慕われている人がいます。三井家直系の人です。亡くなられたご主人は外交官でしたが、この人からユーバンクさんはずいぶん日本のことを学んだらしい。「自分の前世は日本人ではなかったか」と、ある日かなり真面目に私に言っていました。

アメリカ人の「底抜けの善意」を感じさせる人でしたが、仕事の作法はきちんとしていました。彼はブッシュ政権の第二期の後半、ホワイトハウスを去って、ニューヨークの証券取引所の副会長になりました。

ブッシュ四三代は身内から慕われた人で、彼のもとで働く人の離任率はとても低かったと聞きます。第二期の後半になると、ブッシュさんのほうから「自分にまだ余力があるうちに君たちの転職先の希望を知りたい」と言い、その希望に沿うようずいぶん動いてくれたそうです。ユーバンクもその一人でしょう。

——ホワイトハウスとの関係構築には、儀典長、儀典次長との関係が重要だったのでしょうか。

私の場合は本当にラッキーでした。ホワイトハウスの「ウエストウイング」は、副大統領のオフィスもあるし、首席補佐官、安保補佐官以下が勤める「政策系」の事務棟で、「イーストウイング」は大統領夫妻のための「官房系」が詰める「秘書室」みたいなところです。大統領夫妻の日程などを実質的にとり仕切るのは、イーストウイングの人たちです。

この人たちは大方が大統領夫妻の側近、身内ですから、特有の力があり、親しくなると非常に風とおしがよくなります。仕事もさることながら家族的なつき合いという感覚が出てきます。

イーストウイングの人たちはウエストウイングの人たちと違って、あまり「外回り」の機会がないので、「たまには仕事を離れて、食事ついでに日本大使公邸に遊びにきませんか」と誘うと、喜んで来てくれました。九・一一の直後でそういう機会が貴重だったのかもしれません。

代わりに何か情報を、といったさもしいことは一切忘れて、雑談ばかりしました。私のところから話が漏れる心配がないという心証をもってもらうのが先決です。

こういうイーストウイングの人たちとのおつき合いが可能になったのも、エンスナット儀典長、ユーバンク次長の配慮が大きかったです。

——日本食でもてなすのですね。

そうです。日本食を経験して、公邸の庭や茶室を見せると、そういう話が自然に大統領夫人などに伝わるのではないでしょうか。

——欧州でも生魚を食べない人はかなりいますが、ホワイトハウスの人たちはどうでしたか。

日本食の広がりには目を見張るものがありましたが、まだアメリカ全土にわたってアメリカ人の日常食になるという域には達していません。

公邸に呼ぶと、多くのアメリカ人賓客は日本食の盛りつけ、プレゼンテーションに感心します。料理の中身としては、寿司が好きといってもやはりメインは肉です。刺身、吸い物の類いはあまりピンと来ないと思います。それと日本のデザートは物足りないかもしれません。

私は幸いたいへん腕のいい和食と洋食のコック二人に恵まれたのですが、一般に和食のコックさんの需要が高く、洋食のコックさんの出番が少ないと聞いていました。私の家内が二人と相談した正式のアメリカの要人相手のメニューは、つき出しの後、吸い物の代わりに茶わん蒸し、刺身の代わりに寿司を数貫、天ぷら、メインはローストビーフに山葵醤油、サラダ、味つけごはん少々。締めは主賓やディナーの目的に合った相当工夫を凝らしたデザートにしました。

これは好評だったと思います。こういうと毎日贅沢な食事ばかりして、と思われるでしょうが、駐米大使の設宴の数は多いですから、ときには数日間、一番多い時で七日連続同じメニューだったことがあります。お客様に喜んでもらうのが先決ですし、ホストが自分の皿に手をつけないわけにはいきません。これは結構苦行でした。

「日本でブッシュさんには何を出せばいいか」と小泉さんに聞かれたときに、「ステーキがいいでしょう」と申し上げたこともあります。ディック・チェイニー副大統領は、健康食だというので、純粋に日本食が好きでした。

日本人賓客相手にはだいたい、純粋和食に戻しますが、メインはローストビーフに山葵醤油にしました。コックさん二人が仲よくやってくれたので実に助かりました。二人とも今は親元のホテルに戻って、相当名を成しているようです。

日本食は外交上必須のツールです。大きな着席のディナーでは特定の食材がダメな客が、場合によっては複数いることもあります。肉、魚介類や甲殻類がダメな人、小麦にアレルギーのある人など色々なケースがあります。

大使の社交秘書（social secretary）は現地で指折りの女性秘書で、公邸には東京からいっしょに来てもらった極めて有能なバトラーがいたので、黙っていてもお客の食事制限《ダイエット》を聞きだし、キッチンに伝えて当日の配膳にミスがないようにしていました。この種の細かいことが案外、大使館の体面、評判につながりますから大事なのです。

ホワイトハウスの、特にイーストウイングには優秀な女性が多かったです。旦那さんが成功したビジネスマンで、奥さんがホワイトハウスでブッシュ夫妻の秘書官とか秘書になるというパターン。ブッシュ夫妻の子飼いとか、夫妻に近い人が多いのでしょう。

こういう人たちと知り合いになると、ウエストウイングとは別種の、ホワイトハウスの本当の「空気」が何となく伝わるようになります。当時だけの現象なのか一般的にそうなのかわかりませんが、いったん、曲がりなりにも「ファミリー」の端っこに連なると、しめたものです。

アメリカでは女性の存在感はかなり高いと思います。公式に表舞台で活躍する女性ももちろんそうですが、大統領夫人、閣僚夫人、議員夫人、軍人夫人などのいわゆる名士の夫人のなかには魅力的な人も多いです。こういう夫人たちを味方にもっていると強いです。

ワシントンは夫人同士がつき合う機会が多いところなので、私の家内もそういう人たちにずいぶん引き立ててもらいました。日本では大っぴらにそういうことを言うと、えてして嫌われるのですが、「郷に入らば郷に従え」で、アメリカでの「夫人チャネル」は独特で貴重なものなので、これを活用しない手はないと心から思いました。

そして用がなくても頻繁に顔を合わせておくことが重要です。親近感とか信頼感とかはそういうところから生まれてくるのではないか。ある意味疲れますが、やはり何がしかの使命感を伴う献身、努力の世界だと思います。

――アーミテージ人脈の話はよく聞きますが、そのほかの人脈作りはどうしたのですか。

政府関係はアーミテージ人脈に依存しました。それをベースに積み上げていくのです。アーミテージが政府内のときも政府外のときも、彼の執務室に入ると物事のテンポが異常に速かったですね。私が訪ねていくと、だいたい数本電話がかかってくるのですが、一人はコリン・パウエル国務長官、もう一人はジョン・マッケイン（John McCain, 1936-2018）上院議員、さらにもう一人はチャック・ヘーゲル上院議員といった感じです。互いに早口で結構機微な話をしていました。アメリカは上の人同士が、気楽にゴシップも含めて情報のやりとりをしているようでした。独特の「パワー」がみなぎっているのが感じられる風景でした。

議会については、とりあえず形式的な着任表敬挨拶を、上下両院の偉い人順にやっていくようにします。アメリカ議会は結構シビアで、「単なる着任の表敬訪問なら要らない。時間の無駄だ」という人も多いのです。

そういうときに、先に話した椎名素夫さんが築いた「カーメル・グループ」の存在はありがたかった。ビル・ブラッドリー上院議員は、二〇〇〇（平成一二）年の大統領選に出馬してから心臓の不整脈が出て退いたのですが、色々アドバイスをくれました。ナンシー・カッセバウム上院議員はハワード・ベーカー大使と結婚してやがて日本に来ました。

リチャード・ルーガーさんは現職の上院外交委員長でした。これはなかなかアポイントメントのとりにくいポストですが、「カーメル」のおかげですぐアポがとれました。

私のほうから働きかける前に先方から電話があったのはダニエル・イノウエ上院議員です。大使在任中、たいへんお世話になる方ですが、向こうから「会いたい」と電話で言われたときはびっくりしました。私の大統領への信任状捧呈のタイミングを見計らっての電話連絡でした。信任状捧呈前には大使は「議会」との公的接触は許されないから、電話を受けにくいだろうということで、捧呈直後「おめでとう」を兼ねて電話をくれたのでした。

私は「すぐ、ご挨拶に行く」と言ったのですが、イノウエさんは「今、九・一一の影響で議員会館も混乱している。日本の駐米大使が会館に来ると、誰に会いにきたかとかあれこれ詮索される。白い粉（アメリカ炭疽菌事件）のため、自分も別の建物に避難したが、置いてきた熱帯魚が全滅した。

そういう状況だし、日本の在米大使館を見てみたいからこちらからうかがう」と言い張られて、結局大使館に来られました。

あまりたいしたことのない中型のフォードの助手席に乗って来訪し、大使館の警備員などが失礼をしないように気をつけたのですが、受付に対しても丁寧で、皆恐縮していました。私の執務室に入って色々ざっくばらんな話をしました。就職先の会社の面接官が向こうから口頭試問に来たような感じで困りました。それが最初の出会いです。

以後、議会関係では、ものすごくイノウエさんのお世話になりました。私は政府関係、議会関係の別なく、日米関係で大事な案件の推移については、すべてと言っていいくらい、アーミテージに即座に伝えることにしていました。またイノウエさんにも「無駄話ですが」と言って、色々インプットしました。

司法の分野ではそういう頻繁な接触はありませんでした。それでも大使時代を通じて、最高裁では最初の女性判事サンドラ・デイ・オコナー（Sandra Day O'Connor, 1930-）さんにはずいぶん親しくしていただきました。オコナー判事には一九八七～九〇年に政務班長として在勤していたときにお会いしたのですが、何となく最初から親切に扱ってもらった感じです。

大使として赴任した後二年ほどして、阿川尚之（一九五一年～）さんが広報文化担当公使としてワシントンに来てくれました。私が強く希望した人選でした。阿川さんはアメリカ憲法史の権威で司法の方面にも人脈がありました。そのおかげで、オコナーさんのほかにも、アントニン・スカリア（Antonin Scalia, 1936-2016）判事、アンソニー・ケネディ（Anthony Kennedy, 1936-）判事、サミュエル・

アリート（Samuel Alito, 1959-）判事とのおつき合いも、より上手くいきました。

また、イタリア大使にはちょっと悪かったですが、ニューヨークのメトロポリタン・オペラの、当時売り出し中だったテノール歌手サルバトーレ・レチートラ（Salvatore Licitra, 1968-2011）を公邸に招いて、歌を披露してもらいました。そういう夕食会だと最高裁の判事方も喜んで来てくれます。ルース・ギンズバーグ（Ruth Ginsburg, 1933-）判事夫妻も来られました。

最高裁の人たちには具体的案件をもちかけたりはしませんが、先方も日本のことを色々知りたがります。それに応じてできるだけ淡々と、日本の状況や言い分をインプットします。その反応でこちらの説明がどれくらい相手の胸に落ちたかがわかります。

オコナーさんはシャキッとした婦人で挙措動作がストレートです。レストランでヘッド・ウエイターが「判事、今日は鴨が素晴らしいですよ」というと「あなた、自分で食べないで本当に美味しいとわかるの」なんてへこますし、食事途中でウェイターが「いかがですか。今日のお魚はいいでしょう」と聞くと「あまり美味しくないわね」と言っていました。でも言い方は温かく、チップは

駐米大使時代、ダニエル・イノウエ上院議員（左）と

結構たくさんあげていたようです。

オコナーさんにはお茶、食事、ストレートな面会のほか、ワシントンのポトマック川の中の島に早朝から、それほど本格的なものではありませんが、バードウオッチングに連れていってもらいました。

日中関係に絡んで「法治主義」と「人治主義」の話になって、英語で「人治主義」はどう訳すのか、と聞いたことがあります。ちょっと考えて彼女は、「法治」は rule of law、「人治」は rule by law かな、と言われました。


——民間活動団体（NGO）、非営利組織（NPO）とのつき合いもあったのでしょうか。


アメリカにはNPO、シンクタンクなど、非政府分野で大事な存在があります。NPOはいいのと悪いのと選り分けが必要でしょうが、例えばケネディ家は「スペシャル・オリンピックス」という知的障害者のためのNPOを長年運営していて、一度依頼があって公邸で知的障害者の人たちが作った衣類や美術品のオークションと、ディナーを催したことがあります。ケネディ家の主だった方が顔をそろえて盛況でした。

それと全米的に疾病者のための多くの団体があって、有力なものが多いです。私のところでは小児糖尿病の治療のための団体から要請があって、レセプション、ディナーを複数回行ったことがあります。連邦議員も顔を出して活気があるのです。この種のものはたくさんあります。

NPOも含めて三権以外の「ソーシャル」というカテゴリーの人たちです。「社会」「社交」とでも言うのでしょうか。なかには共和、民主の大スポンサーのほか、学界、芸術、演芸、スポーツの人たちが入ります。彼らとのつながりはアメリカでは非常に大事です。

ここらが大使の出番だと思うのですが、相手が多すぎるうえに東京の目からは少々「不要不急」に見えるらしいので、思ったことのほんの一部しか実施できませんでした。

一例を上げればエスター・クーパースミスというおばさんがいて、もともと不動産関係で巨万の財を成した人ですが、民主党の大スポンサーです。こういう人の動向を見ていると、クリントン夫妻、オバマ氏に対する党内の雰囲気の移り具合も肌で感じることができるのです。この人はクリントン政権時代選挙の論功行賞で国際機関担当国務次官補を務めたのですが、そのとき、日本の松浦晃一郎（一九三七年～、駐仏大使など歴任）さんをユネスコ事務局長にするのにたいへん骨を折ってくれた方です。特に日本とのつながりがあったとも思えないのですが、日本大使には親切でした。

また、ワシントンではないイリノイ州の人ですが、ジョン・アンダーソンという人がいて、シカゴ郊外に「アンダーソン日本庭園」という、壮大かつ本格的な日本庭園をもっています。この人がデニス・ハスタート（Dennis Hastert, 1942-）下院議長の親友で、アンダーソン氏が呼ぶといつでもふらっと遊びに来る感じでした。こういう関係があるとこちらも活用できておおいに助かります。

ほかの分野でも色々あるわけですが、スポーツについていうと野球のカル・リプケン（Calvin Ripken, 1960-）やハンク・アーロン（Henry Aaron, 1934-2021）、フットボールではダレル・グリーン（Darrell Green, 1960-）やアート・モンク（Art Monk, 1957-）の各選手に世話になりました。彼らを呼んでの夕食に要人を招待すると、皆さんことのほか喜びます。

駐米大使時代、カル・リプケン氏と筆者夫妻

――加藤さんは軍人を大切にされたそうですね。

そうしようと赴任前から決めていました。二〇〇二（平成一四）年からは年一回アフガニスタン、イラク戦争の傷病兵、在日米軍勤務経験者を公邸のバーベキューに呼びました。ときにはディナーも加えました。ただ、日本でどういうふうに報道されるかわからなかったので、広報は一切しませんでしたが。

傷病兵は主にワシントン近郊のウォルター・リード陸軍病院、ベセスダ海軍病院の入院者のうち医者の外出許可が出た人に絞らざるをえません。したがって、来たくても来られない重傷者がいますし、そもそも亡くなってお墓に入ってしまった人も多いわけです。考えだすと色々ありますが、アメリカ側はアーミテージや国防省、ホワイトハウスの関係者に意見を求めたら、ぜひやってくれと一致した反応でしたので、実施することにしました。

主賓は傷病兵なので、文官の幹部にはあまり声をかけなかったのですが、伝え聞いた某高官から翌日、「なぜ俺が呼ばれないのか」と文句の電話が入りました。「貴官は主賓、主役ではないことを了解願いたい」と述べたうえで、次回から呼ぶことにしました。日本の大使館の館員家族は優しくて感じがいいですから、ずいぶん喜ばれたと思います。

この時期、この種の催しをやったのは多分日本だけだったでしょう。やりたくても、各国ともリスクを考えて悩んでいたのだと思います。ただ、こういう話は、どうやらすぐに政権のトップに伝わるようです。

ディナーの席上、お父さんらしき人が、顔面半分が飛んでプラスティックになった息子さんの手を引いて私のテーブルにやって来ました。「息子が外国である日本からこんなに大切にされて実に嬉しいと言っているから」と「通訳」するのです。息子さんが負傷したのはアフガニスタンだったそうですが、手術が成功しても話ができません。しかし私の手を握った手に力が入ったので気持ちが伝わりました。

私のテーブルにいた女性は食事が美味しいといって喜んでいましたが、両足義足でした。この方はイラクで爆弾にやられたとのことです。

呼ばれた人や家族は存外明るくて、私に愚痴を言うことはありませんでした。イラクの地雷で義足になったという別の女性は、私がこれからどうするのかと聞いたら、お医者さんが大丈夫と言うので、もう一回落下傘部隊を目指す、と意気軒高でした。

この催しは、アメリカ軍人に対する日本的な謝意と敬意を表す具体的行動ではあったと思っています。

――せっかくの立派な公邸ですから、おおいに活用すべきだと思います。

そう努めました。現地の商工会の人たちや在留邦人の要望やアイデアを聞いて、レセプションなどの行事もやりました。ワシントンの大使公邸は広くて立派で、庭園や茶室もありますから、行ってみたいという人は多いようです。それを活用するのは当然です。大使公邸は一般の持ち家とは存在の目的が違います。

――ドナルド・ラムズフェルド（Donald Rumsfeld, 1932-）国防長官との関係はどう構築しましたか。

ラムズフェルドはアメリカ人の間でもタフで容赦のない人間という評がありました。アーミテージからも、自分はラムズフェルドとは折り合いが悪いと言われていました。確かに個性の強い人だと思います。しかし、日本唯一の同盟国の国防長官ですから、日本の大使としてはうまくおつき合いしたいと思っていました。

一番最初に顔を合わせたのは一対一の挨拶が実現する前でした。ペンタゴンでのレセプションに行ったら、おつきの人が私のところにやって来て、国防長官が呼んでいるというのです。

折しも九・一一の後、アフガニスタンとかイラクについて何か注文されるのかなと思ったら、「大使、ワシントンでお勧めの鮨屋はないか」と聞くのです。私は「日本大使公邸の鮨が一番かもしれない」と答えたら、「それはわかっている。いずれ試させてもらうが、自分が部下を三～四人連れて定期的に行ける寿司屋を教えて欲しい」というので二、三候補を挙げておきました。

アメリカ人の鮨好きといっても、カリフォルニア・ロールや海苔巻きを寿司だと思っている人が多いので、後日ラムズフェルドさんに「あなたは本当にウニ、イカ、イクラでも、何でも食べるのですか」と聞きました。そうしたら目を剝いて、「オブ・コース！　ウニ、トロ、イクラ、皆好きだ。そうでなくて鮨が好きだと言えるか」と言うのです。実際しばらくして公邸に来てもらい、好きな握りを選べるようにしたのですが、この種のネタが本当に好きでした。

さらに聞いたところでは、ラムズフェルドは原則金曜の夜、配下の者を連れてウイスコンシン通りの鮨屋に通うようになりました。そして鮨が美味い、嬉しいと言った部下は昇進させるが、鮨が美味くないと言った部下は降格させる、トミー・フランクス（Tommy Franks, 1945-、米中央軍司令官など歴任）は、イカの鮨を「ゴムホースみたいだ」と評したために左遷されるらしい、などという噂にもなっていました。

彼は鮨屋でもチップはたっぷりあげる上客だったと思います。ちなみに、チップ（tip）とは"To insure promptness."「手早いサービスの確保」の頭文字だと聞いたことがありますが、どうでしょうか。

ラムズフェルドはいかにも短気で、ノー・ノンセンスのタイプの人に思われたので、私は話は短く、まず結論から入ることにして、日本ができることとできないことをはっきり言うようにしました。その際、これならできるという話をまずして、それ以外の話は難しいという順序で切りだすようにしました。

当時アメリカとヨーロッパの主要国との関係が難しいなかで、日本は比較的日米同盟に忠実な対応をしていたせいか、ラムズフェルドは日本には好意的だったと思います。また、配下のポール・

ウォルフォウィッツ（Paul Wolfowitz, 1943-）副長官、ピーター・ロドマン（Peter Rodman, 1943-2008）次官補、さらにリチャード・マイヤーズ（Richard Myers, 1942-）統参議長、ピーター・ペース（Peter Pace, 1945-）副議長をはじめとする制服組の人たちが、多分日本についての好意的評価を長官に上げてくれていたのだろうと思います。

ラムズフェルドはごりごりの保守派と見られますが、彼こそ軍事再編、合理化を進めた国防長官でした。合理派で軍拡派ではない。ものすごくビジネスマインドがあり、むだを嫌う。

太平洋軍最高司令官は、Commander-in-Chief, Pacific Command（CINCPAC）だった。「コマンダー・イン・チーフというのは軍人ごときがもっているべき称号ではない。それは大統領であり、軍を出すのは俺だ。その称号は許さない」というので、パシフィック・コマンダーになりました。ヨーロッパなどの各司令官も全部です。

そうやってむだを省いたのですが、それがオバマの軍縮政策へとつながり、その結果アメリカは弱くなってしまった。沖縄でヘリコプターが落ちるのは、予算不足でリニューアルがなかなかできないからという話も耳にしました。

少なくともアメリカ人のハイレベルで最初に普天間基地を早くどこかに移せと言ったのは彼です。岡崎久彦さんは、ラムズフェルドはすぐに怒って、米軍を退いてしまえと言う、乱暴で危険な男だと見ていた。「朝鮮半島でも在韓米軍を退いてしまえ、望まないところにいるつもりはないと言うなど、感情で動いて危ない」と言っていましたが、私は必ずしもそうではないと思っていました。

朝鮮半島情勢についてのラムズフェルドの考えは、三八度線に近い距離に米軍を置いておくと、北朝鮮が攻めてきたらアメリカに被害が出る。だから米軍は南に下げておいたほうがいい。撤退しないのが望ましければそうすべきだが、韓国が撤退を望むなら本当にそうしてもいいのではないか。困るのは韓国だろう、といった考え方でした。アメリカには日本、グアム、ハワイがある。アメリカのプラットフォームとしては日本の基地で十分、という考えをもっていたと思います。だからネオコンの「イラク戦争をやれやれ」という感じとは一味違っていました。

ある日の夕刻、東京から来た若手の安全保障関係の学者たちを中心とするビュッフェ・ディナーを公邸で主宰していたら急に電話が入って、これからラムズフェルド長官がそちらにうかがうと言ってきました。ごく形式的に国防省高官にも招待状を出していたのですが、だいたい課長クラス以下の出席を見込んでいたのです。

半信半疑でいたら本当にやって来ました。車から飛びおりるようにして公邸に入ってきて、若手学者一人ひとりと話を始めました。大使館の女性書記官が気を利かせて、鮨の盛り合わせをもっていきました。たいして上物の鮨ではなかったのですが、お代わりもしていました。

一時間近くいて、帰りがけに私が「長官、今日はどういう風の吹きまわしでいらっしゃったのですか」と聞きました。そうしたら、「今日はジョイス（夫人）が家にいないので、帰っても食うものがない。そうしたら日本大使館からの招待状があったのでこれ幸いと参上した」とのことでした。日本の学者や大使館員には、チャーミングな面も出していましたね。

公邸にラムズフェルド夫妻と彼が指名した友人、下僚を呼んだときですが、長官は割合満足して一足先に退出しました。途端にほかの客は手足を伸ばすようにして、「あーあ、ようやくいなくなったぞ。ゆっくり飲み直すか」と緩んでいました。多分、下にいても横にいても緊張感を与える「タフ」な人なのでしょう。口幅ったいようですが、私はラムズフェルド長官から見て何となく話しやすい大使の一人だったのかな、と思うときがあります。

軍もマイヤーズ空軍大将、ペース海兵隊大将などは沖縄での勤務の経験があり、日本への親近感が強く、下にも親日、知日が多かった。実にありがたいことでした。

マイヤーズさんのところの犬は「さくら」と「大将」、ペースさんのところの犬は「小さい」という名前でした。「さくら」も「大将」もマイヤーズさんがご飯をやり、「陸軍めし！」(army chao!) と言っても「海軍めし！」(navy chao!) と言っても知らんふり。「空軍めし！」(air force chao!) というとパッと食べはじめるようにしつけられていました。難しい時代でしたが、こういう情景も随所にありました。

九・一一からアフガン、イラク戦争へ

――最初に戻って、九・一一テロからアフガニスタン戦争、イラク戦争に至る日米関係面の動きについてうかがいます。九・一一のときは、すぐにテロ攻撃とわかりましたか。

まだ東京でしたが、最初テレビで飛行機がビルに突っ込む映像を見た瞬間は、「あれ、映画の予告編かな」と一瞬思いました。しかし二機目が世界貿易センターのツインタワーに突っ込んだのを見て、「事故じゃない、テロだ。こういうことをやるとすればアル＝カーイダしかないだろう」と

思いました。その後ペンタゴンに三機目が突っ込んだという報道になり、さらにホワイトハウスかキャピトル・ヒルに突っ込もうとした四機目がペンシルヴァニアで墜落したという報道が続いたので、間違いないと確信しました。

――こういうテロがあることを予測していましたか。

このタイミングで起こるとはまったく予測していませんでした。後から考えると、アメリカを対象にしたテロはずっと続いて起きてきています。レバノンで海兵隊兵舎が襲われた爆弾テロ（一九八三年）やアフリカでのアメリカ大使館襲撃とか。ただ、アメリカ本土、それもニューヨークの象徴的なツインタワーやペンタゴンに飛行機が突っ込むのは、誰も予想していなかったのではないか。その兆しはあったが当局が見逃していた、という類いの報道は、その後ありましたが。

――その後のアメリカの議論や事態の推移を見ていてどう思われましたか。

九・一一の後、ブッシュ四三代は強い大統領になっていったのではないでしょうか。あのような急場でチェイニー副大統領やラムズフェルド長官が果たした役割も小さくなかったと思います。

アメリカ国民はいざとなると、急に目覚めて国旗のもとに集結する国民だと思っていましたが、このときがそうでした。軍事的対応をものすごく早いペースで進める一方、国民向けメッセージは「ビジネス・アズ・ユージュアル」、つまり、「いつもどおりの生活を何ごともなく続けよう」、それが「テロリストへの答え」ということでした。多少の議論はありましたが、大リーグのワールドシリーズは予定より遅れたもののフルに開催されました。弱みを見せない精神というのでしょうか。

一方、ペンタゴンの爆破された部分の復旧工事を、「何があっても絶対一年以内に完了する」というラムズフェルドの指令、「恨みは忘れまいぞ」という様々な記念行事が精力的に行われていました。実際、遺族を大切にしていましたし、結局サダム・フセイン、時間はかかりましたがオサマ・ビン・ラーディン（Usama bin Ladin, 1957-2011）も仕留めました。

いざというときアメリカを敵に回したら怖いと改めて思いました。後々大きなしっぺ返しが来ます。「怒らせたら一番怖いのは誰か、という脅威の順番づけをして、それを見極めながらうまくやりくりしていく」のが、アラブ・イスラム世界の一番透徹した論理だと前も話しましたが、このときのアラブ主要国の反応を見ると、震撼した様子がわかるように思いました。

――アフガニスタン戦争はテロとの戦いでしたが、イラク戦争は違いました。

確かに違いがありました。九・一一の後のアフガニスタン戦争は、その後「テロとの戦い」（GWOT、global war on terrorism）と言われて、国際社会の支持が得られやすかった。テロがグローバルでユニヴァーサルな脅威だという認識が形成されました。

このとき日本は、いち早く護衛艦、補給艦、掃海母艦などをインド洋に派遣しました。テロ直後の九月二一日、横須賀を緊急出港する空母キティーホークに、海上自衛隊の艦艇が二隻随伴して東京湾を南下する映像がＣＮＮで流れました。この映像がなかなか威風堂々という感じで、アメリカ世論は断然日本に好意的になりました。

この日本の対処は、もうひとつ非常に大きな効果をもたらしました。そのとき問題にならなくて済んだので、逆に日本人の記憶に残っていないでしょうが、テロとの戦いでの日本の協力がなければ、「戦争捕虜」（ＰＯＷ）の問題がこじれていたかもしれません。

――アメリカのＰＯＷ問題とは具体的にどのようなことでしょうか。

ＰＯＷ問題は、第二次世界大戦の「バターン死の行進」（フィリピン・ルソン島）などにおける捕虜の虐待問題です。これはアメリカから見ると慰安婦とはおよそ比較にならない、国民の琴線に超党派で触れる重要問題です。慰安婦の問題は、アメリカ人にとってはどこか遠いところで、一握りの連中が騒いでいる、次元が高いとは到底言えない問題。一方、ＰＯＷは今や死にゆく世代のアメリカ人捕虜が受けた被害の補償を、被害者が一部なりともまだ元気なうちにどうとりつけるかという問題です。本気度がまるで違います。

中国や韓国との間の「歴史問題」と同じことですが、日本の立場からすればＰＯＷの問題は「サンフランシスコ講和条約によって解決済み」です。折から冷戦が終わり、ドイツが再統一されたのち、ドイツの「戦後処理」は不十分ということで様々な問題が提起され、色々あった結果、ドイツは二〇〇六（平成一八）年、アメリカのシンクタンク「ジャーマン・マーシャル・ファンド（ＧＭＦ）」のワシントンＤＣ本部の建物を寄贈することによって、相当な基金をアメリカに提供することになります。

ただし、このＧＭＦ構想の裏側にあるＰＯＷ問題は、アメリカの弁護士たちが一攫千金を求めて作りだしたものという色彩が強い。実際、彼らには「濡れ手で粟」の儲けがあったと思われます。

そのアメリカのロイヤーたちが、次の標的は日本だ、と始めたのが対日POW補償要求でした。彼らはアメリカ特有の制度であった集団訴訟、要するに「この指とまれ」と言って訴求者を募るかたちの訴訟と、「懲罰的賠償」、つまり積み上げではない象徴的で巨大な金額の賠償要求制度を使って攻めてきたわけです。ドイツの次の「二匹目のどじょう」狙いでした。そして彼らの唱導で、攻め口は米政府、議会、司法の三方面にわたることになります。この問題は私の着任以前からくすぶっていたから、前任の柳井俊二（一九三七年〜、国際海洋法裁判所長など歴任）大使もずいぶん腐心されたはずです。

日本の立場は「問題は解決済み」ということに尽きます。当時から日米双方で、さらにヨーロッパでも、「ドイツに比べて日本は謝り方が足りない」という議論が盛んでした。そういう考え方がこびりついていた感じです。

しかし、当時次席公使だった小松一郎君は極めて冷静、精緻な分析のうえで、この考え方の足りないところを指摘していました。サンフランシスコ講和条約で日本は請求権問題を、国際法的に見て教科書どおりきちんと処理しました。例外的な状況の国との間では、別個の二国間条約を締結して解決しました。

それに対して、ドイツは分裂国家となったこともあって、請求権問題についてもオーソドックスな処理ができませんでした。この基本的違いを理解しない日独比較論は公正、衡平を欠いています。これが正論だと思います。

――ＰＯＷ問題はその後どういう経過をたどったのでしょうか。

アメリカ政府についていえば、「ＰＯＷ補償問題は講和条約で解決済み。その後アメリカ国内でさらなる補償の問題が出てきた場合は、日本に求償するのではなく、アメリカ政府が国内の問題として責任をもって処理する話だ」という基本を、アメリカ政府は一貫して守ったと思います。パウエル国務長官もこのことを明確にしていました。

司法の世界で言えば、二〇〇三（平成一五）年一月一五日、カリフォルニア州高裁は、一九九九年に施行された戦後補償をめぐるカリフォルニア州法を合憲としましたが、一月二一日にはサンフランシスコ連邦高裁はこれを憲法違反と司法判断し、日本企業への集団訴訟二八件を却下したため、「二匹目のどじょう」を狙った弁護士たちの勢いが削がれました。

私が赴任した頃、彼らは残る議会ルートに注力していました。そこで動いてくれたのがダニエル・イノウエさんでした。イノウエさんは議会の重鎮ですが民主党。第二次世界大戦の退役軍人で、戦闘で右腕を失った人です。

当然、ＰＯＷには思い入れがあっておかしくないと思っていたのですが、「この問題は講和条約で法的に解決済みの話であり、国際約束は守られるべきである。そこを蒸しかえすのは同盟の趣旨にも反する。私はＰＯＷをことのほか大切に思っているが、さらに補償が必要ならば、それはアメリカ政府がアメリカの国内問題として処理すべきことだ」という明快な認識でした。それでおかしな法案がとおらないよう目を光らせ、何か動きがあれば自分が長年積み重ねてきた法案処理のテクニックを使って阻止するつもりだと言っていました。

イージス艦のインド洋への派遣の動きについては、イノウエさんにずっと連絡をとっていましたが、派遣が決まってテレビに映像が流れてから間もなく、「あれはたいへんよかった。あれでPOW法案の議会での動きは頓挫した。あれはカミカゼだね」と言ってきました。

だいぶ後になって、日本は艦艇をインド洋から引き揚げることを決めました。このこともずっと伝えていたのですが、たいへん残念がっていました。イノウエさんは艦艇引き揚げがアメリカに及ぼす影響については、そんなに心配していませんでしたが、こう言いました。

「日本が大事なときにいち早く派遣を決めたことで勝負はついている。アメリカ一般国民は、あれで日本は友邦だと印象づけられているから、引き揚げまで詳しく追及はしない。残念に思うのは、日本が自ら獲得した戦略次元での新たな成果を自分で返上してしまうことだ。艦艇派遣で日本はインド洋を、自分の海とまでは言わないが、今後一定の発言権をもつ海に変えた。これは日本として重要な前進だ。世界の国の大雑把な感覚はそういうものだ。それを自分で放棄するのはいかにももったいない」

補償問題の原則は、法律的なけじめはきちんと守って崩さない、崩せないということです。国対国の約束を一方的に蒸しかえすのは法治の基本に反します。いったん合意した約束を反故にしたり、一方的に部分修正するのは認められない。しかし、その合意のうえに立って、何らかの積み重ねの措置、例えば鎮魂や未来志向のプラン、プログラムなどを考えることは、当然可能です。

POWについていえば、天皇・皇后両陛下欧州御訪問(二〇〇〇年)の前に、オランダのPOWの子孫に対し、日本留学の奨学金を提供しました。ただ、講和条約や、それに相当する基本条約を締結しておいて、「和解はまだだ。もっと金を出せ」というのは暴論です。

オバマ大統領の広島訪問（二〇一六年）がありました。当時、これで日米の和解が成ったと感情的に書いた向きもありましたが違います。日米間では講和条約、日米同盟構築ですでに和解は成立していたからこそ、オバマ広島訪問も実現したわけです。

POWのために、国際法上の義務ではなく、同盟の維持、強化の観点から、何らかのプラス・アルファの企画を考えるなら話は別です。繰りかえしますが、それを「和解が未達成」で「謝罪が足りない」と言いだされたら、収まるものも収まらなくなります。謝罪は相手が受容することによって、初めて和解の成立になる。受ける用意が一向になく、何回も謝罪だけ要求していても解決はありません。

日米関係を見ると、本当に深く根づいた同盟関係だと思います。アメリカの要人は、日本とドイツの敗戦処理の違いを正確に理解していたといえるでしょう。

湾岸戦争を教訓にイラク戦争に対処

――イラク戦争に移ります。加藤さんは小泉首相の戦争支持より前に、「日米同盟を基調に考えるのであればイラク戦争を支持すべきだ」と発言していますが、その立場は早い時期から固まっていたのでしょうか。

発言は二〇〇三年一月、ブッシュ大統領が日本に来る前に一時帰国しているから、そのときだったと記憶します。「ものごとが順調なときに相手を支持するのは簡単だ。相手がギリギリ苦しいときに助けるのが同盟の基本的意味だ」とは言っていました。

――アメリカは同盟国であって、イラク、アフガニスタンの戦争への協力は日本の国益に資するということでしょうか。

戦争そのものが国益に資するとは言っていません。「日本も色々親身になって意見を言った末にアメリカがイラク戦争に踏み切る決断をしたのなら、日本は支持すべきだ。それが同盟のそもそもの意味だ。それによって日米同盟が一層強固になることが日本の国益に資する」ということです。

九・一一で始まったアフガニスタン戦争は、広く国際社会の支持を得ました。一方、二〇〇三(平成一五)年五月に始まったイラク戦争は、国際社会の理解を得るのが簡単ではありませんでした。ブッシュの私怨による戦争ではないか、という見方も強かった。

メディア、あるいは翻訳者や通訳も、公正中立とは限りません。当時出版されてよく売れた本の日本語訳は『ブッシュの戦争』でした。原題は『Bush at War』、直訳すれば「戦時のブッシュ」で、かなり意味合いが違う。小細工が好きな人が多いのですね。

イラク戦争は、日本としてもその正当化がアフガニスタン戦争と比べて単純ではありませんでした。当時、日本政府も出先の私もアメリカに対して、「イラクと事を構えるつもりなら、これを「アメリカ対イラク」ではなく、最低限「国際社会対暴君サダム・フセイン」の図式にもっていく必要がある。そのためには国連安保理の何らかのサポート、せめて消極的でも武力行使容認の一札をとりつけるべきだ」と熱心に説き続けました。河相周夫《かわいちかお》北米局長（一九五二年〜、外務事務次官、侍従長など歴任）は、東京から逐次、的確な情報をインプットしてくれて、お陰で日本の雰囲気について誤解や幻想をもたずにアメリカ側と協議・交渉することができました。

アメリカも、大統領以下真剣に受け止めていたと思います。それでもアメリカが戦端を開く気運が高まっていきました。その理由を十分説明できる精密、正確な分析や議論は、私の手にあまります。

まったく個人的に感じたのは、結局アメリカの国柄ということです。九・一一は人間の尊厳を否定するテロリストからの、アメリカに対する挑戦と受け止められました。サダム・フセインは特に湾岸戦争以降、人間の尊厳を踏みにじる圧政者だと烙印が押されていました。人権に対するアメリカ人の思い入れは本当に強い。縁起担ぎのお札の類いではありません。これがないと国がなかなかひとつにまとまらないからでしょう。

九・一一のはるか以前から、アメリカ、アメリカ人はテロの最大の標的でした。在外大使館員はリスクの高い職業だったに違いありません。何かあっても本国政府はテロリストとはとり引きしないという方針が徹底していました。その代わり自分の身に何かあったら本国政府は後日、自分の仇を討ってくれるという、了解というか確信めいたものが在外公館に勤務する者にあったと思います。

そういうアメリカには移民、つまりアメリカ人になりたい人間が後を絶たない。最近半世紀を見ると、アメリカの人口は一〇年ごとに三〇〇〇万人以上増え続けてきました。一〇年ごとに、台湾を上回る経済力をもった国がひとつ出来上がるような活力です。これに比べて、中国人になりたい人間は世界にどれくらいいるでしょう。なりたくなくても中国人にされるケースはあるかもしれませんが。

アメリカの常識ある知識人は、アメリカが移民の国で、古くは大陸横断鉄道から今日のシリコン・ヴァレーに至るまで、移民の力なしには出来なかったことを知っています。しかし物事に永遠はないので、どこかで「飽和点」に達する。

よく、アメリカは自国の民主主義を押しつけたがる、厚かましい、鬱陶しいと批判されます。しかし、大量の移民が引きも切らないアメリカからすると、移民の親元の国が民主化し、国民がそこにいつく度合いが高まらないと、いつか流れをうまく制御できないときが来るという思いもある。移民はアメリカの活力の素と知りつつ、移民受け入れはアメリカの一方的「奉仕」でいつまでも続けられないとの感覚も、不可避的にあります。他国や他民族の民主化へのアメリカの本気度が高いのには、それなりの背景があるのです。

――アフガニスタン戦争はNATO条約第五条を根拠にしましたが、イラク戦争はそうした正統性に欠けていたのではないでしょうか。

アフガニスタン戦争に比べて正統性の根拠の説明が容易でなかったことは事実です。九・一一テロでは有為の日本人二四名も犠牲になりました。テロとの戦いはグローバルに成りたちやすかった。イラク戦争の場合は、むしろ湾岸戦争とのつながりのほうが大きいと思いますが、湾岸戦争に比べて国際世論の動員が難しかった。湾岸戦争のときはベーカー国務長官が彼らしい精力的なシャトル外交をあちこちの国相手にやって、武力行使容認の安保理決議のとりつけまでもっていきました。イラク戦争のときのパウエル国務長官の国連外交もそれに劣らず必死でしたが、ベーカーのときより苦労が多かった。政権内部では、パウエルもアーミテージも、表には出さなくてもイラク戦争には慎重派だったのです。

それだけに、パウエルは日本の指摘も尊重して、国連の権威をフルに活用して湾岸戦争時並みの安保理の武力行使容認決議をとりつけようと、ほとんど日常的にワシントンとニューヨークの間を往復していました。一時、彼は疲労困憊の状態に見えました。

最終的にとりつけえた安保理決議は、湾岸戦争のときより弱いものでした。しかし必要最小限の授権を得たということで、アメリカは開戦に踏み切ります。

脇からですが現地で一部始終を見ていた私は、叱られるかもしれませんが、当時の雰囲気のもとでパウエル、アーミテージなどのグループが、ここまでブッシュ大統領らを説得してよく引っ張ってきたものだと思いました。そしてそこまで来るには、日本の貢献も決して小さくなかったと思いました。

アメリカは九・一一で気分がかつてなく高ぶっていました。ブッシュは当初、「ここで糾すべきものを糾さざるべからず。たとえ議会が反対しても自分はやる。まして国連ごときに諮る必要はない」という姿勢だったと思います。

それを小泉さんは「アメリカは世界一の強国であり、そのほかの世界が束になってかかっても敵わないほどの国だ。しかしその力を賢明に使うのがアメリカ自身のため。国連には力はないがある種の権威がある。それを活用しない手はない」と説得し、パウエル、アーミテージもそれに賛成して、議会の承認を得る、そのうえで国連もとおすところまでもってきたのですから。

私はいささか物足りないところはあっても、国連安保理でパウエルが何とか前向きの成果をとりつけた時点で、「これが潮時。これ以上をアメリカに期待するのは無理だ」と感じました。そうでないとアメリカは議会のお墨つきを得たことをもって十分として、国連をとおす努力を放棄して何らかの単独行動に出るだろう。それでせっかく九・一一で盛り上がったアメリカへの世界の共感が弱まって、評判は悪くなるだろう。そうなったら日本はもっと辛い選択を迫られることになるだろう、と思っていました。

ワシントンはそれくらい深刻な状況だったのです。その最中、本省からの訓令でパウエル長官と川口順子（一九四一年〜）外相会談のアポイントメントをとりつけよと言ってくる。私は無理に無理を承知で、何とか夕方国連から帰ったばかりのパウエル長官との三〇分の会談時間をもらいましたが、まず日本側がもちだしたのは、沖縄の米軍基地の土壌に含まれていたポリ塩化ビフェニール（PCB）の調査問題でした。

何よりも国会の議論を優先したのでしょう。パウエルの顔が一瞬歪みました。少なくとも冒頭、イラクをめぐる国連シャトル外交についてのねぎらいの言葉と状況の打診、日本が協力できることがあれば言って欲しいくらいの発言があると思っていたでしょうから。パウエルは同席の者に「何の話だ、これは」と聞きました。聞かれた高官もわからず首を捻って、さらに下の者に振りました。衝撃的な日米間の感受の落差でした。日本では国会論議、憲法論議に軸足が置かれるのが常です。

しかし、何より小泉総理のアメリカ支持の決断が早かったのが本当によかった。小泉さんの国会答弁、記者会見での発言をアメリカはいち早くキャッチして伝えたため、ホワイトハウス、国務省、国防省、軍首脳に大きな安堵感が生まれました。小泉さんは勘がいいし度胸がすわっていると思いました。

当時はイギリスを例外として独仏など西欧の大所がブッシュ支持に踏み切らなかったので、日本の姿勢はワシントンで目立ちました。このことについてはアメリカで超党派の評価がなされていました。民主党のイノウエさんもずいぶん喜んでいました。

アフガニスタン戦争のときのイージス艦のインド洋派遣に続いて、イラク戦争に際しての素早い支持表明。この初動が効いて、その後は相手が日本の言い分に耳を傾けるようになるし、ずいぶん仕事がやりやすかったです。

――当時アメリカではネオコンが主導していたと言われましたが、イデオロギー的なものも背後にあったと感じられましたか。他方、戦争への懐疑論も根強かったと思いますが。

アメリカでもイラク戦争への懐疑論は確かに根強かったと思います。今になって振りかえると、時期尚早論などは的を得ていたと言えます。ただ、当時もサダム・フセインへの同情論とか擁護論はほとんどなかったと思います。彼はそれだけの非人道的なリーダーでしたから。イランや自国民であるクルド人に対して化学兵器を使用した事実があるし、湾岸戦争のときはイスラエルにスカッド・ミサイルを撃ち込みました。核兵器製造疑惑のときも、国連による一連の査察を拒否し続けたし、悪い記録だらけでした。

のちにイラクに核兵器はなかったことがわかったときは、私も「当てが外れた。梯子を外された」という思いを抱きました。しかしフセインにも核がないならないで、国連の査察を認める機会がいくらもあったと思います。

アラブの部族長的リーダーにあるプライドがそうさせなかった、という分析も目にしました。なかにはフセイン自身が部下に騙されて、核兵器をもっていると信じていたのではないか、という冗談ともつかぬ話すらありましたが、よくわかりません。マスメディアの報道とは別に、アラブの主要国のトップからアメリカに対し、裏ルートで「早くサダムを片づけてくれ」という典型的な「ダブル・メッセージ」がしきりに届けられていたのも事実だろうと思っています。

「ネオコン」(新保守主義者)については色々思うところがあります。イラク戦争をネオコンが推進したことは間違いありません。

ネオコンの定義ですが、日本でネオコン即共和党という認識が当時作られているのには違和感がありました。その流れでチェイニーやラムズフェルドがネオコンといわれているのに驚きました。彼らは「ネオ」(新)ではない「パレオ」(旧)コン、にわか作りではない生粋の保守で、ネオコンを駒として使う立場だったと思います。

ネオコンの根っこは民主党だというと、民主党人士のなかに怒る人がいます。しかし、少なくとも相当程度、「民主党発」ではあります。ネオコンの基本は「国内バラマキ、外交・防衛タカ派」です。

シアトルのあるワシントン州のスクープ・ジャクソン（Henry Jackson, 1912-1983）という民主党下院議員は、ネオコンの元祖みたいな人です。彼は首都ワシントンでも名を馳せた人で、まさに「国内バラマキ、外交・防衛タカ派」のリーダーでした。彼の流れがネオコンにつながっています。ネオコンのオピニオン・リーダーの代表格リチャード・パール（Richard Perle, 1941-、国防次官補など歴任）は、このジャクソン議員の補佐官を務めたレジスタード・デモクラット、正式に登録した民主党員です。

彼はワシントンの高級住宅街に一戸を構えていて、隣人が共和党の代表的論客として全米的知名度をもつジョージ・ウイル（George Will, 1941-）で、お互い仲がよかったです。

ウォルフォウィッツ国防副長官がシカゴ大学時代に師事した先生は、ネオコンの理論的基盤を作った一人とされる哲学者レオ・シュトラウス（Leo Strauss, 1899-1973）です。ウォルフォウィッツ自身、人権への思い入れをはじめ、民主党的な要素も併せもった人のように思います。

要するにネオコンとは、当時の「リベラル」（この用語自体に私はまったく馴染めませんが）が、日本でもしばしば見かけるレッテル貼りのために作りだした悪意のある軽蔑語（pejorative）だったと思っています。民主党から派生した鬼子みたいに思えます。

私は、当時ワシントンで有力と言われたネオコン人士と相応のつき合いをもつようにしました。日米同盟強化のために必要だと思ったからです。ダグラス・ファイス（Douglas Feith, 1953-）国防次官は代表的な一人でしたが、子供は日本が好きで日本のことを勉強したがっていました。日本の教科書を届けた記憶があります。ネオコンの「外交・防衛タカ派」の志向は、日本にとって悪くないと思っていました。

もちろんネオコンに深入りしたり、肩をもったつもりはありません。彼らの上にはチェイニー、ラムズフェルド、両者に高く評価されてのちに副大統領の首席補佐官（安保担当）になるルイス・リビー（Lewis Libby, 1950-）といった正統派「パレオ・コン」の人たちもいました。

ネオコンというと何がなし悪しき勢力の代名詞と受けとられていたのですが、私は日米同盟の強化を基本目的にしていましたから、薄っぺらな受け売りの偏見には捉われまいと思っていただけです。

ただ、アンチ・リベラル・エリートの感じは確かにありました。知的リベラル・エリートは、レトリックの次元では人権・自由をもとにした世界の改編（transformation）を掲げるが、いざ実際の政策となると経済、気候変動、疾病問題での協力も必要だといって、悪しき相手との取引（deal）や妥協（accomodation）に走る。そうしたエリートへの違和感、反発という点で、結果的にトランプ大統領の支持基盤となった「見捨てられた白人層」の怨念と一致するところはあるのかもしれません。


――ラムズフェルドとウォルフォウィッツは、イラク戦争に関して違う考え方をもっていたように思います。

両人とも推進派だったと思います。ただ、ラムズフェルドは単純な「軍拡派」ではありません。海外基地縮小や装備のスリム化を優先する合理主義者です。最高の質の装備に特化して戦争は短期集中決戦、相手の人的被害は最小化すべしという考えの持ち主です。イラクについても電撃的に戦闘フェーズを終えて和平、復興フェーズに移行するという目論見だったと思います。

ウォルフォウィッツも合理的思考の持ち主ですが、人権、人間の尊厳については強いこだわりがありました。総じてラムズフェルドは実際的思考の人、ウォルフォウィッツは理念型の人でした。

――駐米大使として日本とアメリカの板挟みで苦しむことはなかったですか。アーミテージの「ブーツ・オン・ザ・グラウンド」発言をどう受け止めましたか。

正直言ってアメリカからはそんなに圧力を感じませんでした。あちこちに呼びだされて、「あれはぜひやってくれ。これは急いでくれ」といった具体的な注文を突きつけられて苦しむことはありませんでした。

まず、前にも言ったように日本の初動がよかった。第二にヨーロッパ主要国の支持が思わしくなく、アメリカにとって日英の協力は貴重なもので壊したくなかった。

私も大使として、向こうから呼びだされる前にこちらから乗り込んでいって、日本の立場を説明するように努めました。その際は、「日本はこれこれのことはできる」とまず切りだして、次に「それ以外のことは難しい。仮に中間に何か可能性を探る余地が実際にあるとすれば、本省にとり次ぐことはやぶさかではない。ともかくこういうときだから、日米間のコミュニケーションは密接に保ちたい」という、いわば「ポジ」のプレゼンテーションにしました。これで相手の受けとり方が結構違ってくるように思いました。「できること」の中身は自ずと復興支援などが中心になります。

アメリカ側には「日本への押しつけは逆効果だ。日本に任せておけば間違った判断はしない」という信頼感、というか読みはあったと思います。

二〇〇三（平成一五）年一一月二九日、イラクで奥克彦（一九五八〜二〇〇三年、死亡で大使に特進）参事官と井ノ上正盛（一九七三〜二〇〇三年、死亡で一等書記官に特進）書記官が襲撃され、死亡する事件が起こりました。奥君とは親しかったのでニュースを知ったときは衝撃を受けました。

その日はライス安保補佐官、アーミテージ副長官、ウォルフォウィッツ副長官、マイヤーズ統参議長などから、ひっきりなしにお見舞いの電話が入りました。お悔やみはもちろんですが、このことで日本がアメリカとの協力に腰が退けるのではないかと懸念している様子が感じられました。このとき日本が揺らがなかったことで、また小泉政権への信頼度は増したと思います。

――戦争が始まって自民党や外務省内はどんな様子だったでしょうか。

東京のことはあまりわからないし、詮索もしませんでした。大使として見て小泉内閣は落ち着いていたし、本省事務レベルも次官、北米局長以下、判断が的確だった。内閣官房も谷内君がしっかりしていて、全体的に安心感がありました。

――やがて自衛隊の部隊派遣の問題になりますが、イラク特措法の制定にどれくらい関わったのでしょうか。

たいして関わっていません。戦闘フェーズが終わり、占領、復興の段階になると、日本としてもそろそろ次の手が必要になり、結局、自衛隊派遣の有無が焦点になることは目に見えていました。そしてそれまでの経験、体験から、落ち着く先がどの辺かは、申し訳ないがだいたい最初からわかるわけです。

ただ、当事者の苦労、努力が毎回ただごとではないことはよくよく承知していました。私自身、何回か潜った関門と言ったらいいのか。大使としては館内各班に、東京との直の連絡をいやがうえにも密にして最大限仕事して欲しいと言っていました。特に政務班と防衛班は多忙を極めていました。

政務班は国務省、国防省とホワイトハウスにほぼ日参していました。なかにはほとんど相手の一員みたいになった館員もいました。夜、私のオフィスにあるワインやウイスキーを持参して、相手のオフィスに居座って飲んで談笑しながら、注文やついでに愚痴まで聞きだし、こっちの言い分も伝えた豪の者もいます。防衛班は制服自衛官のオフィスですがあの時期、あれだけ入場規制の厳しい国防省に身分証明をもらって、アメリカ人職員と同等のフリーパスで入れてもらっていたようです。たいした信頼感を得たものです。

いちいちすぐに報告をしなくていいから、どんどん東京と連絡して実務優先でやってくれ、と言ってあるのですが、そうすると逆に私に報告したくなるものらしい。アメリカ側の上のほうからも、私に大使館の誰それはよくやってくれて実にありがたい、といったお礼の電話がしばしばかかってきました。

私は館員からここは是非と言われた出番に出る。アメリカ側からここは大使に来てもらいたいとの申し出があれば必ず出かけていきました。この段階での私の役割はそんな程度でした。

駐米大使の仕事は別にイラクだけではありません。前に言ったように、私は原則各省次官以上、NSCなら安保副補佐官以上にしか会わないことをルールにしていました。九・一一からイラク戦争にかけて、彼らは実に多忙でした。ホワイトハウスの重要な会合は毎日朝七時には始まり、各省次官、局長クラスは朝六時には準備開始、そのため五時には起床という具合でした。日本での私の忙しさもかなりなものでしたが、正直なところダラダラしたところのある忙しさ。アメリカのほうはチーズのごとくとでも言おうか、みっちりと詰まった忙しさでした。

彼らも日本大使のアポの要請にはだいたい快く応じてくれました。しかし、見ていると各国大使もアメリカ要人からの情報収集に必死で、アメリカの高官相手のアポが成立すると、その会談にすべてを詰め込もうとしますから、だいたい「長っ尻」になるようです。

私は時間短縮に努めて、アメリカ要人の時間節約に協力するのがいいと思いました。彼らから二〇分と言われたら一五分で切り上げる。三〇分と言われたら二〇分で切り上げる。そうするとたいていの相手が歓迎でした。せっかくもらった時間を空費してもったいないと感ずる向きもあったようです。しかし、私が長っ尻でないという評判になると、次の、そして次の次のアポがとれやすくなるのも事実だったと思います。一定期間内の幅で見ればとれる時間の総量は、結局増すと思いました。普遍性、一般性のない話なのでしょうけれども。

――イラク戦争の後、中東の混乱が続きましたが、イラク戦争への評価は今どう考えていますか。

歴史のさらなる判断を待ちたいとも思いますが、これまでのところ大方の評価は失敗だったとなっているようです。アメリカが戦闘フェーズの後の占領行政を誤った、いや、そもそも十分青写真を描いていなかった、と言われます。確かにその感じはあります。

しかし、私自身は日本にとって最大のポイントは、この機会に日米同盟を強化できたことだと思っています。そしてこのことが国際的に日本にマイナスに働いたこともなかった。日本が有する国際的な価値の一部は、日米同盟が強固であることです。

いずれにしても根っ子にあるのは中東の難しさです。イラクの占領フェーズは思ったようにいかなかったことを、当時の責任者も感じていたと思います。

ウォルフォウィッツは私が二〇〇八（平成二〇）年に離任する前の段階で、そういう感じを出していました。戦争の前、アメリカが戦闘終了後の占領行政を考えるに当たっておおいに参考にしたのは、フセインの圧政を逃れて国外に出ていたアフマド・チャラビー（Ahmed Chalabi, 1944-2015）のようなイラク人の意見だったようです。

彼らは概して才気のある知識人なのでしょうが、イラク国内からは「大事なときに国外に逃げて安逸な暮らしをしている軽薄才子」みたいに見られていたのでしょう。口は達者でも、国内を統治するビジョンやリーダーシップをもち合わせておらず、彼らの意見に重きを置きすぎたのはまずかった、とアメリカが思い直しているふしがありました。

――バース党の体制をもう少し温存させておけば、何とかなったような気がします。

私もそう思います。バース党や共和国防衛隊はイラク最高のテクノクラート集団で、それ以外の人材ははっきり言って乏しい。全部とり潰しではなく、少なくとも一部を、新しく出来る文民政府にとり入れたらいいのではないか、と私も何度か言いました。日本の将棋の例を引いて、敵方から奪った駒はこっちの戦力として活用できるはずだから、と言ってみたのですが、反応はあまりなかったです。バース党員のかなりの部分を味方にする手があったのではないかと、今でも思います。

――アメリカには日本に対する占領政策をイラクに適用しようという考えもあったようです。

そういうことを言う人が結構いました。それに対しては、戦後日本の占領政策は日本だからうまくいったのだとずいぶん説明しました。日本にはまず人材が豊富だったことに加え、昔からの民主主義の伝統と実経験があります。

イラクとは全然違う。そういうことを指摘したら、マイヤーズ統参議長などは日本の経験が長いから、そのとおりだと言っていましたが、アメリカ政府全体としては「ときの勢い」があって、イラク占領政策を深く研究する機運は少なかったと思います。

今までのところ評価が低いイラク戦争ですが、近代化された社会とそうでない世界、民主主義体制の世界と非民主独裁制の世界で、受けとり方が違う面もあるでしょう。

アメリカはサダム・フセイン、ビン・ラーディンを結局始末しましたが、このことが非民主独裁政権のリーダーに及ぼす心理的影響は、民主主義社会の日本人に対するものと全然違うでしょう。

――イラク戦争を機に日米関係は、米英よりとは言わないまでも、米独、米仏より親密になったと言えるでしょうか。

瞬間風速的にはそうでしょうがことはそう簡単ではありませんね。大西洋を挟んだ米欧関係は、太平洋を挟んだ米日、米アジア関係よりまだまだ「基礎体力」が上だと思います。ゆくゆくは変わってくるが、時間はかかるでしょう。基礎体力は経済関係といった「平面図」だけじゃなくて、人種、言語、文化、歴史、宗教とかを総合した「断面図」と合わせて養成せねばなりません。

米英については昨今、かつての「特別な関係」が弱まったとの見方もあるようですが、まだまだ基盤が固い。イギリス人の歴史学者ポール・ケネディ（Paul Kennedy, 1945-、著書に『大国の興亡』など）教授と、数年前にエール大学で話をした際、日米関係と米英関係の比較の話題になりました。ケネディ教授は米英の「特別な関係」の要素とは具体的には、①血のつながり、②実効的な軍事同盟、③累積の対外直接投資（ＦＤＩ）額――と言っていました。

米英の軍事同盟は、実質的にはＮＡＴＯですが、均等ではないにせよ双務的で、例えばイギリスはこの時世でも、戦略弾道ミサイル（ＳＬＢＭ）を搭載するトライデント型潜水艦を四隻保持しています。

対米ＦＤＩの一位はイギリス、二位はカナダ、三位が日本だが、イギリスのＦＤＩは額もさることながら、双方向、相互的である点で、日本のＦＤＩとかなり違う。アメリカの対日投資は少ないはずだとも言っていました。もちろん、日米同盟はアジア、太平洋、インド洋地域では断トツの強固な紐帯だが、米英とはまだ質的違いがある、との意見でした。これは妥当なものだと思います。

大西洋方面を見ると、イギリスだけでなく独仏の対米関係も、「基礎体力」の面では日本がまだ追いつけないところが多々あります。アメリカの人種構成比に見合うところもあるのでしょう。ただ、一九六五（昭和四〇）年にはマイノリティの人口比率が一七パーセントだったのが、二〇一九（令和元）年には四〇パーセント近くに増えており、その多くがヒスパニック系とはいえ、アメリカ社会の内部が変わっていくことは確実です。

しばしば日本の引き合いに出されるのがドイツで、ドイツは退潮気味という観測が出されますが、まだアメリカ国内でのドイツの存在感は大きい。人種的にゲルマンはアングロサクソンの一派ですし、ドイツ系アメリカ人は要所に多いという印象です。

シュルツ、ワインバーガーといったレーガン時代の大物閣僚、ラムズフェルド、それにチャック・ヘーゲルはドイツ系。大統領のトランプもドイツ移民で、もともとの名前はドルンプフ(Drumpf)。ちなみに、アーミテージはフランス系。知的サークルにもドイツ系はたくさんいます。

要するにアメリカの総合的「ドイツ度」は「日本度」よりまだだいぶ高いと言わざるをえません。日本食、アニメ、ゲームのアメリカへの浸透度が驚くべき高さだといっても、まだ「サプリメント」の人気という感じで、「筋力」の増強には十分結びついていないような気がします。

――降ってわいたようにBSEの問題が起きました。この問題にはどう関わりましたか。

BSE問題は、経済通商問題として関わったケースですが、あれは何であったのか、と今でも思います。

二〇〇三（平成一五）年、アメリカで一頭ＢＳＥに罹った牛が発見されたため、日本は規則に従い全米からの牛肉の輸入をストップします。この牛はアメリカに買われてきたカナダの牛でした。

アメリカの生産者、輸出業者は、日本をあてにして日本向けの特別な牛を飼育している。アメリカ、欧州、オーストラリアで普通に食べる牛は「グラスフェッド」、つまり牧草を食べさせて育てる牛。日本向けの牛のなかには「フィードロット」といって、特別の穀物飼料で育てる「神戸」「松坂」系の霜降り牛も多いのです。その分の投資もしている高級牛です。これは当時、日本以外に引きとり手がなかったので、日本が輸入を止めると行き場を失います。

アメリカの内政も日本と同じで、農業就業人口は全体の一桁のパーセンテージにすぎないのですが、たいへんに強力な政治ロビーです。たちまち上下両院議員から抗議の電話が殺到しました。カンザス、テネシー、イリノイ、インディアナ、ヴァージニア、ネブラスカ、モンタナ、テキサスそのほか合わせて十数州以上の議員です。

議員のなかにも色々な人がいて、言動穏やかな人もいれば荒っぽい人もいました。不幸なことは大半の議員が自由貿易賛成の州代表で、農業問題になると通常は日本の支持に回ってくれる人たちです。

たまたまカナダから入れた牛の一頭がＢＳＥだったというだけで、アメリカ全土の牛の輸入が止められるのはフェアではないと相手は言う。真面目なアメリカ人に「フェアでない」と言われたら絶対に要注意です。アメリカの国論が大きく動くときの基準は、しばしば相手が「フェアでない」

と感じたときですから。

彼らの主張は、「日本はアメリカの牛は危険で、オーストラリア、中国の牛は安全だというのか。過去、日本にもBSEがあったではないか。牛肉のほかに豚肉、鶏肉にも同じ基準で当たっているのか。生後三〇カ月齢以下の牛にBSEの危険はほぼないのが定説なのに、なぜその点を考慮しないのか」というものです。これらはもっともな議論です。私が日本宛てにしたのも同じような質問でした。

少し気が高ぶった議員のなかには、「大使はアメリカの牛肉は食べないのか。日本から来た客にアメリカ牛は出さないのか。日本人はフグも食うそうではないか」との発言もありました。

私は頻繁にアメリカ牛を食べ、美味しいと思っていたし、お客にもたいていアメリカ牛のローストビーフやステーキを供していました。また、日本からのお客の多くが、「アメリカの牛肉も美味いね」と言ってくれましたから、そのこともアメリカ側に伝えました。フグのほうは親しいアメリカ人相手なら、「アメリカ人はカタツムリを食うだろう。イモムシ好き、ワニ好きなんかもいるらしいね」と冗談を言えるのですが、よく知らない人相手には無難な対応を心がけました。

私はまず日本が過去に実体験したBSEや口蹄疫の恐ろしさから始めて、国土の狭隘さ、日本の文化と生活習慣、日本人の高度の衛生観念、その帰結としてときに「安全」即「安心」とはならないことを説明しました。そして今回の措置は規則に従い「自動的」に発動されたもので、アメリカをまったく標的にしていない。それゆえ一定の客観的条件が満たされれば輸入は再開されることになるはずだ、と説明しました。

でも相手は必死で、納得する者は皆無といってよかった。私としては精々この時期に努力すべきことは、日本と過度に事を荒立てないほうがいい、と言ってくれる議員の数を増やすくらいしかない、という感じでした。

　私には日本から伝えられてくる「専門家」の意見に納得がいきませんでした。当時、米欧諸国で導入されていた輸入制限措置よりもずっと厳しいレベルの制限で、厳格というより「観念的完璧主義」のように感じました。

　この問題では、まずアメリカの農業議員の重鎮への説明に重点を置くことにしました。具体的にはチャールズ・グラスリー（Charles Grassley, 1933-）、マックス・ボーカス（Maxwell Baucus, 1941-）、ルーガー、ヘーゲルといった上院議員です。

　総じてこうした重鎮は常識的で、私に威嚇的なことを言う人はいませんでした。しかし日本の措置について本心おかしいと思っていることは明確でした。

「九・一一、イラク戦争の時期、貴重な同盟国である日本との間で大ごとにはしたくないが、自分たちの要請が真っ当なものであることはわかるのではないか。本国政府に常識に沿った解決の必要性をきちんと伝えてくれ」ということでした。

　ある日ヘーゲル上院議員から電話があって、自分といっしょにネブラスカ州に来て農民代表と会ってくれないかという申し出がありました。チャーター機で二人で向かったのですが、途中イラク、北朝鮮、安保問題について日本の考え方を説明する時間がとれました。ヘーゲルは共和党員でベトナム戦争で戦った軍人ですが、ブッシュ政権のイラク戦争、占領行政に批判的で、いくらわかったようなつもりでいても、バース党員を排除した民政構築がうまくいくはずはない、と言っていました。ヘーゲルは経済制裁の効果は限定的という意見と思っていたのですが、北朝鮮に対する金融面の経済制裁は効果があると見ていました。日米同盟についてはもともと一貫した支持者です。

さてオマハ近郊の空港に着いて農場へ連れていかれましたが、あの辺の農場は巨大です。見渡す限りの野原におびただしい数の牛がいる。そのスケールの大きさと合理的な酪農業の営みは、日本とは桁が違うと思いました。日本では小ぶりな農場に牛がいて、それぞれ名前をつけられていて、「太郎は戻ったか、花子はどうした、今年は六頭子牛が増えたのう」というように、一頭一頭大事に育てているらしい。

訪問した牧場は、厩舎も含めてたいへん清潔に見えました。もちろん私相手ですから、そういうところを選んだのでしょう。フィードロットには、藁くずのように見える穀物飼料を入れた木製の樋が横一列につながっていて、牛が飼料を食べていました。現場にいた親方格の人が自分でその牛用の穀物飼料を手でつまんでもぐもぐ食べて、「うん、なかなかいい味だ。大使もひとつ召し上がってください。これは本当に清潔です」と言って差しだすのです。

私はヘーゲルのほうを見たら、知らん顔をしている。仕方がないので「ご厚意はありがたいが、できればこれを食べた牛の肉のほうがいい」と辞退しました。相手は皆笑って、それから本題の日本の輸入再開の見とおしなどについての説明、相手からの注文の聴取をしました。お茶が終わったところで空港に向かいました。見送りにきたヘーゲルに「あれでよかったのでしょうか」と聞いたら、「あれで結構だ。日本大使が直接率直な説明を、時間をかけてしたことはよかった」と言ってくれました。

それにしてもワシントンとネブラスカを往復数時間で移動して、ひとあたり仕事ができるという機動性はすばらしい。アメリカではプライベート機、プライベートなチャーター機が割合簡単に使えるのです。講演でカンザス州立大学へ招かれたときも、大学のチャーター機での移動でした。このときは小型機「パイパー」だったと思いますが、パイロットは副学長自身でした。

ＢＳＥに戻ると、なかなか輸入再開に至りませんでした。途中でアメリカ側に輸出当局の技術的ミスが出て、すべてがふりだしに戻りましたが、私は日本側でそろそろ政治判断があってもいいなと内心希望していました。しかしそういう動きはあまり感じられませんでした。

そうしたある日上院から呼びだしがあって、私はキャピトル・ヒルに行きました。院内には、ボーカス、グラスリー、ルーガーといった重鎮を含む一三名の上院議員がそろっていました。上院議員全体で一〇〇人のうちの一三人ですから一三パーセントに一挙に会えたわけです。

気は重かったですが、相手側には本来日本の味方である自由貿易派も多いので、そのことに敬意を払いつつ、最大限誠実、率直に説明し質問に答えました。雰囲気は結構厳しかったが、上院議員相手のいい機会だと思って、日米同盟論も少しばかりやりました。何でもかんでも役立ちそうなネタを拾い集めて議論しました。

話しているうちにだんだん、「一度に一三人の上院議員を相手に弁ずる機会を与えられた自分は幸せだ。こんな役を務められるのは光栄なことで、先祖も嬉しいだろう」という気がしてきました。

最後はルーガーを含む重鎮が、「日本大使からの説明を聞いた。米側の強く真剣な申し入れの趣旨

駐米大使時代、ベーカー駐日米大使（左）と

を大使は受け止めて、本国首脳に正確に伝達することを約束してくれた。日米関係は双方のために、極めて重要な関係との共通認識が確認された」ということで、まとめとしたいと言って会合は終わりました。日米関係が良好である影響は、こういうところにも出るのだと思いました。

ただ、全体として前向きの話でないことは明らかで、これまで日米関係が蓄えてきた預金を増やすのではなく、その一部を引きだして危機管理に充てたという印象です。

私はなるべく早く三〇カ月、少なくとも二〇カ月齢以下の肉の輸入再開に漕ぎつけて欲しいと思い、東京に伝えていました。ベーカー駐日大使は離任前、私に「牛の問題は短期間に片づく問題だと思っていた。大使在任中に解決しないとは考えてもみなかった」と述懐していました。二〇カ月齢以下の牛肉の輸入再開は、二〇〇六年七月に実現しました。今は月齢条件も完全撤廃されています。

今になってもBSEとは一体何の問題だったのかわかりません。「専門家」の意見というものはときに極端になりがちなのは事実で、これをどうさばくかは政治の責任であり、政治家のセンスの問題でもあると思いました。結局、牛肉問題は日米関係の筋力強化に寄与しなかったという印象です。

――この時期は歴史認識問題に関して、アメリカで中国、韓国系住民が様々な動きを強める時期だったと思いますが、どう対応したのでしょうか。

当時、歴史認識問題というと、靖国神社と慰安婦の二つがありました。今は図式が違うようですが、当時は靖国は中国系のアジェンダ、慰安婦は韓国系のアジェンダでした。そして相互間に連携、相互乗り入れの感じはあまりありませんでした。

総理の靖国参拝や慰安婦問題について、アメリカ一般の対日理解が広範に得られたことはありません。それでも感覚としては日本の総理の靖国訪問を理解する声は識者のなかに三〇パーセントくらいはあったように思います。一方、慰安婦をめぐる日本の立場についての共感はほとんど得られていませんでした。

前に述べたとおり、北朝鮮による拉致事件については、超党派の強い支持をとりつけることは比較的容易でした。この背景には拉致は人間の尊厳の基本を踏みにじる、悪質で現代性のある犯罪行為として、アメリカ自身が取り組むべき課題だという認識があるのです。

一方、慰安婦問題となると、アメリカ人の目には国策レベルの議論に馴染まない、次元の低い問題と映る。日韓の慰安婦問題といっても一般のアメリカ人にはあまり関係のない、アメリカの土地を舞台に日韓がいがみ合っている、ローカルな問題という認識でした。

そういう限られた世界のなかで、カリフォルニアのサンノゼあたりの韓国系住民の多い選挙区から、彼らの票をもらって選ばれたのがマイク・ホンダ（Michael Honda, 1941-）という下院議員（民主党）です。ちょっと前までワシントンの議会で韓国系住民の意向を代弁してきたのはこの人です。

慰安婦の問題は今言ったような性質のアメリカ人にとってマイナーな問題ですから、マイク・ホンダがあれこれ動いても真剣な「ストッパー」が出てこない。実はホンダが継いだのはノーマン・ミネタの選挙区です。ミネタはサンノゼ市長も経験した、韓国票をあてにする必要のない強い候補でした。彼はその後、運輸長官、商務長官も歴任した日系米人の重鎮で、イノウエさんに次ぐ大物です。ところが後任のホンダは、なぜか韓国系の拠金にがんじ絡めにされる政治家になったと聞きました。

二〇〇五（平成一七）年頃まで、先に言及したロバート・マツイというカリフォルニアの別の選挙区選出の下院議員がいて、財務委員長まで務め、将来を嘱望されていました。私も仲よくしていたのですが、六三歳で急逝してしまいました。色々あって米下院にホンダのストッパー役を頼める存在が見当たりませんでした。

――そういうなかで下院の慰安婦決議が成立（二〇〇七年六月二六日）に向かいますが、最初からもっと韓国系の動きに反論することはできなかったのですか。

日本と韓国の言い分を並べて日本に理があるのだということを、アメリカ政府、議会などを相手に説明し、説得するのに要する資源、時間、エネルギーがどれくらいのものになると思われますか。韓国系のアクティビストはマイク・ホンダをチャネルとして、何年間か、日本を慰安婦問題で糾弾する決議をとおそうとしてそのたびに失敗してきました。しかし、だんだん動きが浸透してきてはいました。

アメリカ議会の決議には二種あります。ひとつは法律と同じ法的拘束力をもつ決議で、これは重要です。もうひとつは法的拘束力をもたない決議で、「議会のセンス（感覚）を示す決議」（sense of the Congress）といわれるものです。韓国系が推し進めたのは後者です。この後者の決議は下院で年間一〇〇〇本近くとおるのではないでしょうか。イチロー（一九七三年〜）選手が大リーグの安打記録を更新したときに採択された祝賀決議もそのひとつです。誰それを名誉市民にするといったものもあります。

イノウエさんがずっと相談に乗ってくれて、今回もとにかく決議の成立を阻止することに注力すべきだと言いました。イノウエさんは資料もずいぶん読みこなしてくれたのですが、「慰安婦の有無、軍による強制性の有無など、どうもスッキリとわからない。アメリカの議会、政府領袖の頭の真んなかに、イラク戦争中に一からタマを仕込もうというのはまず無理な話だ。議会内では、かわいそうな慰安婦がたくさんいたそうだから同情してやれ、日本が一言謝罪してやったら済む話だろう、という単純で大雑把な意見に収斂してしまうだろう。日本が騒げば騒ぐだけ相手は喜ぶのではないか」という感触でした。

「アメリカの議員の大半はこの問題があることすら知らない。彼らは日本がまだ謝ったことがないと勘違いする可能性大だ。決議を阻止するという現実目的の達成に一番即効性があるのは、双方の言い分についての議会の評価を求めるのではなく、日本は総理大臣のレベルで過去すでに七回も公式に謝罪の言葉を述べている。アメリカから見て、これは日韓間で「決着済み」(done deal) の話だ、としてケリをつけることだろう」というアドバイスでした。

イノウエさんは当時アメリカ側でただ一人、それも自主的かつ真剣にこの問題を考えてくれた人です。彼は上院議員なのですが、議会の重鎮として下院にも影響力をもっていました。それでダナ・ローラバッカー (Dana Rohrabacher, 1947-) 議員をはじめとする下院でキーとなる有力議員数名の説得に当たってくれました。

この頃のイノウエさんの心理を完全に把握することは無理ですが、今の時代、アメリカ議会で日米関係を総括、総覧するのは自分しかないという自意識と、日本人の血を引きながら日本を貶めることしかしないマイク・ホンダ議員に対する個人的嫌悪感があったのではないでしょうか。

安倍総理訪米が近づくなか、相手は決議成立を急ぎ、イノウエさんは成立阻止のための根回しを行う、大使館はその線に沿って働きかけをやるという図式でした。ある日イノウエさんから何とか阻止できそうな情勢になったとの内報がありましたが、その矢先に日本の右派の人たちによる、慰安婦の強制性を否定する内容の全面広告が二〇〇七年六月一四日付の『ワシントン・ポスト』紙に出たのです。この動きは私には寝耳に水でした。

アメリカ側の反応は敏感でした。「本質論まで踏み込んで勉強している人がまずいない状況下で、日本は大人の対応で穏当に決議阻止を図っているのかと思っていたが、喧嘩をする気なのか。それならば話が違う」となってしまいました。決議のなかに慰安婦、慰安所のようなものは米軍ももっていたという件もあったので、「この問題はそこまで日本の痛いところを衝く話だったのか」という誤解も生みだしました。

全面広告の出た夜、私に対してローラバッカーや数名の議員から、「日本のために決議阻止を続けるのは困難になった」という怒りの電話がありました。問題の本質ではなく、要は「日本のドジ」という感じでした。

イノウエさんも残念だったに違いないと思います。アメリカで全面広告は善し悪しです。誰かに対する感謝、といった全面広告は善例でしょうが、悪例として、過去、例えばメルクという製薬会社が自社製の薬で深刻な薬害事故を起した後に、メルクは普段いかにいいことばかりやっているかという全面広告を出したことがあります。全面広告は何かしらスネに傷もつ身の者が申し開きのために出す、胡散臭い広告と受けとられがちです。

私がこの広告が決議にとって有害だったと言ったのに対して、「日本大使は「日本は十分謝罪した」の一点張りで、相手の主張に対する反論を十分していない」と批判されましたが、それならほかにもっと有効で実際的な方法が、当時の時点でありえたのでしょうか。この批判はアメリカ社会も慰安婦問題を中心に回るのだという「天動説」のように感じました。また発起人のなかに岡崎久彦さんの名があったのも、ちょっと意外でした。

――決議がとおったのは加藤さんが離任された後でした。韓国、中国が歴史問題を使えることに気づき、アメリカなどで働きかけを強めていることにどう対処すべきだと思われますか。

慰安婦問題などの歴史問題の「火つけ」は、日本の国民と言われることを忌避する正体不明の日本「市民」と一部のマスコミだと思います。アメリカでの日本絡みの歴史問題には日本発の面があります。

中韓の動きに対して日本が反発を覚えるのは当然のことです。実際、私自身歯がゆい思いをしてきました。しかし、アメリカが自国の場を借りて他国が行うアメリカにとって非本質的な問題をめぐっての非難合戦に、深くのめり込んでくることは期待できません。

慰安婦の問題は色々大仰な飾りをつけても、基底には低次元という感じがありますから、この問題にアメリカが関与するインセンティブは、決して高くないと思います。

そもそも中韓および一部の日本「市民」がこの問題を提起する動機は大部分日本への害意、すなわちネガティブなものであって、万事「前向き」「ポジティブ」が好きな本筋のアメリカ人の共感を得ることはないでしょう。提起する側がボロを出し、失策を犯し、自壊作用を起こす可能性も高いと私は思っています。アメリカ国民の思想をじわじわ統御しようという中国の孔子学院も、今後似たような経過をたどっていく可能性があります。

こういう反日の動きに反発、反撃することは人間の情として当然のことですが、こっちが反応すればするほど、相手は日本の痛いところを衝いていると誤解して元気づく面もある。病気は誤った処方箋によって悪化します。

本筋のアメリカ人に対して、これは日本として座視できない国民の矜持がかかっていて、軽い問題ではないという認識を植えつける努力は常に必要で重要です。同時に、その際日系人に頼るべきではないと思います。日系人がアメリカのなかで自らの地位を保全していくためには、人口割合わずか〇・三パーセントの、しかし高質なマイノリティとして、ほかのもろもろのマイノリティと協力していかざるをえない立場にありますから、日本の代理人役を頼むのは無理だと思います。その意味でイノウエさんは稀有の存在であり例外だったと、今も思います。

時間をかけての戦略としては、日本の考え方を理解するアメリカ人を育て、こういうアメリカ人をしてほかのアメリカ人に語らしめることが効果的でしょう。

日本がまっとうな中道に寄ろうとすると、日本のメディアだけでなく、そういう日本のメディアとしか接点をもとうとしないアメリカの一部メディアから、日本の危険な「歴史修正主義」の動きといった牽制がかかるのが常です。

私は、日本が近代の歴史を修正し、過去をすべて「栄光化」するのは難しいと思っています。歴史の「修正」（revise）は至難でしょう。ここは、歴史には唯一の「欽定版」はなく、勝者、敗者の歴史観、優勢な歴史観、劣勢な歴史観など、色々な、複数の歴史があるという立場に立ち、問題を納めていくしかないと思います。

同時に、歴史を修正するのと、歴史を「再訪」（revisit）し「再検討」（review）するのとは別のことで、歴史の再訪、再検討は可能、というより、皆にその自由と権利、さらには義務すらあると思います。今後、日本の文化、教育交流関係のプロジェクトとして、それを通じて日本の立場をわかったうえで、歴史を虚心に再訪、再検討してくれるアメリカ人を育成することを真剣に考えるべきだと思っています。

——国連の場などで攻撃されたときには、きちんと反論する必要があるのではないでしょうか。

そのとおりです。クマラスワミ報告（一九九六年）の例のように、そのときどきで勢いに流されることは残念ながらあります。日本の反論をきちんと記録に残しておくことは大事だと思います。

日本の「国連信仰」は度が過ぎています。日本では国連とオリンピックとノーベル賞は批判を許さない神様のようです。国連本体もさることながら、「国連ファミリー」と言われる諸機関の内実は相当いい加減なものではないでしょうか。このレベルでも慰安婦と同様日本を不当に貶める「日本発」の活動が多いように思います。国連本体の人権理事会の議長がセルビア人だったりしました。世界保健機関（WHO）、国際民間航空機関（ICAO）などで様々な問題が表面化していました。一九七〇年代初めだったでしょうか、日本の国会で当時の西村直己（一九〇五〜一九八〇年）防衛庁長官が「国連は田舎の信用組合」と答弁して、辞任に追い込まれたことがありました。

色々な場所や建物を訪問すると、本当の力に満ちているビルとそうでないビルが何となくわかる。私は国連のビルがパワー・センターとしての威光に輝いていると思ったことがありません。あれはくすんだ建物ですね。

——二〇一七年、デイヴィッド・ケイという国連特別報告者が来日して、日本の報道の自由に関して懸念を表明していましたが、日本の現実をきちんと反映しているのか疑問に思います。

そのとおりです。その人のことを全然知りませんが、日本訪問は楽しい機会だったと思いますよ。何を言っても安全という空間は世界中にそうはないですから。中国に同じように批判的なことを言ったら、直ちに、そして執拗に個人的に狙い撃ちされるでしょう。アメリカは反米の言辞を弄する人間を執拗に追いかけて刺すということはしません。日本も彼らにとって一番安全な領域だということは多分事実です。

――駐米大使としての六年七カ月をどう総括しますか。

アメリカについて学ぶことは多いですが、少しは理解が深まったと思います。当然、通常の外交の仕事に加えて日米間の人脈形成には努力しました。三権、軍、民間の人たちすべてにわたって人脈を広げたいと思っていました。ジャーナリズム、文化、スポーツ関係も、私なりの関係を築けたかなと思います。

もっとも、私の場合は先輩の松永信雄大使のように、巨大なエネルギーでブルドーザー的に広範囲な人脈を築くという真似は到底できませんでした。私は性格的に各分野で「柱」になってくれる人を一、二名見つけて、その人たちにこちらの情報を集中的に提供して相談し、示唆を得ながら輪を広げるという省力的なやり方しかできないのです。

何度も触れましたが、政府関係をはじめとして全般的に信頼したのはアーミテージです。彼とは一九八一年、椎名素夫さんが活躍されている頃から縁があって、今では四〇年近く続いた関係ということになります。

実務レベルでいえば、日米同盟を支えたアメリカ側のMVPはアーミテージだと思います。国務省はアーミテージ副長官の頃はもっぱら彼中心に仕事をしました。ブッシュ四三代政権の二期目、彼が辞めた後は、国務省とそれまでと同じレベルの関係を維持することは難しくなりました。アーミテージのときが特別だったということです。

一般に第二期に入ってからは、第一期の日本にとっての「ブーム」のような状態から徐々に平準化するフェーズに移った感じでした。パウエル、アーミテージ、それにアジア太平洋担当次官補ジム・ケリーの布陣が、コンディ・ライス（Condoleezza Rice, 1954-）長官、ロバート・ゼーリック（Robert Zoellick, 1953-）副長官、アジア太平洋担当次官補がクリス・ヒル（Christopher Hill, 1952-）という布陣に変わってから、中国、北朝鮮への対応が甘くなりました。ジョン・ネグロポンテ（John Negroponte, 1939-）新次官は手堅い感じでしたが、直接の担当ではありませんでした。

国防省および軍との関係は終始一貫、非常に緊密なものだったと思います。ラムズフェルド国防長官、ウォルフォウィッツ副長官、その後任のゴードン・イングランド（Gordon England, 1937-）副長官。軍のほうはマイヤーズ統参議長、その後任のピーター・ペース（Peter Pace, 1945-）海兵隊大将以下、四幕いずれの高官ともコミュニケーションがとれていたと思います。

ホワイトハウスの補佐官クラスとも連絡がとれましたし、NSCでは当初・ライス、スティーブ・ハドレー（Stephen Hadley, 1947-）の正副補佐官、ハドレーが補佐官になった後のジャック・D・クラウチ（Jack Dyer Crouch, 1958-）副補佐官とのコミュニケーションもよかったと思います。そしてアジア部長は、短かったですがトーケル・パターソン（Torkel Patterson）、その後マイケル・グリーンに変わりましたが、彼は大統領の信任も厚くよくやってくれていました。

ブッシュ政権第二期にはチェイニー副大統領オフィスとの関係が深まったと思います。中心になってくれたのはルイス・リビー安保補佐官でした。彼は非常な知識人で、日本に関する小説『The Apprentice』も書いています。中国観、朝鮮半島観には私から見て堅固なものがあり心強かったですね。

議会では何といってもイノウエさんでした。私は着任するまで、もっぱらイノウエさんは手強い議員と聞いていたので、こういう関係が出来るとは思っていませんでした。

イノウエさんは、議会では自分が日本関係を総覧すべきだと思っていると言い、「色々なことは直接あなたと一対一で話したい。話があるときは自分が大使館なり公邸に出向く。そのほうが目立たなくていい」と言いだしてくれたのでありがたかったです。

もっとも、最初は人物テストをされているようでちょっと怖かった。何回かお会いする間にどうやら第一次試験はとおったのかなと思ったのは、あるとき、少々恥ずかし気に「ウエハラ・ビン（上原敏）の『ナガドス』、『ミクダリハン』とかが出てくる歌のCDは手に入らないか」と聞かれたときです。私は鎌倉の兄に連絡してCDをとり寄せて進呈しました。そうしたら、「ハワイやカリフォルニアへの往復の際、機上でこれを聞いていると実に気持ちが和む。どの歌もいいなあ」と子供のような笑顔で話す。歌がほとんど戦前戦中の歌なので、念のためそう申し上げたら、「いい歌はいいんだからいいんだ」と答えるのです。イノウエさんは懐石料理よりも、とんかつとキャベツなど庶民的な料理が好きでした。案内するのが楽でした。

私が一時帰国した際、河野洋平衆院議長から「広島で行う先進七カ国（G7）下院議長会議に、ナンシー・ペロシ（Nancy Pelosi, 1940-）下院議長を招請したいのでよろしく」との要請を受けました。私はイノウエさんにつないだのですが、イノウエさんはすぐペロシ議長と会い、原爆との関係などを説明して、「米下院議長が広島に行くことに伴う政治的リスクはない」と説得してくれました。

その旨、日本大使から説明する書簡を一筆書いてくれということになり、私がイノウエさんが言う文言の手紙をペロシ議長宛てに書き、それをイノウエさんが先方に届けてくれて一件落着となりました。

イノウエさんはパール・ハーバー、グアムを握るハワイ選出であり、上院の軍事委員会や歳出小委員会の長も務めました。軍事安全保障の現実派として超党派的影響力をもっていました。イノウエさんは当時、アラスカ選出共和党のテッド・スティーブンス（Ted Stevens, 1923-2010）上院議員と仲がよかった。両州とも新しくて、人口など小さな州ですが、軍事基地の配置を見れば、地球の枢要部分をカバーする重要州なので、上院の領袖になっていました。

イノウエさんとは退官後もワシントンに行けば必ずお会いするようにしていたのですが、二〇一二年一二月、私がイノウエさんの入院中の病院にお見舞いにいくことになっていた日、アポの数時間前に延期したいとの連絡が入り、その日の午後、亡くなられました。

イノウエさんとのおつき合いは二〇〇一年以降の比較的短いものでしたが、私からすると極めて密度の濃いありがたいものでした。

ちょっと話はずれますが、アメリカのアジア太平洋認識と大西洋認識とでは全然違う。大西洋を越えた向こう、欧州、中東はアメリカに近い。人種的にもやっぱり近い。それとのコミュニケーションは出発点が高い。欧州が富士山の五合目から登るのだとすると、日本とかアジアは富士山のふもとから登るような感じです。今はそうした差はだんだんなくなっていると思うし、将来はアジア太平洋のほうがアメリカにとって重要になるという意味では五合目まで行くかもしれませんが、私が外交官として活動していた間は、大西洋とのつながりが強いと思い続けた四三年間でした。今でもそうだと思います。

それは日本にいるとピンと来ない。北朝鮮の問題がアメリカでも大問題になっている。確かに大問題ですが、日本ではザ・問題だと思っているが、アメリカにとっては one of many 問題なんです。それに比べてシリア、ロシア、ウクライナ、イランなどの問題は、もっとアメリカに刃先が近づいている問題。だから世の中で発火点の分布地図は、アメリカから見たものと、日本でそうだろうと思っているものとの間にずいぶんギャップがある。今でも北朝鮮問題をアメリカは本当に肌身に沁みてわかっているのか、疑問です。

日本人は、アフリカのベナンとか、スワジランドとか聞いてもきょとんとするだけと思うが、アメリカはそういうところにも何とか七〇点ぐらいの情報量、知識量はもっている。アメリカは全世界を見なければいけないから、世界のどこに対しても七割の線で切るくらいの識見をもっています。それが超大国たるゆえんだと思います。

ただ主要国との関係では常にフラストレーションがある。主要国からしてみれば、こちら側のアメリカに対する理解ほど、アメリカのこちらに対する理解が深くないという苛立ちが出る。超大国の宿命でもあります。

日本の皇室をアメリカは羨みます。日本には悠久の歴史のかなたに、民族意識に呼応する帰るべき神話の故郷がある。アメリカにはない。初代大統領ワシントン（George Washington, 1732-1799）も最近までこの辺にいた人という感じでしょう。

エール大学教授だった朝河貫一が一九〇七（明治四〇）年に書いた『日本の禍機』という本があるが、そのなかのアメリカ人の分析は素晴らしい。朝河は日露戦争のときに、日本に有利になるようにアメリカを誘導することに努め、セオドア・ルーズヴェルト（Theodore Roosevelt, 1858-1919）大統領らの後押しを得ました。アメリカは日本がロシアに勝ったときにすごく喜んだ。

その後、日本の動向は、どうもあのとき言っていた方向とは違った、軍事力でアジアをとってしまう方向に向かっているようだ。これではいつか戦争になることを恐れる、という内容の本でした。一九四一（昭和一六）年に実際にそうなってしまいました。

アメリカの世論を読み違えるなということです。大きな空母と小型ヨットの間の関係みたいなものでしょう。

大使時代の総括といっても、総括らしい総括はありません。外交は駅伝みたいなものと前に申し上げましたが、外交はずっと続くプロセスです。私はそのなかの一部を、たまさか担当して走る走者。私自身はベストを尽くすべく走り、次走者につないだだけですが、そもそも走者になれたこと、完走できたことで満足した、というより、ほっとしたというのが実感です。成績のよし悪しは私の判断することではありません。

強いて私の「区間記録」について申し上げると「区間新記録」に当たるような目覚ましいものはまったくありませんでしたが、私の米軍、米軍人に対する敬意とそれを表わす行動が、どうやらアメリカ政府トップレベルに認知されたのは嬉しいことでした。

それと大使を離任する直前にマイケル・グリーンとカート・キャンベルが音頭をとってアメリカの四つのシンクタンク（CSIS、新アメリカ安全保障センター＝CNAS、外交問題評議会、スティムソン・センター）が合同で「加藤良三賞」（Ryozo Kato Prize）を設けてくれたことは殊《こと》の外《ほか》名誉に感じました。

この賞は日夜、日米関係のために働きつつスポットライトの類いは一切求めない、いわば「匿名への情熱」の持ち主である若手のプロフェッショナルを対象とするごく地味な賞ですが、二〇〇八（平成二〇）年から一六年まで毎年顕彰しています。二〇一八～二〇年のトランプ政権の時代は中断されていたようですが、復活すると聞いて喜んでいます。

第八章　外交と野球

プロ野球コミッショナーに

――二〇〇八（平成二〇）年五月末に帰国し、外務省を退官する前に色々なところから「引き」があったと思います。

それほどでもなかったと思いますよ。幸いなことに三菱商事が私を受け入れてくれました。

コミッショナーのほうは二〇〇七年一二月、大使在任中の終わりの頃、先輩の佐藤行雄さんを介して当時読売新聞会長だった滝鼻卓雄（一九三九年～）さんからお話がありました。

そのほか、外務省顧問も一時期務めました。民主党政権に替わるなど色々あって、いつ顧問になって、いつ解かれたかもよくわかりません。

あとは安全保障問題に関する総理主宰の懇談会のようなものに、二、三回、委員として加わりました。先に触れましたが、二〇一五年から二〇一七年、足かけ三年かけて「日米安全保障研究会」（笹川平和財団と米戦略国際問題研究所＝ＣＳＩＳ共催）の日本側座長を、羽生次郎・笹川平和財団会長といっしょに務めました。アメリカ側はアーミテージとジョン・ハムレ（John Hamre, 1950-）ＣＳＩＳ所長が共同座長でした。二〇一七年に完成した報告書は全面的に中国に特化していますが、今でも割合出来のいいものだと思っています。

三菱商事には二〇〇八年、帰国直後から特別顧問として一年間、翌年から社外取締役として八年間お世話になりました。

三菱商事は志の高い会社で万事きちんとしていて、私がお役に立てることはそんなに多くなかったと思いますが、よく知らないことに余計な意見を言っても仕方がないので、俗にいう「大所高所」的意見なるものをときどき勝手に述べました。また、三菱商事の若手幹部中心に、普段それほど接点がないだろう世界で、たまたま私が親しくしている人たちとの「異文化交流」も心がけたつもりです。

三菱商事の社外取締役に対するサポート体制は優れていました。秘書の方々にお世話になりましたが、お世辞抜きに超一級と思いました。

――プロ野球のコミッショナーにはどういう経緯で就いたのでしょうか。

私は野球が大好きですからコミッショナーに興味はありました。鉄道が好きだった子供の私が、将来は国鉄総裁になりたいと思ったのと変わりませんね。

コミッショナーの話は、私の前に先輩の佐藤行雄さんにオファーがありました。佐藤さんは関係者に色々意見を聞いてみたところ、ドロドロした変な世界らしいことがわかり遠慮することにしたそうです。その代わり後輩の加藤良三なら大の野球好きだから話をしてみてはどうか、と滝鼻さんに答えた経緯があって、私のところに回ってきたのです。

前任の根来泰周《ねごろやすちか》（一九三二〜二〇一三年、公正取引委員会委員長など歴任）さんとは、そのときはまだ面識がありませんでしたが、根来さんも「つくづくおかしな世界ですよ」と述懐しておられました。ちょっと慎重になったほうがいいという気持ちが強くなって、滝鼻さんにはお断りしたのですが、もう一度誘ってくださいました。

私は二〇〇七（平成一九）年一二月には谷内次官と話して、年明けの一月に帰朝発令という段取りを決めていたので、滝鼻さんには「今は残りの大使としての任期を全うすることに集中したい。そんなに遅くないうちに帰国することになるだろうから、帰国後あらためてご相談させてください。お急ぎならほかの適任者がいるだろうから、遠慮なくそちらに話してください」と申し上げました。

ほどなく日本の新聞各紙に、私が根来さんの後任だというリーク記事が掲載され、それが既成事実になってしまいました。思うに、根来さんは当時コミッショナーを辞任して、コミッショナー代行の肩書きで後任が来るまでのつなぎをしている状態でしたが、その後任がおいそれと見つからなかった。コミッショナーというのは世評とは別に、なり手のいない、敬遠されがちなポストだったではないでしょうか。

結局、滝鼻さんからのオファーを受けることになりました。私は大使を退任した時点で、私の人生のひとつのチャプター（章）は終わった、ギブ・アンド・テイクと言いますが、これまで私が頂戴したものが多かったとすれば、これからはお返しする段階だと思っていました。野球には在職中ずいぶんお世話になったから、プロ野球の国際化などでお返しできることもあるかもしれない、などと考えていました。


――かつての下田武三さんなど、プロ野球コミッショナーには外務省出身の人が多かったのでしょうか。

いや、コミッショナーは下田さんと私の二人だけです。ほかにパリーグ会長になった人はいましたが。法曹界、学界出身者が多かったのではないでしょうか。下田さんも最高裁判事経験者です。

——そもそもコミッショナーとは何をするのでしょうか。

いい質問ですね。一般に、コミッショナーはやる気がありさえすれば伝家の宝刀を抜いて色々な決定、改革ができるといった権限があると思われがちですが、それは誤解です。アメリカの大リーグ・コミッショナーには試合の独占放映権を握っていて、その莫大な収入を各球団に割り振る強大な権限がありますが、日本のコミッショナーにそんな権限はありません。

「コミッショナーとは日本語では何ですか」とよく聞かれました。しいて訳せば「裁定官」でしょうか。そういうと「最低官」に聞こえたりして……。法律的側面の仕事が本務、というか始まりでしょう。

一リーグ時代にはコミッショナーはいませんでした。二リーグ時代に入ると両リーグにまたがる紛争が出てきて、そこでやむなくコミッショナーを作ることになりました。必要悪みたいなものです。

コミッショナーは「日本プロ野球組織」という法人格なき社団、すなわち任意団体の長です。これを定めている「日本野球協約」という文書は、各球団を打って一丸とした相互取り決めで、名目的にはプロ野球界の最高法規に当たります。

少し遅れてプロ野球運用の実務を見る「日本野球機構」（ＮＰＢ）が考案されます。これは法人格をもったもので、現在は財団法人となっています。コミッショナーはこの財団法人の「理事長」でもあります。ですから私の名刺には「プロ野球組織コミッショナー」と「日本野球機構理事長」の肩書きが併記されていました。時代が進むにつれて野球機構の重要性が増していきます。ファンが見る野球の試合そのものに係わることは、だいたい「機構」が束ねていると言えます。

しかし、現実には選手、審判など野球の現場の人が表彰されるときにはコミッショナーによる表彰を求めます。機構理事長名の表彰を希望されたことはありません。象徴性の問題でしょう。「裁定官」と言ったように、例えば「黒い霧事件」とか「野球賭博」「薬物問題」とかの不祥事が起こったときに裁定を下したり、年俸問題で球団と選手側の調停を行うのはコミッショナーです。

一方、野球の運営全般に関わる事務は「機構」の仕事になりますが、この面では理事長の権限が順次制限される傾向があるように思います。多くの球団、特に私の印象ではパ・リーグの一部球団にその思惑が強かったです。コミッショナーを野球のビジネス化に邪魔になる障害物と思っているようでした。

アメリカ大リーグの球団オーナーと、日本のプロ野球の球団オーナーとでは全体的に違いがあります。アメリカの球団オーナーは野球が好きな個人のオーナー、かつ複数オーナーがほとんどです。球団は特定の企業の宣伝媒体ではありません。ブッシュ四三代大統領やシーファー元駐日大使は、一時期テキサス・レンジャーズのオーナーでした。

一九九〇年代初めの頃だったと思いますが、レンジャーズの値段はたかだか年間一五〇〇万ドルで、ブッシュさん、シーファーさんの持ち分は年五〇万ドルだった、それが二一世紀に入った今、アレックス（Alexander Rodriguea, 1975-）とアイヴァン（Ivan Rodriguez, 1971-）の両ロドリゲス選手だけで年間一〇〇〇万ドルくらいは吹っ飛んでしまうと言っていました。

余談ですが、ボビー・バレンタイン（Robert Valentine, 1950-、千葉ロッテマリーンズ監督など歴任）氏は、レンジャーズの監督をしていてブッシュ、シーファーを含むオーナー陣にクビにされたと笑っていました。でもブッシュとバレンタインは今でも仲がいいようです。

大リーグに特定企業所有のチームはありません。日本は逆です。常に企業がオーナーでいて球団はその子会社です。球団代表は親会社から派遣されてくる子会社社長で、皆が皆、本当の野球好きかどうかわからない。えてして目は本社のほうを向いています。そのなかで、私は広島カープの松田元（一九五一年～）オーナーは大リーグ型のオーナーだと思いました。野球への思い入れの純粋さが感じられる人でした。

日本のプロ野球オーナーは創生期の鉄道会社、新聞社、映画会社から始まって食品会社などへ、そして今日のＩＴ企業へと変遷してきましたが、諸オーナーの「企業利益ファースト」の精神的風土は、それほど変わっていないと思います。

大リーグは一九八〇年代後半にピーター・ユベロス（Peter Ueberroth, 1937-）がコミッショナーになって、徹底した「商業主義」、ある種の「エンタテインメント化」に舵を切って収益を格段に上げるようになりました。日本の一部オーナーも右に倣えの志向のようです。

日本人はアメリカ人以上に野球が好きですから、「エンタメ化」に伴って収益が上がっていくかもしれません。私個人としては、過度に「ファン迎合的」な野球は、「仮想ファン」の裾野を広げるかもしれないが、味覚的には薄味の「ファストフード型野球」になっていくのではないかと気になります。

――大リーグとの橋渡しの仕事もあるのですか。

アメリカの「ワールド・シリーズ」は、本来たかが「アメリカ・シリーズ」にすぎないではないかと思う人もいます。私は一度、「日米で「本当のワールド・シリーズ」をやったらどうか、ワールド・ベースボール・クラシック（WBC）よりも価値があるのではないか」と当時のバッド・セリグ（Allan Huber Selig, 1934-）大リーグ（MLB）コミッショナーと話して、先方もかなり本気で乗ってきたことがあります。しかし、日本側は極く一部の関係者以外は乗ってこなかったですね。やる気があれば、何とかなる話だと思うのですが。

日本野球の開幕戦をアメリカでやるという話もありました。大リーグが日本で開幕戦をやるからその逆というわけです。西海岸でやるのもいいし、首都ワシントンでは三月下旬に桜が咲いて桜祭りも行われますから、地元ナショナルズの球場でやってもいいと思いました。ナショナルズのオーナーはかなり本気で支援すると言ってくれましたが、これも日本側の腰が重かったです。選手の怪我、その後のペナントレースへの影響、探せば難点がいくつでも出てくる話ですから。コミッショナーが大リーグとの橋渡しを求められるようになったら、日本野球の一大進化だと思います。

――二〇一三（平成二五）年、プロ野球の統一球を飛びやすく変更しながら、NPBが公表しなかった問題が明らかになりました。その経緯についてお話しください。

この問題で任期途中でコミッショナーを辞任することになりました。マスメディアに散々とり上げられた問題ですし、後ろ向きの話ですから、ざっと申し上げるに留めたいと思います。

結論として、二〇一三年のシーズン途中に公式球が飛ぶ球に変えられていたのは事実。その事実が事前に発表されていなかったのも事実です。

ただ、私が球が変わっていたことを知らなかったのも事実です。下田邦夫事務局長が、実は球を変えていたと記者会見で話した直後に、彼から電話が入って初めて知ったのが真相です。

私が知っていて黙っていたか、知らなかったか、その点に議論が収斂していったのは、いつものマスメディアの手法によるものでしょう。その責任が私にないかと言えば、もちろんあります。事務局長とのコミュニケーションが十分でなかったことは私の責任です。

ただ、嘘はつきたくない。アメリカではウオーターゲートや、クリントンのセックス・スキャンダルの例にもあるとおり、事柄そのものより「嘘をつく」ことが致命傷になります。私が球の変更を知っていて知らぬふりをしたことはありません。

もともとは球が飛び過ぎると、飛ばない大リーグの使用球との差が大きくなり、大リーグ仕様の球が使われるWBCなどの国際試合で不利になるし、故障する投手が出てくるということで、「大リーグ仕様の球に変えてくれ」という要望は選手会からも出ていたのです。

そこで公式球を新しい仕様のものに変えました。大リーグの球より反発力が強いけれども、それまでの日本の使用球よりは反発力の弱い、つまり飛ばない球でした。

すると国内のファンからはホームランが少なくなったという苦情が出る。二〇一三年シーズン途中、「球が飛ばないので野球がこじんまりしてきてつまらなくなった。もっと飛ぶボールにして欲しい」との声が出ていることはよく承知していました。ファンあっての野球ですから、もう少し飛ぶ球にまた変えるべきではないか、という意見も強くなっていました。二〇一三年中頃、私は下田事務局長と、「もう少し飛ぶ球にしたほうがいいかもしれない」という話をしました。ただし、その場合、朝令暮改はよくないので、「切りのいい時期にすべきだ。来シーズンからが順当かな」ということになりました。その際、「新しいボールの生産は二〇一三年シーズンが終わったのちの、秋季トレーニングに合わせて導入するのがいいのかな」という話もしました。会議の場ではなく雑談でした。

それ以来その話はしていなかったのですが、二〇一三年夏の段階で、球がすでに変わっているという報告を急に受けたわけです。そのための各球団への事前の説明、協議の手続きはとられていませんでした。

普通の手続きを踏んでいれば極くスムースに、次のシーズンを新しい公式球で迎えられたはずです。すでに何人かのプロ野球関係者から「球が変わっていますね」と聞かれることがあって、事務局長が不在のことが多かったので、事務次長、元野球選手だった信頼すべき事務職員に聞いたのですが、そのつど「変わっていない」「変えたという話は聞いていない」ということでした。

――そもそも統一球というのはどういう概念でしょうか。

統一球には二つの課題があると思いました。一つは「国内」の統一球。もう一つは「国際試合」のための統一球です。

国内の公式球の統一ですが、私がコミッショナーになった段階ではまだ球場によって使われる球がバラバラでした。球団ごとに別々のメーカーから球を調達していたからです。

メーカーにはミズノ、アシックス、ゼット、ナスなどがあったと思います。

投高打低のチームは自分の主催試合には飛ばない球を使う。投低打高のチームはその逆でした。ひどいときには、相手が攻撃のときには飛ばない球を使い、自分の攻撃のときは飛ぶ球に切り替えるという離れ業をやっていたチームも本当にあったと聞きました。これを全球団、全球場にわたって統一するのは、野球の記録の真正性のためにも大事なことだと思いました。

野球はどこかいい意味でのいい加減さがあるスポーツだと思います。ファウル（直訳では「邪悪」）、盗塁（盗み）、ボーク（不正投球）とか色々あって、新島襄（一八四三〜一八九〇年）は野球を「詐欺、かっぱらいのスポーツ」として毛嫌いしたようです。正岡子規（一八六七〜一九〇二年）は野球を賛美している。多分野球は「虚実皮膜論」（近松門左衛門の演劇論）ならぬ「善悪皮膜論」みたいなスポーツなのでしょう。だから広範に人を惹きつけると思うのです。

したがって野暮なことを言い過ぎるのは野球にそぐわない。それでも変えてはいけない基本点があって、そのひとつはボールの統一という気がします。球場のデザインがまちまちだというのとは、質的に違います。

この国内使用球の統一は思ったよりスムーズに実現しました。最初はメーカー側から反発があるかと思っていたのですが、プロ野球統一球の納入に応じたのは最後にミズノ一社になりました。

国際球の統一は、「道まだ遠し」かもしれません。私は日本の統一球を大リーグの統一球のスペックにできるだけ近づけて、これをこれからのＷＢＣやオリンピックの公式使用球にするようにもっていくのがいいと思っていました。

日本の球は当時単価一〇〇〇円から一〇五〇円、大リーグの球は単価七五〇円くらいでした。日本の球のほうが牛皮のいい部分を使うし、縫製も丁寧だと聞きました。日本の球が国際使用球になれば色々いいことがあると思いました。

――東日本大震災後、野球を再開するタイミングについて選手会と対立し、世間からも批判されました。

選手会もさることながら、一部のオーナーとの意見の不一致がありました。当時の多数意見は、「被災者の喪に服し、野球のような娯楽は予定通りの開催は自粛すべきだ」ということでした。

私は逆に考えました。私のオフィスに来るメールのなかには、被災者から直接のものも含まれていて、「野球が始まれば翌日のスポーツ紙の記事を繰りかえし読み、ゲームを想像するだけで苦痛を和らげられる」という切々たるものもありました。

ゲームの内容は慈善試合でも何でもいいのです。選手のなかには善意の人も多く、「被災地に行って瓦礫を退ける手伝いだけでもしたい」という申し出もありました。しかし、現実は彼らが現地に闇雲に乗り込んでも足手まといになるだけ、といった状況でした。

そして喪に服して何をするかと聞けば、球場などで黙々と練習を続けるという答えです。私はそれよりも、早く何らかのかたちでプロ野球の試合を再開させ、それをメデイアに載せて被災地に届けるほうが大事ではないか、と言い続けました。そのほうが結局、大局的に見て被災者への支援になると思っていました。

もうひとつは野球を超える話ではありますが、当時も世界は日本に同情的な国や人たちばかりではありませんでした。アメリカのCNNは、三陸の海岸に並ぶ遺体の映像を何度も流しました。原発事故も起き、日本が機能麻痺を起こし惨憺たる状況になると、「他人の不幸は蜜の味」と密かに期待する者や国が少なからず存在したと思います。

こういうときには「日本は大丈夫。ノーマルに機能している。日本人は絶望どころか委縮もしていない。すでに順次復興にとりかかっている」という姿を実際に示して、そういった勢力の「期待」を挫き、彼らを「失望させる」ことが国の戦略、政策として重要です。野球がいち早く復活しているのは、こういう意味で非常にインパクトのあるメッセージになります。

こういうまともな議論がしづらい雰囲気が野球の世界にもあるのは、嘆かわしいことだと今でも思っています。私がそれまで経験してきた世界とは違う世界でした。

――外交の世界と比べてやりづらい世界だったでしょうか。

そこは次元が違います。二〇代前半から四三年間携わってきて燃焼を終えた外交の世界と、それ以降今までの「お返し」の段階に入った世界は、私にとって当然質的に違う世界です。それでもひとつ言えることは、来世にでも仮に似たような境遇になることがあったら、自分と価値観やある種のセンスを共有してくれる参謀を一人連れていきたいですね。

コミッショナーになることが決まって、二階俊博（一九三九年～）さんのところに挨拶にうかがったとき、「自分の手勢を一人二人連れて行かなくて大丈夫か」と聞かれました。その頃はありえない話だと思ってハナから諦めていましたが、のちになってみると未知の世界に行くときはそれくらい慎重に、自分の陣立てを考えるべきだったのかな、と思ったりします。

しかし、野球は外交の仕事の役に立ちました。というかずいぶん野球に助けられました。野球と言えば米日が二巨頭です。例えば米欧間に野球の絆はほとんどありません。中米は野球が盛んですが、アメリカ野球の傘下にある感じです。

逆に言えば、野球はサッカーのようなグローバルなスポーツではありません。これから東南アジア、ヨーロッパなどにどれだけ広がるか、種蒔き中でしょう。

アメリカではアメリカン・フットボール、バスケットボール、ホッケーが盛んですが、野球も依然としてビッグです。野球のスーパースターは全米のヒーローです。

大使時代、実に多くのアメリカの要人が野球ファンなのに驚きました。ブッシュ四三代大統領は筋金入りの野球ファンでした。ブッシュ四一代大統領はエール大学野球部のキャプテンで、ファーストを守っていました。その時代にユニフォーム姿で撮ったベーブ・ルースとのツーショットが有名で、私もサイン入りの写真を頂戴しています。

四一代は野球、フットボール両方のファンでした。四三代は野球一筋の感じでした。二〇〇三（平成一五）年に小泉首相が訪米の皮切りにボストンに行ったときは、四一代の計らいでニューイングランド・ペイトリオッツのフットボールの試合を観戦しています。国連総会の時期だったので、その後ニューヨークに出て四三代との会談がありました。小泉さんが四一代の計らいでフットボールを観たと言ったら、四三代は「なんであんなものを観るんだ。野球のほうがずっといいだろう」と答えていましたね。

ブッシュさんに最初にお目にかかったのは、外務審議官時代の二〇〇一年に、森さんに同行してキャンプデービッドに行ったときでした。周りの誰かが仕込んでいたのでしょうが、出迎えを受けた際に私を呼び止めて、野球のクイズを出しました。私が質問に窮したり、間違った答えをするとたいへん満足そうでした。結構難しい質問があって、「最初にボストン・レッドソックスが獲った黒人選手は誰だ」という質問は答えられませんでした。正解はパンプシー・グリーン（Pumpsie Green, 1933-2019）です。

その後、一〇月には大使としてワシントンに赴任し、信任状捧呈があるのですが、そのときもブッシュさんは野球の話をしていました。九・一一の直後、アメリカはちょっと遅れたもののワールド・シリーズを決行し、ヤンキー・スタジアムでの第一戦でブッシュさんの始球式がありました。上空を空軍のF15が、祝賀飛行ではなく警戒飛行で旋回するなかでの始球式でしたが、ブッシュさんはいい肩をしていて相当速い球を投げました。これがとても誇りだったようです。話がそこに及んだので私も「素晴らしい球を投げましたね」と申し上げました。

私の在勤時代はイラク戦争をめぐって、アメリカと、イギリス以外のヨーロッパの主だった国々との関係がギクシャクしていたこともあって、日本大使は多忙な大統領と言葉を交わす機会に恵まれたのですが、ブッシュと政策論的な話をしたことはあまりありません。しかし、他愛のない野球の話はいつも出るのです。

二〇〇三年だったと思いますが、主要八カ国（G8）外相会談がワシントンであり、G8の外務大臣がブッシュとホワイトハウスで面談する機会がありました。このときロシアのラブロフ（Sergey Lavrov, 1950-）外相も参加しましたが、彼は今も外務大臣です。私も各国からのおつきの一人として、川口順子外務大臣の後ろの席に座っていました。

イラク戦をめぐる各国外務大臣のブッシュへの質問も辛口で、ブッシュからすればあまり愉快でないものが多かった感じです。自分で会談を打ち切ってセオドア・ルーズベルト・ルームから退出することになり、大臣たちも別のドアから引き上げ始めました。そのとき、ブッシュは私に気づいて立ち止まり、しばし野球の話を始めたのです。

誰がよく投げてよく打ってるとか、そういう他愛のない話です。気になったのでしょうか、大臣たちが戻って来て、われわれ二人の周りをとり囲むようにして何の話か聞き入っているのです。おそらく大概チンプンカンプンだったでしょう。ちょっと滑稽でした。大統領は「いや、野球というのはグレート・ゲームだ。この大使は結構詳しいんだ」と一言、煙に巻くようなことを言って去りました。後で国務省からも何があったのかと照会がありました。野球の話ですと答えましたが、本当にそのとおりだったのです。

パウエル国務長官も野球好き、ラムズフェルト国防長官は野球より寿司が好きでした。

二〇〇五年だったでしょうか、王貞治さんがワシントンに立ちよりました。ワシントンでの王さんの知名度は高かったです。アーミテージに頼んだら、パウエルと会うことがすぐ決まりました。パウエルは王さんに「昨日、あなたが七五六号ホームランを打つビデオを見た。一本足のスイングが美しかった。そして打った後ベースを回る姿が、特段ガッツポーズをするでもなく、飛び跳ねたりすることもなく、実に優雅（graceful）だったことに感銘を受けた」と言いました。パウエルらしいなと思って感心しました。

王さんが行くと、ホワイトハウスであれ国務省であれ、同時多発テロで特段に厳しくなった入り口のチェックもスムーズになるのです。向こうが「あなたは日本の有名なホームランキングですね」と言って、すぐにスタンプを押すばかりでなく、サインをねだったりするのです。

（右から）パウエル、王貞治、アーミテージの各氏と歓談する筆者〔2005年頃、米国務省〕

パウエル・オフィスの計らいで、私も二〇〇三年五月に、ヤンキース・スタジアムで始球式をやることができました。警備が厳しい折から、国務省賓客のカテゴリーに入った私は、防弾チョッキを着てやらなくてはなりませんでした。防弾チョッキはワイシャツの下に着るのですが、二・五キロくらいの重さがあります。投げるとき、上体が振られる感じになります。

ヤンキースとマリナーズの試合でしたので、イチローさん、松井秀喜（一九七四年～）さんがいました。緊張しましたが、何とか球がキャッチャーに届いた。というか、

駐米大使時代、ヤンキー・スタジアムの始球式で投球する筆者〔2003年5月〕

キャッチャーが前に乗りだして受け止めてくれて「ノーバウンド」の投球になったので、心からほっとしました。

王さんは二〇〇六年のWBCの前にもワシントンに来ました。そのとき、たまたまハンク・アーロンさん夫妻も公邸に来てもらえることになったので、レセプションとデイナーをやりました。

レセプションには政府高官からマスメデイアの主だった人たちも招いたのですが、出席率がいいというより、自分も呼んでくれ、というリクエストが多くて驚きました。子供連れの人もいて、王さんとアーロンさんのサインをもらってとても幸せそうでした。王、アーロン両者のサインが入ったボールは結構いい値がつくでしょう。いい広報効果があったと思いました。

それにつけてもMLBは目ざといです。このレセプションの話を聞いて、MLBの会長以下が、ほとんど「共催者」のごとく参画してきました。場が大きくなるので歓迎しましたが、WBCの売り込みなのです。反応が早いなあ、とびっくりしました。

大リーグのオーナーや元選手に親切な人がいてくれたおかげで、ホワイトハウス、国務省、国防省の高官や友人を、奥さんもいっしょにときどき球場に連れていくことができました。ずいぶん喜んでもらえました。野球の功徳で、その後のコミュニケーションが断然楽になりました。

第二次世界大戦の頃、大統領は野球を「アメリカ国民の憩い」（national pastime）と呼んで、戦争中も継続したくらいのナンバー・ワン・スポーツでしたが、今はフットボール、バスケットボールを上と見る人もいます。

しかし、アメリカでは必ずしも二者択一という感じではなく、スポーツの間でシーズンも含めて棲み分けができていますから、両刀使いでも構わない。大リーグの前コミッショナーだったバッド・セリグは、同時にフットボールのチームのオーナーでした。

野球は日本人に合っていると思います。正岡子規が「ベースボール」を「野球」と訳したのは、実に名訳だと思います。サッカーも素晴らしいゲームですが、私には何となく、イタリア料理みたいな気がする。実に美味しいが、毎日食べ続けるにはどこか無理がある。そこへ行くと野球は「和洋食」というか「お惣菜」のように思える。ステテコ姿でビールを飲みながら寛いで見ていても、いっこうに構わない気楽さがあります。

アメリカで野球に相変わらず根強い人気があるゆえんは、まず試合数の多さ。大リーグのレギュラー・シーズンで一六二試合、これにポストシーズンのゲーム最大二〇試合くらいが加わります。フットボールはレギュラー・シーズンの試合が一六で、あとポストシーズンゲームです。チケットの値段は相当高くなる。野球には安い席がたくさんあって、お父さんがいつでも子供を連れてふらっと立ちよれるスポーツです。

昔、一九六〇年代にジョージ・カーリン（George Carlin, 1937-2008）という有名なエンターテーナーがいて、野球とフットボールを比較して野球に軍配を上げたことがあります。

彼曰く、「野球は春に生まれ、夏に盛りを迎え、秋に収穫があり、冬を迎えていったん消え、翌年の春また新芽を出す。フットボールは冬、死の季節のスポーツ。フットボールはプレー内容、ルールが戦争のスポーツだ。軍隊的精密度と組織度をもって敵陣に攻め込み占領する。野球には「ラッキー・セブン」（セブンス・イニング・ストレッチ）がある。これに対してフットボールにあるのは「終了二分前の警報」（2ミニッツ・ウォーニング）。何より野球がいいのは、家（ホーム）に無事「生還」すること（カムバック・ホーム・セーフ！）が目的であることだ」と。その後、彼は「僕もこれからお家に安全に帰ります。サヨナラ、サヨナラ」と言って舞台を去るのです。

――プロとアマの関係には関与されましたか。

プロアマの垣根を低くすべきだと一貫して思っていたし、アマのほうでも考えを同じくしてくれる方はいました。

日本の野球は一八七二（明治五）年の渡来以来、アマチュアが先行してプロが追いかけるかたちになりました。アメリカでは「コミュニティ」から始まった野球が上に向かってのぼって、「プロ野球」の発足につながった。日本はアマの野球が「教育の一環」として始まり、隆盛を迎え、プロ野球は「賤業」と貶められる時代が長かった。ベクトルが上から下で、アメリカと逆です。日本のプロ野球がアマ野球を人気、実力共に確実に凌駕したのは、王貞治と長嶋茂雄（ON）の時代からではないでしょうか。

日本のプロアマの垣根は少しずつ低くなってきてはいますが、まだ不当に高いと思います。「アマは奇麗でプロは汚い」と言わんばかりの説がありますが、両方共に奇麗なところもあれば汚いところもある。なにせ同じ人間の世界ですから。プロアマ区別論を聞いていると、なにがなし、わが国の憲法論議や安保防衛論議を思いだします。日本人だけではないでしょうが、人は凝り固まりますね。

だいぶ前、親しい友人に「プロ」と「アマ」について調べてもらったことがあります。それによると「プロフェッション」の「プロ」は proceed, propose, progress などにあるように、「前に向かって」という意味のギリシャ語の接頭語。「フェッショナル」については confess などにあるように、自分の心情を「宣誓する」ないし「告白する」という意味の「フェス」というギリシャ語の動詞。この二つをくっつけた言葉で、もともとは「寺院などに入っていって自分の信ずるところを明らかにする」という意味。ここから発して、しだいに「自分の選んだ道で生計を立てる者」の意味になったのだそうです。

一方、「アマチュア」のほうはラテン語系。「アマ」は「アマーレ」、すなわち「愛する」「好く」という意味の動詞。これに「テユーレ」、すなわち「人々」という名詞がくっついた言葉で、もともとの「好きな人」「かわいがってくれる人」の意味から、「自分が好きなもの」「好きなこと」という意味になっていった。

野球を最初好きになり、のちのちそれを職業にして身を立てるというのは自然で、一連のプロセスだと思います。語源的にも「アマ」と「プロ」は対立概念ではないはずで、世界の多くの国ではスムースに連携しているのではないでしょうか。

オリンピックもかつては「アマチュアの祭典」でしたが、今は皆「ベスト・アスリートの祭典」だと思っているのではありませんか。プロ、アマの野球の垣根は、既得権益などの問題があるかどうか知りませんが、少なくとも合理的なレベルに引き下げられるべきだと思います。

第九章 外交官生活を振りかえって

――四三年の外交官生活を振りかえってどんなことを考えますか。

四三年のうち、国内勤務が二二年、在外勤務が二一年で、だいたい半々でした。二一年の在外勤務のうち一五年半がアメリカ勤務でした。国内勤務のときも、官房関係の仕事をしていた時代を除けば、アメリカとの関係が切れることはありませんでした。アメリカ、日米関係中心の外交官人生だったと言えるでしょう。アメリカに偏りすぎのキャリアだと言われるかもしれません。

といって、私にアメリカの「専門家」と言えるほどの知見が身についたとはとても言えるものではありません。アメリカはそう簡単に「専門家になった」とは言わせない国です。私の経験を後輩に伝えるにしても、今に通じる話かどうかは別問題でしょう。

それでも、その間日本が大きな国になったことは事実です。一九六八（昭和四三）年、アイゼンハワー大統領の国葬がワシントンの大聖堂（カテードラル）で行われました。このとき、岸信介元総理が日本の特使として参列されたのですが、大聖堂内での席次は前から数列以内ではなかったと記憶します。

二〇〇四（平成一六）年、レーガン大統領の国葬が同じ大聖堂であったとき、日本の特使は中曽根元総理でしたが、そのときの席は最前列で、サッチャー、ジスカール・デスタン（Valéry Giscard d'Estaing, 1926-2020）、コール（Helmut Kohl, 1930-2017）、ゴルバチョフがいっしょでした。こういうことを各国外交官は目を皿のようにして見ているものです。

一九六四年一一月に発足した佐藤政権は、沖縄の早期返還を外交の最重要課題に据えました。一九七一年六月一七日、返還協定が署名され、両国の批准を終えて、一九七二年五月一五日に返還が実現したことは前に述べました。「戦争で失った領土が平和的話し合いによって返還された」稀有のケースと言われましたが、確かにそうでしょう。

同じ年の九月三〇日に、田中内閣のもとで日中国交正常化が決まります。戦後日本の再構築という点からすると、一九五一年署名のサンフランシスコ講和条約、旧日米安全保障条約、一九五六年の国連加盟、一九六〇年の新安保締結、一九六五年の日韓基本条約、一九七二年の沖縄返還、日中国交正常化があり、先進七カ国（G7）のメンバーにもなります。経済面では世界銀行、国際通貨基金（IMF）、経済協力開発機構（OECD）への加盟などが着々と進んで、再構築の骨組みが固まっていきます。残るはロシアとの「平和条約」締結と北朝鮮との国交正常化くらいしかなくなりました。

私が外務省で過ごしたのは、総じて日本の国勢のベクトルが上向きの恵まれた時代だったと言えるのでしょう。こういう日本になりえた基本は、日米同盟、日米安保、そのもとでの日米の役割分担にあったと思います。日米安保の枠組みは、基本的に日本は日本の防衛のための「防衛的」(defensive) な能力の強化に注力し、「攻勢的」(offensive) な軍事能力、つまり「ごつい」(robust) 役割はアメリカに委ねるということです。

具体的には日本は大陸間弾道弾（ICBM）、攻撃型空母、長距離爆撃機、大規模な海兵隊組織といった、他国の領土の占領・破壊に直接つながるような、「大量戦力投入能力」の手段は保有しない。そこはアメリカの独占ですが、その能力をアメリカが十分に発揮できるように、日本は必要な基地を提供し、米軍維持の駐留経費を負担する（Host Nation Support＝HNS）という役割分担です。

趨勢としては、アメリカの相対的経済力が低下し、日本の経済力が大きくなるにつれて、この役割分担の枠内において、日本は自衛力をもっと強化し、駐留経費の負担も増やすべきだ、というアメリカ側の議論になって行きます。

日米安保は軍事同盟です。しかし、伝統的な同盟の中核は「相互防衛」にある。北大西洋条約機構（NATO）もかつてのワルシャワ防衛機構も皆同じです。ところが日米安保の場合は、アメリカは対日防衛義務を負うが、日本は対米防衛義務を負っていません。色々な経緯、事情があってそうなっていますが、相互防衛義務がない同盟はユニークです。いわば「あんこのない饅頭」みたいなものです。

日本の安保関係者は、あんこがなくても皮が美味くて、なかにちょっぴりでもあんこの代用品になる何かが詰まっている。そして、何とか一流の饅頭並みの美味さがあるくらいにもっていこうと、工夫に工夫を重ねてきた。これが日米安保の歴史でしょう。

一九七八年の段階では申し訳程度のものでしかなかった安保六条に関する「ガイドライン」が、しだいに実質を加えていって、今日見るものにまでなった。安保法制も徐々に整備されてきた。長い道のりではありますが着実に進歩してきているのは、国のために喜ぶべきことです。

第三章でも話しましたが、私が現役の時代はNATO全盛の時代でもあったので、日米安保とNATOとの懸隔が顕著で、どうしたら日米安保をNATOの域に少しでも近づけて、日米同盟の基盤を底堅くできるかと常に考えてきました。条約の文言だけではなく、その下の個別、詳細な実務者間取り決め、さらには綿密な作戦計画という何層にもわたるＮＡＴＯの構造に比べて、日米安保は今でも後れをとっています。国家安全保障を最後実質的に担保するのは、作戦計画の周到さです。条約の条文だけだと単なる「お経」になってしまいます。

そういうなかで、日本の安保関係者が払ってきた努力とは結局何だったのか。私自身もそういう関係者の一人であるとすれば、私が精一杯やってきたことは、どこか「錬金術」めいたものだったような気がする。錬金術といっても、まがいものを金のごとく偽装するという意味ではなくて、手持ちの限られた原材料を用いて、何とか本物の金か、せめて金に近いものが出来ないか、誠心誠意取り組むという意味です。

日本は無理な枠組みのなかで最大限努力して、最大限の成功を収めてきたと思います。しかしこれまでの枠組みのなかでのやりくりは厳しくなってきた。何ぶん相手がありますから、日本の一存だけで押し切れるものでもない。

日本の防衛努力は日本自身のためにやることです。アメリカを喜ばせるためにやる話ではありません。日本にとって日米同盟、日米安保は、現実的に見て最善の選択だと思います。完全な自主防衛ができる国は、多分世界のどこにもありません。非武装中立を言い立てる人はいなくなりました。国連に国の運命を預けるというのも幻想でしょう。アメリカ以外の国で、日本が同盟を組みたい相手があるでしょうか。

コロナ禍で色々のことが炙りだされていますが、今後しばらくはグローバリズム、マルチラテラリズムは退潮して、主権国家や国境が重視され、強権主義への傾斜が強まるのではないでしょうか。

医療資源に始まって資源の争奪戦も激しくなるでしょう。

日米同盟、日米安保は聞き飽きた、アメリカの独善性は嫌いだという人も多いでしょうが、世界のなかの日本に対する高い評価も、結局アメリカと密接に組んでいることから出てくるものです。日本を怒らすとアメリカも怒らせてしまう怖さといえるでしょうか。アメリカと切れた日本の評価が今より高くなるとは、私には到底思えません。どう見ても日米あっての日本であって、その逆ではありません。


――外交官としての仕事の本質は何でしょうか。


俗に「外交官」と言いますが、人それぞれに「外交戦略家」「外交実務家」「外務公務員」という三つの側面があると思います。その三つのバランス、兼ね合わせの問題でしょう。この三つのすべてに通じた人もいれば、なかのひとつに秀出た人もいる。例えば岡崎久彦さんはたいへん優れた「外交戦略家」ですが、私は岡崎さんから外交の実務や、外務公務員としての国内での事務について手ほどきを受けたことはありませんでした。

人それぞれでいいのですが、「外交」「外務」という以上、日本という国を考える何がしかの「原則思考」は必要不可欠だと思います。経験から言うと、国内の本省の中枢に座って国の外交政策を企画・立案し、これを訓令として在外公館に発信して実行させる立場に立ちたい人が多かったと思います。

私自身は子供の頃が、狭い日本を離れて外国に行くのが夢、という時代だったので、外国に行ってそこで暮らして、言葉から何からまったく新しい経験をしたいという欲求が強かった。特にアメリカはすべてが光り輝いて見える別世界でしたが、在外勤務は場所がどこであれ歓迎でした。ですから、在外勤務で相手国の人間と相手の流儀に従わされながらも日本のために交渉し、情報収集するのは全然苦痛ではありませんでした。

外交の実務というのは国内折衝よりもずっと難しいところがあります。日本流の歌舞伎型の筋書きどおりにいくことのほうが少ない。しかし、日本ではわからなかった違いが実感として感じられる執務環境には、なかなかほかでは味わえない味があります。外交の実務は想像以上におもしろいし、力も入る仕事です。そして重要な交渉になると、その途中で日本をちょっぴり外から客観的に見る目も自ずと出来てきます。

相手国政府とのやりとり、本国政府とのやりとりを重ねていくうちに、「ここで自分が折れてしまったら終わりだ」という国際試合での「ストッパー」の責任感が感じられるようになります。苦しいが快味でもあります。

私は外務省に入ったことの妙味は在外勤務にあると思います。外務公務員としての国内の仕事は、私には一種の通過儀礼というか、私自身にとって必要な「インフラ」のような感じでした。

――憲法改正についてはどのようにお考えですか。

具体論に入る前に私なりの問題意識を言うと、国の体制として私は自由と民主主義が現実にベストだと思います。

デモクラシーを「民主主義」と訳したのは西周（一八二九〜一八九七年）です。「デモクラシー」の語尾は「クラシー」で、これは「アリストクラシー」（貴族制）とか「オートクラシー」（独裁）にあるように、本来「制度」を意味するのでしょう。一方デモクラシーには「コミュニズム」（共産主義）、「ソーシャリズム」（社会主義）、「ニヒリズム」（虚無主義）とかに対応する「主義」（イズム）、すなわち「イデオロギー」の側面があります。

ちなみに「デモクラティズム」という言葉は辞書にありません。デモクラシーの「制度」のもとでナチズムというイデオロギーが選択され、このナチズムは政権をとった後、選択を許さない権力となりました。

頭のいい人の間であれこれ議論はあるでしょうが、民主「制度」のもとで自由のイデオロギーが選択されることが一番重要だと私は思っています。憲法改正云々の前に、この組み合わせが確保さるべきです。

憲法は一番安定的な法の基盤ですが不磨の大典ではありません。私は民主主義制度の基盤のひとつは法の支配だと思います。しかし、このことと、「法」は常に「人間」より賢いというのは、別問題だと思います。

もちろん、あまたの愚者が法律より賢いことはないが、ある時点での法律が以後の時代を見とおし切れるはずもありません。憲法、法律、政令、規則、それぞれのレベルで可変性の度合いは違うが、憲法だけが不変の妥当性をもつはずはない。そこは人間は知的に謙虚であるべきだと思います。

第二次世界大戦の敗戦から日本は何を学んだかというと、岡崎久彦さんが述べていたように、

「戦争は嫌だ」という感情だけで、「いかに戦争を防止し抑止するか。それでも戦争になったらいかにして負けないか。できれば勝つか」という冷徹な思考や戦略論は希薄だったと思います。

憲法九条改正反対、防衛費一パーセント枠などの議論を聞いていると、あたかも「われわれ日本人はキレたら何をやらかすか自分でもわからない民族なので、拘束衣を着るべきだ。世界の皆さん、ご協力を」と言っているような趣があります。日本人は自分の民主主義にもっと自信をもつべきだと思います。アジアで他に日本ほどの民主主義国はありません。逆に言うと自らの民主主義とそれへの信頼こそが、色々おかしなものへの歯止めであり、それ以外の歯止めは、基本的にありえないと思います。

――九条は改正されるべきだと考えるでしょうか。

理想的には単純に九条二項を削除することだと思います。それ以外にも自衛隊の明記だとか緊急事態条項の追加だとかの案もあるでしょう。

しかし、国民の胸に落ちるのは二項削除だと思います。それでは国会がとおらないと言うが、それならばほかの案ならとおるのでしょうか。そこは案外、五十歩百歩ではないか。政府がａ、ｂ、ｃと複数の案を示して国民に選ばせるわけではないでしょう。政府は腹を決めて一つの案に絞って打ってでるのではないですか。そうであれば、一番「柔らかい」案でも一番「ごつい」案でも世間の反対、反発の度合いは同じです。柔らかいから少しは受けがよくなるという筋の話ではないと思います。

改正をしないまま憲法解釈の変更でつないでいくというのもちろん一案です。ただ、実際にそれでは対応ができないような事態が生じた場合、責任感の強い為政者ほど「超法規的」、「超憲法的」手段に訴えるのではないか。また、国民もそれを求めるか、少なくとも受忍するのではないか。これが案外日本流の解決だと、心のなかで思う人も多いのではないでしょうか。

もっともに聞こえるところはありますが、これは法治国家の基本にもとる手法だと思います。極端な言い方をすれば一種のニヒリズムと言っていいかもしれません。

――日本の憲法論議は常にいびつで、多くの憲法学者の議論は理に適っていないような気がします。「再び戦争になる」という主張に行きつきますが、もっと日本国民を信頼してもいいように思います。

同感です。前にも引用した世論調査で「次はどこに生まれたいか」という問いがあると、八〇パーセント以上が「次も日本」と答える現実が日本にはあります。これは第二次世界大戦後の、世界に冠たる国作りの成功であり、吉田茂総理以来の日米同盟路線の成果と言えると思います。

同じ質問に対して、韓国国民の七〇パーセント以上は「次は韓国に生まれたくない」、六〇パーセント以上が「移民を真剣に考えた」と回答しています。

一方、BBCインターナショナルによる世論調査では「あなたは自分の国が侵略されようという危急の場合、身をもって戦う用意がありますか」との質問に対して、「はい、戦う用意があります」と答えた率は、六四カ国（台湾を含む）のなかで日本が断然最低の一一パーセントだったこともまた現実です。韓国は四二パーセントが「はい」と答えているのと対照的です。

西欧の思想家の言葉に、「秩序のなかの合理主義」という言葉があったと思います。日本は与えられた秩序のなかで、類い稀な合理的思考と行動をするのでしょう。他方でその秩序そのものを、いかに自分に有利なものにしていくかという発想は、少々苦手ではないでしょうか。スポーツの世界でもそうですが、ルール作りとなると日本はイニシアティブをそれほど発揮できていないように思います。「究極の願いは現世利益の永遠の延長だ」といった現状維持志向といいますか。それでは「安全運転思考」になってしまいます。

憲法学界の中身を知りませんが、九条維持を含む護憲を唱えているのは、それが一番我が身安全だからでしょう。反米はメディアの世界にも顕著ですが、これも反米が一番安全な世界だからではありませんか。

私はこういう安全志向は人間に必要なものだろうとも思います。ただ、「護憲」にせよ「反米」にせよ、その出発点が「親日本」ならいいのですが、「反日本」の心根に出るのだとしたら困りものです。

私は依然として日本のなかに、日本国民と呼ばれることを忌避する正体不明の「市民」と言われる勢力が、少なからずいると感じています。また、彼らを含めて国家を単なる便宜を得るための道具と考える人たちもいます。

アメリカの分断が言われて久しいですが、それは基本的に激しい社会的分断ではあっても、「アメリカ国民」対「国外勢力と組んだアメリカ非国民」というイデオロギー的な分断ではありません。大統領選へのロシアなどの干渉となると、超党派的に断固「ノー」です。

ドイツは不幸にして戦後東西に分裂したが、逆にそれでイデオロギー的な整理はついたのかもしれません。日本は分裂国家にならなかったから、かえって冷戦終了後、ずいぶん時間が経った今でも、イデオロギーの負け組の残党が宗旨替えせずに残ることができているのかもしれません。こういう勢力は、日本がこれまでの秩序の妥当性、合理性を虚心に検証し、新しい枠組のあり方を検討することを妨害する可能性があると、私は思っています。

一九六〇年代、アメリカの大学で研修中に、アメリカの日本研究家が書いたものを読んだか、あるいは直に話を聞いたか忘れましたが、その人の論旨は「日本は実際に機能している民主主義国である。その形態は与党自民党のなかの派閥が、ほかの民主主義国であれば野党が果たす役割を有効に果たしており、それで国政がつつがなく運用されている独特のものである」ということでした。かたちは議会民主制であるが、野党は本質的な国政にそれほど関与していないという見方でした。最近の国会審議なるものを見ていても、いいことか悪いことかは別にして、この指摘には案外今日性があるように感じます。いつまで続くものかわかりませんが、今の与党、特に自民党に、そういう与党としての鋭敏な自覚をもって国政に取り組む人材が集まって欲しいと思います。

—— 「平和国家日本」という基本理念は重要とお考えですか。

もちろんです。ただ、大事なのは概ね日本人がもつ「平和」のイメージです。アメリカでは国際的な平和とは概ね「非侵略」(nonagression) のことです。あのハト派のカーター大統領でも中東和平に関連して、「平和とは与えられる (given) ものではない。それは自分で勝ちとる（wage）べきものである」とスピーチしています。

日本では長く平和とは非軍事で、軍事は「悪」だととらえられてきました。原子力基本法とか宇宙平和利用法といった基本的な法律も、つい最近までそういう文言になっていました。

これは一人よがりな解釈です。先端技術を含む優れた技術の大半は、軍用にも民用にも使える汎用性のものです。日本は他国の道路建設への経済協力に際しても、その道路は軍用車両に使われてはならない、という条件をつけていました。湾岸戦争の際には「トラックも武器を運べばそれ自体武器になる」といって、当初輸出に応ぜず、在イスラエル日本の大使館から、当地の邦人用にガスマスクが欲しいと要請があったのに対して、「ガスマスクは武器に当たるから日本からは輸出できない。近隣の国から調達してくれ」と「差し戻した」こともあります。

日本は今後自立性を高めた国になる必要がありますが、そのためには日本が強い国でなくてはならない。その「強さ」のなかで必要不可欠の要素のひとつは、科学・技術面での強さでしょう。この面で世界でいい位置につけていくには、アメリカをはじめとする世界の主要国と切磋琢磨しながら、共同研究・開発を進めることが確実に必要です。

ところが、日本ではこうした共同研究・開発のスポンサーに自衛隊、アメリカ国防省などが入っていると、参加を見合わせざるをえないのが実情です。日本学術会議などが大学等の参加を許さないからです。国立大学だけでなく私立も右に倣えします。こんな様子に対して、世界の誰も「日本は見上げた平和国家だ」と言って褒めたりしません。

平和＝非軍事の定義にそれほど確信があるなら、日本自身にだけ制約をかけず、世界中の研究開発にその哲学とやらを反映させるよう努力すべきです。

この点は非核三原則、さらには平和憲法についても同様です。非核原則の第三項の「持ち込ませず」は、「持たず」「作らず」と次元が合っていません。核のすさまじさを知る被爆国として、「持たず」「作らず」は世界に宣明した理由がわかりますが、「持ち込ませず」は実際上、同盟国アメリカのみに対する制約となっています。

アメリカ以外の国々がこの制約を認識しているのかどうか、定かではありません。私は被爆国としての日本は、もう一回被爆させられてはたまらないから、自衛力やアメリカの抑止力で「撃ちこませず」、あるいは「撃ちこまれず」とするのが筋だと思います。

平和憲法についてアメリカは九条、自衛権の扱いを含めて、「憲法改正をどうするかは日本が決めるべき問題」という姿勢で一貫しています。平和憲法をたまに褒めてくれるのは中国やロシアなどですが、「そんなに褒めてくれるなら、あなたのところもこういう憲法にしたらどうですか」と勧めたとしても一顧だにしないし、今後も決してしないでしょう。

憲法前文にあるように日本が「国際社会において名誉ある地位を占めたい」ということであれば、そういうリーダーシップをとれるだけの強さをもった国になるしかありません。

軍事力がもはや従来のように陸海空軍力だけでは測れなくなり、サイバー、人工知能（AI）、宇宙、電子戦などの能力を加えた総和で測られるべき時代になった今、発想を変えなくてはなりません。「平和国家日本」は、いかなる能力を備えた国となっても高度に抑制された軍事態勢を維持し、「強制のプロセス」に依らない「説得のプロセス」に依拠した外交を継続するということで必要十分だと思います。そして後顧の憂いなく科学・技術の促進に注力するのがあるべき姿でしょう。

――防衛力の強化は何が必要でしょうか。

今後も当分の間、国の防衛力と日米同盟のもとでのアメリカの軍事力との総和からなる抑止力を、最大限効果的なものに保つことでしょう。そのためには日米間の認識の共有と適切な役割分担を確保し続けなくてはなりません。

コロナ禍の前はグローバル化は何かあらがいがたくいいもの、という思い込みがあったと思いますが、今は違ってきたのではないでしょうか。そもそもグローバル化はそれはもっぱら経済の世界で起こったことで、「ガバナンス」の世界ではほとんど進まなかったという基本問題があるように思います。

結局主権国家が国際関係での基盤的要素だという現実は変わらなかった。自衛力と日米同盟下のアメリカの軍事力の総和を大きくするには、従来以上に日本の自衛力を強化する必要があります。二〇二〇（令和二）年六月、陸上イージス（イージス・アショア）配備計画の撤回をめぐって議論がありましたが、メディアで報ぜられる素人のディレッタント（dilettante）的な議論からは隠されがちな問題が色々あると思います。日本の「公開」の安保論には、どこか根本の問題を避けているものが多い。

イージス・アショアも抑止力の重要な一環という触れ込みでした。日本が抑止すべきものは何なのか。国民が飲み込みやすいように北朝鮮の核やミサイルの脅威が強調されがちですが、抑止の本丸は中国ではないでしょうか。イージス・アショアに果たしてどれだけの対中抑止力が期待できるのでしょうか。

対中抑止の観点からは、南シナ海、東シナ海、台湾、尖閣諸島などをめぐる中国の行動を考えれば、自衛艦への巡航ミサイルの配備や潜水艦の大幅増加といった措置は、中国の痛いところを衝くものであり、はるかに抑止効果が高いように思います。

「敵基地攻撃能力」というと言葉がいかにも「中国その他の皆さん、日本は中国本土を攻撃するのですよ、たいへんです。怒ってください！」とでも言いたげな常套句になっているふしがありますがそういう話ではありません。日本が自立性を増すために必要不可欠な「防御的打撃能力」を日本がもつのは、国の安全にとって切実な課題なのです。

巡航ミサイルの配備、潜水艦の配備増、自衛隊の統合運用の一層の推進などに加え、サイバー、AI、宇宙、電子戦能力の強化、科学技術研究開発の体制強化など、課題はいくつもあります。日本は正しい方向を向いており、私の現役時代に比べたら格段の進歩です。日本の安保のプロフェッショナルたちはよくやっていると思います。

それでも、時間は日本中心に回るわけではありません。マーク・トウェイン（Mark Twain, 1835-1910）の作品のなかに「確かに汽車は前に進んでいる。しかし、スピードが遅いと尻から追突されるので要注意」という言葉がありました。

アメリカでは軍人への信頼度が非常に高い。シビリアン・コントロールに忠実に従いつつも、常に大なり小なり実戦経験を重ねてきている集団として、私自身、一貫して強い敬意と信頼感を抱き続けてきました。OBを含むアメリカ軍人と日本の安保の「プロ」は、静かに密接なおつき合いを続けるべきです。そして日米の「外縁」として、オーストラリア、英、仏、インドその他、日本の友邦として確保すべき国との協議を深めたらいい。

多くの日本人にとって安保はどこか遠い世界の話で、切迫感を感じないと言いますが、日本人は自分自身の安保・防衛論をもっと磨かなくてはなりません。

――なかなか成熟しない安保論議と加藤さん自身ずっと格闘されてきたわけですが、日本の現状、将来について悲観的にならないですか。

悲観的だったことはありません。私が悲観的になっても意味がありませんしね。しかし、テレビなどでの議論はさておき、もう少し安保防衛の本当の「プロ」が増えてもいいように思います。実際は増えているのかもしれませんが。

前に述べましたが、GNP一パーセント論議に関して、野党やマスコミの追及は型にはまりすぎでした。防衛予算が一パーセントを一円超えても天井が落ちてくるような大騒ぎとなる一方で、一パーセントを一円でも切れば静かなものでした。

そういう風潮がはびこると、チェックが甘くなり、一パーセント枠内に留まった予算の運用が放縦に流れる危険も出てきます。アメリカでは軍事費も含めて予算を作る権限は議会にありますから、承認された予算のチェックも厳しいと聞きました。そのアメリカでも、ペンタゴンのなかのトイレの蓋がひとつ八〇〇ドルもするといった会計が見すごされていたケースがあり、一時話題になりました。日本の安保防衛論には、どこか他人事のところがあります。

それと国が安保防衛論議に真剣に取り組む以上は、タブーを排除すべきです。タブーが多いのは未開の証拠です。対中抑止の話でも核の話でも、精緻な話を国内でも日米間でもすべきです。ただ、公開の議論である必要はなく、むしろ非公開に、静かに「プロ」中心に進めるべき議論の部分が大きいでしょう。

安保防衛論議がすべて公開される姿はありえません。政府のなかで静かに進める。このあたりは秘密外交の論議と似たところがあります。秘密外交は悪しきものというのはそのとおりで、民主主義の精神にもとります。しかし「外交上の秘密」は全然違います。

外交交渉では多くの手練手管が使われます。心にもないものも含めて、脅し、すかしの類いもあります。そのやりとりを逐一公開されたら、交渉当事者はたまったものではありません。こうしたやりとりを通じて出来上がった最終生産物である合意や了解を公表するのが外交の常です。秘密外交というのは、交渉の結果確定した合意や了解も隠すということで、外交上の秘密と混同されてはなりません。

安保防衛論議にも似たところがあります。「プロ」の実務レベルから始めて、様々なレベルで自由闊達な議論をして政策レベル、政治レベルに上げて、国の決定を行うという手順になりますが、ある時点から先は公開の議論になります。

アメリカ議会には委員会レベルで「秘密会」という、機微な情報を政府と議会領袖がシェアする制度があります。日本で似たような制度は考えられるでしょうか。私は国会の現状を見るに、とても国会の側にその備えがないように思いますが、今後考えてもいいことのひとつとは思っています。

――今のアジア情勢を見て、日本の核政策はどうあるべきだと思われますか。ＮＡＴＯのような核の共有はどうでしょうか。

中国、ロシアに加えて北朝鮮が核を保有し、朝鮮半島情勢が不安定になれば、日本は核を含む防衛政策を当然、熟考しなくてはならないでしょう。

日本の自助努力に加えて、アメリカが核と通常戦力で日本を守る意思と能力を日本に納得させられる限り、多分、日本自身の核保有は必要がありません。パーセプションの問題が生じて、「アメリカの核の傘は破れ傘だ」という感覚が強まれば、別の話になるかもしれない。北朝鮮に加えて、イラン、サウジアラビア、エジプトなどの核保有という事態になれば、核兵器不拡散条約（ＮＰＴ）体制がぐらつく可能性がある。そうした場合に備えて、日本国内と日米間の対話が間断なく続くことが重要でしょう。

非核三原則の見直しの話はいずれ出てこざるをえないと思います。ＮＡＴＯの共有方式（核シェアリング）、つまり「デュアル・キー」（二重鍵）方式の検討も、次の段階として視野に入ってくるのでしょう。

――台湾有事にはどう備えるべきでしょうか。

中国が台湾に侵攻したらアメリカは当然介入するでしょう。台湾への侵攻といっても、従来考えられたような単純明快な武力侵攻のかたちをとらず、サイバーなどを駆使した電力や通信システムの無力化というあたりから、じわじわ始まるのかもしれません。医学の世界と同じで、いかに内視鏡、腹腔鏡手術の類いが進歩しても、最後は外科手術が必要不可欠であるように、ある時点で中国軍による侵攻のフェーズになるでしょうから、結局アメリカが武力による反撃に出る局面を迎える。

日本はアメリカか中国かの選択を迫られる、とメディアが言いだすのは目に見えていますが、私は日本がアメリカと同盟を組んでいる以上、選択の余地はないと思います。具体的に日本が対中武力行使を求められる可能性は少ないと思いますが、安保六条事態として、戦闘作戦行動のための在日基地の使用についての事前協議があったら、日本は「イエス」と言うべきです。

台湾にアメリカが介入しなかったら、日米同盟のもとにおけるアメリカの信頼性は大きく傷つくでしょうし、世界的にアメリカの信用は失墜するでしょう。日本が事前協議に際して誤った対応をすれば、アメリカから見た日本の信頼度は急速に低下するでしょう。

台湾侵攻がなくても、台湾に日米に敵対的なレジームが誕生した場合、日米共に大きな打撃を受けるでしょう。日本については自明でしょうが、一例を上げれば尖閣諸島の問題があります。中国が「尖閣は中国の領土だ」という論拠は、「尖閣諸島は中国の不可分の領土の一部である台湾の不可分の一部である」というものです。

台湾には尖閣は台湾の領土だという勢力があります。馬英九《マーインジウ》（一九五〇年〜）総統時代には彼自身そのことを言いだしかけていました。こういう論議を李登輝（一九二三〜二〇二〇年）元総統は封じ込めてきましたし、現政権も李総統のラインを踏襲しています。しかし、状況しだいで表面化しうる議論だと思います。

台湾に反日、反米のレジームが出来たら、ホルムズ海峡から極東に至る六〇〇〇海里の日本の生命線であるシーレーンの安定的航行は必ずや阻害されます。原発が今のような状況にあり、中東石油への依存度が高まっている日本にとって、大きな影響が出ることは必死です。アメリカもイスラエルの安全と中東の安定に関与せざるをえない立場から、このシーレーンが不安定化すると、ハワイやグアムなどから中東への艦船を含む兵力展開にかなりの支障が生じます。

台湾はこれほどに重要なので、日本としても常に「友好的な台湾」を当然視せず、これまで日本が台湾をいかに遇してきたかを客観的に見つめ、敬意と信頼感をもって真剣に関係を深める必要があると思います。


――後輩の外交官に助言をする機会も多いのではありませんか。


助言は特にありません。私は一貫して現職優先、現職信頼の立場です。求められない限りアドバイスも特にしません。私が現役ランナーとして走らせてもらったのは、概して好天、追い風、アップダウンもほどほどのコースでした。現在の走者は多分違います。でも難しいコースほどやりがいがあるものです。私はコースの沿道から応援します。せめてもっと「念力」を使えたらと思うときもあります。私はどのポストでも自分が今いるポストが一番いいポストで、自分に替わる人はいないと思ってきました。外交官はそういう自負心をもって仕事に打ち込むのがいいと思います。

私の場合はアメリカとの関係が長かったのは事実ですし、日米同盟強化は日本の国益だと確信して仕事をしてきました。しかし「アメリカ本位主義」では毛頭なく、一に日本、二にアメリカです。同盟は運命共同体ではないし、本来可変的なものです。同盟は国益極大化のためのツールです。ただ、アメリカとの同盟はどう見ても「割のいい」同盟だと思っています。

結局、日本としても最後に恃むのは自分以外にありえませんから、少し贅肉が多くなったように見える身体を鍛えて筋肉質に戻すのが、成人病にも陥らず健全な長生きを享受する秘訣のように思います。

編者あとがき

この「回顧録」のもとになっているのは、読売新聞に二〇一八（平成三〇）年四月一四日から五月二二日まで、二七回掲載された「時代の証言者　日米の絆　加藤良三」の連載記事である。この記事は、本書の聞き手・編者である読売新聞編集委員の三好範英が、加藤良三氏に約一五回、それぞれ約一～一時間三〇分行ったインタビューをまとめた。本書では、新聞連載では掲載できなかった証言を加えたうえ、必要と思われる点は追加でインタビューを行い全面的に加筆した。さらに、加藤氏自身が書き下ろした箇所も多いことをお断りしたい。

すでに戦後外交を担った日本外交官の回顧録は相当な数が出版されている。そのなかで、本書の特色、あるいは意義は何だろうか。

まず、本書が扱う時間軸の長さである。そしてそこに、安全保障を中心とした対米関係という一つの観点が貫いていることである。

加藤氏が現職の外交官として活動した期間は、日韓基本条約が結ばれた一九六五（昭和四〇）年から、リーマンショックに世界が襲われた二〇〇八（平成二〇）年までの四三年間に及ぶ。加藤氏はこの間、駆けだしの書記官としてのワシントン勤務から駐米大使まで、日米同盟をいかに包括的かつ強靱な関係にするかを、ほぼ一貫して希求してきた外交官である。

この期間はおおよそ三つに分けることができるだろう。

第一段階は、敗戦国日本が国際社会に復帰すべく、講和条約、旧新日米安保条約、日韓基本条約、沖縄返還、日中共同声明などを通じて諸外国との関係を再構築する時期である。

第二段階は、日本が経済大国としての地位を確立した一九八〇年代、日米関係がより対等な立場に立った協力、摩擦、対立の様相を強める時期である。

第三段階は、冷戦が崩壊するのと軌を一にして日本の国際的な地位が高揚し、国際秩序の形成者としての役割が期待されはじめた時期である。

加藤氏は第一の時期の実務に関与した外交官のほぼ最後の世代に属する。外交官としてのスタートは、末端の書記官、事務官として沖縄返還の作業に携わったことだった。

当時の加藤氏は高度な意思決定には直接には関与していないが、膨大な事務を担う仕事ぶりからも、沖縄返還が当時の日本外交にとって圧倒的な比重をもっていたことが実感できる。証言のハイライトともいえる「外務省機密漏洩事件」では、与野党の激突やメディアの報道ぶりが、時代の雰囲気を濃厚に感じさせる。

キャリアを積み、しだいに重要な意思決定に関与するようになった加藤氏が、安全保障課長時代に手がけた米国への武器技術供与問題、在米大使館公使時代の次期支援戦闘機（ＦＳＸ）選定が、第二の時期を象徴する問題だった。

この時期になると、加藤氏の米側のカウンターパートの個人名が顔を出しはじめる。具体的な人物との交渉、交流を通じて、日米の対等性を求め格闘する加藤氏の姿が伝わってくる。

総務課長から駐米大使を務めた第三の時期に、日本が国際社会で重要なプレイヤーとして活動しうる条件が整った。とはいえ、日本の意識、体制と国際社会との懸隔はむしろ広がり、湾岸戦争への対応の迷走、国連安全保障理事会改革の挫折でそのことが露わになった。加藤氏の証言から窺える外務省内の混迷ぶりは生々しい。

イラク戦争でも加藤氏の証言から、依然として対米安保関係の調整が日本外交の主要課題だったとの印象が強い。ただ、日本外交は国連安保理決議による武力行使正当化の必要性を米ブッシュ政権に繰りかえし働きかけて、一定の影響力を及ぼした。加藤氏の退官後ではあるが、第二次安倍政権の「自由で開かれたインド太平洋」構想が、国際社会を主導するイニシアチブになるまでの萌芽はここにあったと言えるのではないか。

このように加藤氏は、敗戦国日本の戦争処理が少なくとも法的には最終局面に向かう時代から、日本がその国力の頂点に達してより能動的な国際社会との関わり方が問われはじめた四三年間の枢要な安保事案について、最前線の実務に関与し続けた。

そこに盛り込まれた外務省の雰囲気や政治家とのやりとりをめぐる具体的な証言から、読者は戦後日本の大きな変貌に思いを新たにするに違いない。また、日本の政策当事者の気負いや逡巡、打算といった日本外交の舞台裏を垣間見る思いがすることだろう。

この回顧録にもうひとつ特筆すべきものがあるとすれば、体験の証言の合間に、感想や印象にとどまらず、さらに踏み込んで加藤氏の対米認識、日米関係に関する考察が挿入されていることである。外交官とは言うまでもなく実務家だが、外交にはほかの職業に増して一定の体系性や継続性のある裏づけが必須だろうから、外交官の決断の背後にどのような思想があったかを知ることは重要である。

私は、本書にも登場する駐タイ大使を務めた岡崎久彦氏にインタビューを行い、二〇一四年にやはり「時代の証言者」の欄で掲載し、一五年、編者として『国際情勢判断・半世紀』(育鵬社)を上梓した。

加藤、岡崎両氏を比較する必然性はないが、加藤氏の外交官としての特質が浮かびあがる効用はあるように思う。軍事力に国際関係を規定する最も根本的な契機を見るリアリズム、日米同盟に対する明確なコミットメントという点で両人は共通する。他方、加藤氏の外交思想とは岡崎氏のように、実務を離れ国家百年の計を考えるといった趣の大戦略ではない。加藤氏の思想とはあくまでも、外交の実務の根拠を確認するためのものである。実務と思想は表裏一体である。

それを前提として話を進めれば、加藤氏のリアリズムの外交思想は、本人が語るように、エジプト勤務時代にほぼ完成し、その後一貫している。

リアリズムは外交官にあまねく共有されているわけではない。特に敗戦国日本の外交にあっては、平和主義、国連中心主義、対話による多国間主義などの理念が優位を占め、加藤氏も外務省は「全体にパシフィスト的傾向が強い」と率直に違和感を語っている。日米同盟が日本外交の基軸と説いて止まない加藤氏だが、その点も外務省内で自明とは言えないことは証言に時折顔を出す。

さらに踏み込めば、リアリズムとは「力」がすべて、ということではない。国際社会における理念や理想、国際法規範が実際の力をもつことへの無理解、無自覚は、真の意味でのリアリズムではない。

加藤氏が、日本では理念は抽象的な、神棚を毎朝拝んでチーンとやるようなもの、と語るように、日本における理念の脆弱は宿痾とも言えるものである。理念が実際の力をもつ米国と、本質的なところで齟齬があり、第二、第三の時期の加藤氏が奮闘を余儀なくされた日米架橋の困難さの根底にある問題だろう。

私見にわたるが、日本人は個別具体的な対象にはよくついていって現実的な解を見つけるのは得意だが、抽象的な観念のレベルで思考すること、正義、不正義を峻別することが苦手である。そもそも多くの場合に理念をシニカルにしか見ないし、普遍的な判断基準を希求しない姿勢は状況追随的で、ある状況での正義が別の状況では不正義になったりする。よく言えば柔軟性があり、神々の闘争とでも言うべき原理的な対立を生まない利点はあるが、国際社会の死活的な決定で責任回避に陥る危険性も大きい。

湾岸戦争時に露わになった人的貢献をめぐる混乱は、第一義的には「戦後」のパラダイムに起因する憲法の制約や国際貢献への不慣れがあっただろうが、根底にはこうした理念不在の日本の思想の性格があったのではないか。

肝心なのは、自由、人権、寛容、民主主義、法の支配といった成熟した高度な社会が備えるべき価値、制度に普遍性を見て、それに基づいた国際社会の秩序形成に、ある程度のリスクを省みず積極的に関与する覚悟を日本がもてるかどうかである。空想的平和主義に立つクリシェ（常套句）は論外としても、その根本的な心構えが、自民党をはじめとする政界、経済界、さらに外務省も含め官界にも十分ではないようなのである。

加藤氏は四三年間を基本的には上向きの良い時代であったと回想しているが、ときどきの日米関係について、望ましい状態だったとも、将来に対して楽観もしなかったことがにじみでている。これまでの日米同盟の深化とは、加藤氏の表現では「錬金術」で糊塗してきたに過ぎないのである。時折垣間見えるペシミズムに、安全保障専門家にありがちな狭い専門性を越えた加藤氏の思想の幅があるように思われる。

本あとがき執筆にあたっては、本書にしばしば登場する有馬龍夫、佐藤行雄の両大使から貴重なご教示を得た。この場を借りて感謝の意を表したい。

また、出版に際し多大な労を執っていただいた吉田書店の吉田真也代表、日米文化教育交流会議（CULCON）の伊藤実佐子日本側事務局長にお礼申し上げる。

二〇二一（令和三）年六月末日

三好範英

加藤良三略年譜

一九四一（昭和一六）年九月一三日――埼玉県浦和市（現さいたま市）生まれ
一九四五（昭和二〇）年三月――秋田県仙北郡大曲町（現大仙市）に疎開
一九四六（昭和二一）年四月――大曲小学校入学
一九五一（昭和二六）年七月――東京に転居
八月――経堂小学校（東京都世田谷区）に転校
一九五四（昭和二九）年四月――成蹊中学校入学
一九五七（昭和三二）年四月――成蹊高校入学
一九六一（昭和三六）年四月――東京大学（教養学部）入学（～一九六〇年三月）
一九六五（昭和四〇）年三月――東京大学法学部第二類卒業
四月――外務省入省
九月――米国エール大学ロースクール入学
一九六六（昭和四一）年六月――同校にて法学修士号取得
一九六七（昭和四二）年六月――在アメリカ合衆国日本国大使館（三等書記官）
一九六九（昭和四四）年七月――*アメリカ局北米第一課
一九七二（昭和四七）年七月――大臣官房総務参事官室（首席事務官）
一九七五（昭和五〇）年六月――在オーストラリア日本国大使館（一等書記官）

一九七八（昭和五三）年二月――在エジプト日本国大使館（一等書記官）
一九八一（昭和五六）年二月――条約局調査官（経済総務参事官室）
八月――北米局安全保障課長
一九八四（昭和五九）年七月――条約局条約課長
一九八七（昭和六二）年一月――在アメリカ合衆国日本国大使館　参事官
一九八九（昭和六四）年一月――同公使
一九九〇（平成二）年八月――大臣官房総務課長
一九九二（平成四）年七月――大臣官房審議官　兼　北米局審議官
一九九四（平成六）年二月――在サンフランシスコ日本国総領事館　総領事
一九九五（平成七）年八月――アジア局長
一九九七（平成九）年八月――総合外交政策局長
一九九九（平成一一）年八月――外務審議官
二〇〇一（平成一三）年九月――特命全権大使　アメリカ合衆国駐劄
二〇〇八（平成二〇）年六月――外務省退官
七月――日本プロフェッショナル野球組織コミッショナー（～二〇一三年一〇月二五日）
二〇〇九（平成二一）年六月――同社取締役（～二〇一七年六月）
八月――三菱商事株式会社　特別顧問
二〇一四（平成二六）年一一月――日米文化教育交流会議（ＣＵＬＣＯＮ）委員

二〇一五（平成二七）年四月――同委員長（～現職）
二〇一七（平成二九）年五月――瑞宝大綬章受章

＊アメリカ局は外務省の機構改編に伴い、以下のような変遷を辿った。一九六五年五月、アメリカ局が北米局と中南米移住局に改編。一九六八年六月、中南米移住局が廃止され、アメリカ局と領事移住部に改編、アメリカ局内に中南米審議官が置かれる。一九七九年一二月、アメリカ局が北米局と南米局に改編。

【ヤ行】

【ラ行】

【ワ行】

【マ行】

【ハ行】

【タ行】

【ナ行】

【サ行】

【カ行】

主要人名索引

著者

加藤良三（かとう・りょうぞう）

1941年生まれ。東京大学法学部卒。1965年外務省入省。

アジア局長、総合外交政策局長、外務審議官、駐米大使を歴任。2008年退官。三菱商事取締役、日本プロフェッショナル野球組織コミッショナーなどを経て、現在、日米文化教育交流会議（CULCON）委員長。

聞き手・編者

三好範英（みよし・のりひで）

1959年生まれ。東京大学教養学部相関社会科学分科卒。1982年読売新聞入社。

バンコク、プノンペン、ベルリンの各特派員を経て編集委員。米ハーバード大日米関係プログラム修了。

著書に『ドイツリスク』（光文社、山本七平賞特別賞）、『本音化するヨーロッパ』（幻冬舎）など。

日米の絆

元駐米大使 加藤良三回顧録

2021年7月20日　初版第1刷発行

著　者　　加　藤　良　三

編　者　　三　好　範　英

発行者　　吉　田　真　也

発行所　　合同会社 吉　田　書　店

102-0072　東京都千代田区飯田橋2-9-6 東西館ビル本館32

TEL：03-6272-9172　FAX：03-6272-9173

http://www.yoshidapublishing.com/

装幀　野田和浩　　　印刷・製本　藤原印刷株式会社

DTP　長田年伸

定価はカバーに表示してあります。

ISBN978-4-905497-95-0